U0133928

新編諸子集成續編

意林校釋

上

王天海
王　韌　撰

中華書局

圖書在版編目(CIP)數據

意林校釋/王天海,王韌撰. —北京:中華書局,2014.1
(2024.2 重印)
(新編諸子集成續編)
ISBN 978-7-101-09854-9

Ⅰ.意… Ⅱ.①王…②王… Ⅲ.古典哲學-研究-中國-唐代 Ⅳ.B241.05

中國版本圖書館 CIP 數據核字(2013)第 277094 號

責任編輯:石 玉
責任印製:管 斌

新編諸子集成續編
意林校釋
(全二册)
王天海 王 韌 撰
*
中華書局出版發行
(北京市豐臺區太平橋西里 38 號 100073)
http://www.zhbc.com.cn
E-mail:zhbc@zhbc.com.cn
三河市宏盛印務有限公司印刷
*
850×1168 毫米 1/32 · 23½印張 · 4 插頁 · 510 千字
2014 年 1 月第 1 版 2024 年 2 月北京第 4 次印刷
印數:6501-7400册 定價:92.00 元

ISBN 978-7-101-09854-9

新編諸子集成續編出版緣起

新編諸子集成叢書，自一九八二年正式啟動以來，在學術界特别是新老作者的大力支持下，已形成規模，成爲學術研究必備的基礎圖書。叢書原擬分兩輯出版，第一輯擬目三十多種，後經過調整，確定爲四十種，今年將全部出齊。第二輯原來只有一個比較籠統的規劃，受各種因素限制，在實施過程中不斷發生變化，有的項目已經列入第一輯出版，因此我們後來不再使用第一輯的提法，而是統名之爲新編諸子集成。

隨着新編諸子集成這個持續了二十多年的叢書劃上圓滿的句號，作爲其延續的新編諸子集成續編，現在正式啟動。它的立意、定位與宗旨同新編諸子集成一脈相承，力圖吸收和反映近幾十年來國學研究與古籍整理領域的新成果，爲學術界和普通讀者提供更多的子書品種和哲學史、思想史資料。

續編堅持穩步推進的原則，積少成多，不設擬目。希望本套書繼續得到海内外學者的支持。

中華書局編輯部

二〇〇九年五月

目録

前言……一
凡例……一
原序二首
一 唐貞元二年戴叔倫序……一
二 唐貞元三年柳伯存序……三
卷一
一 鬻子一卷……一
二 太公金匱二卷……三
三 太公六韜六卷……七
四 曾子二卷……一四
五 晏子八卷……一六
六 子思子七卷……二五
七 孟子十四卷……二八
八 管子十八卷……三七
九 道德經二卷……四九
一〇 荀卿子十二卷……六八
一一 魯連子五卷……七四
一二 文子十二卷……七七
一三 鄧析子一卷……九〇
一四 范子十二卷……九四
一五 胡非子一卷……九七
一六 墨子十六卷……一〇〇
一七 纏子一卷……一〇六

一八　隨巢子一卷……一〇八
一九　尸子二十卷……一〇九
二〇　韓子二十卷……一一五

卷　二

二一　列子八卷……一三七
二二　莊子十卷……一五一
二三　鶡冠子三卷……一九〇
二四　王孫子一卷……一九二
二五　申子三卷……一九三
二六　慎子十二卷……一九六
二七　燕丹子三卷……二〇〇
二八　鬼谷子五卷……二〇六
二九　尹文子二卷……二一〇
三〇　公孫尼子一卷……二一六
三一　陸賈新語二卷……二一八
三二　晁錯新書三卷……二二二
三三　賈誼新書八卷……二二三
三四　吕氏春秋二十六卷……二三七
三五　淮南子二十二卷……二四八

卷　三

三六　鹽鐵論十卷……二八五
三七　説苑二十卷……二九一
三八　新序三十卷……三〇六
三九　法言十五卷……三一一
四〇　太玄經十卷……三一五
四一　新論十七卷……三一七
四二　論衡二十七卷……三三四
四三　正論五卷……三七三

四四　潛夫論十卷……三七八

卷　四

四五　風俗通三十一卷……三九一
四六　商君書四卷……四三一
四七　阮子四卷……四三四
四八　正部十卷……四三六
四九　士緯十卷……四四〇
五〇　通語八卷……四四三
五一　抱朴子四十卷……四四五

卷　五

五二　周生烈子五卷……四八七
五三　荀悦申鑒五卷……四九一
五四　仲長統昌言十卷……四九五
五五　典論五卷……五〇三
五六　魏子十卷……五一〇
五七　人物志三卷……五一四
五八　任子十卷……五一五
五九　篤論四卷……五一九
六〇　體論四卷……五二三
六一　傅子一百二十卷……五二五
六二　物理論十六卷……五五七
六三　太元經十四卷……五六四
六四　化清經十卷……五六六
六五　鄒子一卷……五六七
六六　成敗志三卷……五六九
六七　古今通論三卷……五七一
六八　中論六卷……五七二
六九　唐子十卷……五七九

七〇　秦子三卷……五八三
七一　梅子一卷……五八四
七二　萬機論八卷……五八八
七三　法訓八卷……五八九
七四　五教五卷……五九〇
七五　新言二卷……五九一
七六　鍾子芻蕘五卷……五九二
七七　典語十卷……五九三
七八　默記三卷……五九五
七九　新言五卷……五九五
八〇　正書二十五卷……五九七
八一　正論十九卷……五九八
八二　蘇子十八卷……五九九

卷六

八三　世要十卷……六〇一
八四　陸子十卷……六〇三
八五　新論十卷……六〇四
八六　析言十卷……六〇五
八七　幽求子二十卷……六〇六
八八　干子十卷……六〇八
八九　新論十卷……六〇九
九〇　志林二十四卷……六一〇
九一　孫子十二卷……六一一
九二　義記十卷……六一三
九三　諸葛子一卷……六一四
九四　要言十四卷……六一五
九五　苻子二十卷……六一五
九六　神農本草六卷……六一六

九七 相牛經一卷……六一九
九八 相馬經二卷……六一九
九九 相鶴經一卷……六二〇
一〇〇 司馬兵法三卷……六二一
一〇一 孫子兵法十卷……六二三
一〇二 黄石公記三卷……六二三
一〇三 氾勝之書二卷……六二五
一〇四 相貝經一卷……六二五
一〇五 淮南萬畢術一卷……六二六
一〇六 博物志十一卷……六二八
一〇七 竹譜一卷……六二八
一〇八 筆墨法一卷……六二九
一〇九 周髀一卷……六三一
一一〇 夢書十卷……六三三
一一一 九章算術一卷……六三三

附録

一 意林逸文……六三五
二 意林附編……六四一
三 兩唐書馬總本傳與韓愈祭文……六八九
四 歷代著録、題記、序跋……六九三
五 主要參考文獻書目……七一一

前言

一

春秋、戰國時期，是我國歷史上諸子百家争鳴的時代。各種思想應運而生，諸多流派自然形成。諸子著書立説成風，積極宣揚和傳播各自的主張和學説，給後人留下了大批珍貴的歷史文獻。令人扼腕的是，先有秦火之焚，後有楚、漢相争，不知有多少先秦古籍毁於一旦。西漢之際，碩學名士繼承了先秦諸子著書立説之遺風，不斷有新作問世。據隋書經籍志載劉向所整理著録的圖書就有三萬三千九十卷，可惜「王莽之末，又被焚燒」（見隋書經籍志）。自劉秀中興以來，著書聚書爲光武所重，宫廷藏書勝於西漢三倍，然遭董卓移都之劫，後繼長安之亂，「一時焚蕩，莫不泯焉」（見後漢書儒林傳）。三國鼎立，魏、晉相繼，文士輩出，諸子之書林林總總，然而戰争頻仍，「惠、懷之亂，京華蕩覆，渠閣文籍，靡有孑遺」（見隋書經籍志）。八王之亂後，魏、晉宫廷藏書損失殆盡。南北朝時期，數南梁蕭繹焚書最爲慘劇，「三國要略載『周師陷江陵，梁王知事不濟，入東閣行殿，命舍人高善寶焚古今圖書十四萬卷』」（見太平御覽六百一十九引）。隋朝的短暫統一，也曾大規模地進行過聚書藏書活動，成效顯著，然而隋末戰亂,「煬帝聚書三十七萬,皆焚於廣陵,其目中並無一頁傳於後代」(見揮塵後録卷七)。唐代開天盛世,大治文事,撰成古今書録二百四十卷,著録圖書五萬一千八百五十二卷。不幸「禄山之亂,兩都覆没,乾元舊籍,亡散殆盡」(見舊唐書經籍志)。此上所述,皆政權更迭、戰火頻仍給古代存留文獻造成的無可挽回的損失。另一方面,也由於古代典籍的鈔寫、刊刻、印製與保存等方面的條件受到限制,再加上年代久遠,諸子書的流傳和保存就顯得極爲艱難。於是從漢朝起,歷代朝廷都有專門機構、專門人員負責收集、整理、校刊、著録先朝與當代的文獻典籍。在民間,除了那些碩學大師埋頭於儒家經傳外,尚有雅好典籍的文人學士也致力於對古代諸子書的鈔録與保存。這不僅可以彌補官府收集的闕漏,而且許多皇家館閣不載之書也常賴此得以存世流傳。但其中摘章尋句的撰書方式往往不被世人重視,故這類作品能保存並流傳至今的並不多見。正因爲這種輯録性的著作存世稀少,又由於它的内容常常爲别書所不及,也就更顯出它的重要價值。我們今天要閲讀和研究先秦至兩晉的諸子著作,唐代馬總撰寫的意林,正是這樣一部不可多得的珍貴文獻。

馬總的生平事蹟,兩唐書本傳所載略同。馬總,字會元,扶風(今陝西省鳳翔一帶)人,生年不詳,卒於唐穆宗長慶三年(八二三年)。據本傳載,馬總的主要經歷及活動在唐貞元至長慶年間。歷唐德宗、順宗、憲宗、穆宗四代皇帝,屬中唐時期人。馬總幼年孤貧好學,性情剛直,不妄交遊。貞元中,由鎮守滑州的姚南仲徵爲幕府屬吏。姚南仲與監軍薛盈珍不睦，被薛誣告不法而罷官，馬總受到牽連，被貶爲泉州別駕。薛盈珍後入朝掌樞密，福州觀察使柳冕趨附權貴，迎合薛的旨意，命從事穆贇拘審馬總，欲治其死罪。但穆贇認爲馬總無罪，設法爲他解脱，馬總方得免死。後來馬總遇赦，酌情就近安置爲恩王傅（唐代宗李豫第六子封恩王，見舊唐書肅宗代宗諸子列傳）。元和初年，馬總升任虔州刺史。四年後兼御史中丞，充嶺南都護，本管經略使。馬總崇尚儒學，長於政術，在南海爲官多年，清正廉明，剛直不撓，深受當地百姓擁戴。他還在漢朝建立過銅柱的地方，用銅一千五百斤專門澆鑄銅柱二根，刻寫大唐威德，並表明自己是漢伏波將軍馬援之後，以紹先祖業績。朝廷因爲他治理少數民族地區功勞顯著，加授紫衣及金魚袋，以示尊寵。他在嶺南數年，不以邊地爲苦，爲開發蠻荒地區的經濟、文化，加强民族團結，作出了卓越的貢獻。當淮西吴元濟作亂之時，宰相裴度受詔任淮西宣慰招討處置使，前去平叛，並表奏馬總擔任宣慰副使。吴元濟被誅後，裴度命馬總留蔡州任彰義軍留後。不久又遷檢校工部尚書、蔡州刺史兼御史大夫，充淮西節度使。馬總爲改變當地舊習俗，嚴法明教，恩威並用，徹底剷除了長期盤踞的軍閥殘餘勢力，安撫了賊陷區内廣大民衆。這對維護唐王朝的統一，加强中央集權，消除割據分裂局面，無疑具有進步的歷史作用。從此以後，馬總歷任方鎮，仕途一帆風順，屢次升遷。後加檢校尚書左僕射，入朝爲户部尚書。正當唐穆宗準備對他委以重任之際，馬總卻於長慶三年與世長辭，死後贈右僕射，謚號曰懿。

馬總爲官之時，精通治道，文韜武略，莫不得心應手，故不僅屢建政績，且於公務之餘手不釋卷，書册不去前，勤於筆耕。計著有奏議集、年曆、通曆、子鈔（即意林）等書百餘卷行於世。故新唐書本傳讚語稱馬總「有大臣風，才堪宰相而用不至。果時有不幸邪」。今考馬總傳世著述，有意林六卷、意樞二十卷（見宋志、明焦竑國史經籍志）、唐年小録八卷（見元陶宗儀説郛卷四十二，作唐年補録）、大唐奇事一卷（見説郛卷四十八）、通曆十卷（見日本國見在書目。四庫全書史部作通紀，因避乾隆弘曆名諱而改），全唐文還收有他所寫表、狀、記等文章四篇。這些累計起來的卷數，還不及本傳所載之半，餘皆亡佚不存。

二

意林爲諸子雜鈔之書，查考史志所載，隋志雜家始録此類著作，皆爲南北朝時人所撰。如未題撰著者姓名的雜事鈔二十四卷、雜書鈔四十四卷，梁有庾仲容子鈔三十卷，又有沈約子鈔十五卷（兩唐志皆作三十卷）、殷仲堪論集八十六卷、繆襲等皇覽一百二十卷、崔安帝王要集三十卷。舊唐志亦載孟儀子林三十卷、薛克構子林三十卷、魏徵等羣書治要五十卷。此外，唐志類書類尚有歐陽詢藝文類聚一百卷、虞世南北堂書鈔一百七十三卷、徐堅等初學記三十卷等書，都是類似的著述。但是上述著作能完整保留至今的已寥寥無幾。南朝梁庾仲容的子鈔三十卷就早已不存，幸有意林存世而略知其概。意林本於子鈔，共摘録晉代以前的諸子書一百十一家，故歷代整理、校勘晉以前子書者，多會徵引意林。由此可見意林的重要價值及其歷史地位。但從現存史料看，意林一書自問世以來，傳本稀少而又殘缺不全。校注家們忙於整理校勘名人名家大作，竟無暇顧及這位中唐時期才兼文武的封疆大吏「尋章摘句」的輯録之作了。直至清乾隆時，方有周廣業的意林注問世。雖然那只是簡而又簡的校注，但也聊勝於無了。其後又有清嘉慶時人嚴可均對意林作過一番考訂和整理，可惜只有手校本，而又未能刊行於世，只能從他身後刊行的全上古三代秦漢三國六朝文有關卷次中見到一些零星記載。

意林一書，新唐志以來的史志書目均列入雜纂之屬（新唐志雜家始載「馬總意林一卷」）。它是在子鈔的基礎上有所增損而成，所以實際上不能算是馬總的獨立創作。其内容完全是對晉以前諸子書的摘録，因而它實際上是一部諸子書的輯録著作。今傳本意林，前有與馬總同時代的戴叔倫、柳伯存序文各一篇。戴序稱馬總家藏子史百家之書，從小就研習誦讀，探尋其中情趣要旨，意有所得，便手自集録。其後又根據子鈔有所增損，裁成三軸，取名曰意林。戴序認爲此書上可以防範主持政教者的失誤，中可以排比史實的闕失，下可以有益於寫詩屬文的思緒，真可謂淳正廣博，要言不煩，以少爲貴。柳序稱馬總「精好前志，務於簡要，又因庾仲容之鈔，略存爲六卷，題曰意林。聖賢則糟粕靡遺，流略則精華盡在，可謂妙矣」。柳序還認爲，隋有李文博的治道集，唐有虞世南的帝王略論，武后時有朱敬則的十代興亡論，而意林究子史大略，合四人之意，故稱意林。柳序還稱馬總曾對他談過著述意林的體例和意圖，即「先務於經濟，次存作者之意。罔失篇目，如面古人」。並贊許馬總此書是「文約趣深，可謂懷袖百家，掌握千卷」。戴、柳二人的序文，雖不無推崇之意，但他們作爲馬總的好友，又是意林一書的最早讀者，必然見其完帙，所作的評述，應該是比較精當而合乎實際的。

意林不僅成書年代較早，而且是歷代古籍中囊括晉以前子書最多並保存至今的著作。就連意林所本之子鈔，也只録諸子一百零七家，且此書早佚，其書目僅見於宋高似孫子略目中（見一九八四年版臺灣新文豐出版公司叢書集成新編卷一）。又如明代歸有光所輯諸子匯函，採子書共九十三種，但收晉以前子書也只有七十一種。再如清光緒年間崇文書局刊行的百子全書，號稱「子書百家」，但收晉以前子書也只有六十七種。所以，無論是比成書年代之早，或論收録子書數量之多，很少有別的書可以和它相比。

意林採録條文最多的是抱朴子、淮南子二家，均在百條以上；録入注文最多的是道德經、莊子二家，可見唐人對老、莊道家思想的重視程度。其中第六卷存目多而正文少，大多三兩條，有的僅寥寥數語而已。其中有目無文者共十三家之多(新序重出,有目無文,實只十二家)。其他各卷所録,份量上也大體相當。卷一録二十家,從西周鬻子始,止於戰國韓非子,共録文三百一十四條,儒、道、墨、法數家並存。卷二録十五家(鶡冠子、王孫子有目無文,實録十三家。其中王孫子目下録文十四條,乃莊子文誤入,已正之;又以李遇孫據宋本補刻兩家逸文三條補之),始於戰國列子,止於西漢淮南子,共録文三百二十六條,且道、法、小説、縱横、儒、雜多家並載。卷三録九家,始於西漢鹽鐵論,止於東漢潛夫論,均爲兩漢時諸子,共録文二百二十二條,其中除王充論衡屬雜家外,餘皆爲儒家。卷四録七家,始於東漢末風俗通,止於東晉抱朴子,共録文二百零五條,其中除商君書爲戰國時人所撰外,餘皆漢末及魏、晉時諸子之書,同樣是兼録雜、法、儒、名、道各家。卷五録二十家,始於曹魏周生烈子,止於東晉梅子(卷五原止於物理論,係條文錯亂,已正之),共録文二百四十九條,皆魏、晉間人著作,多爲儒家,間有雜、名、道諸家。卷六録四十一家,其中有目無文者十三家(新序重出,實録目四十家,其中有目無文者十二家),共録文五十八條,以三國、兩晉人著作爲主,亦有傳爲先秦與漢之著述者十三家。除儒、法、道、農、兵、雜、小説諸家外,還有本草、相占、天文、曆算及藝術之類。觀意林全書所録,真可謂三教九流皆有所取。尤爲可貴的是,所録諸子著述存於今並收入四庫全書者只有四十七家,四庫全書未收、今無傳本或世所罕見者,多達六十四家。雖不能由此盡觀諸子原書舊貌,然亦可略知其大概。這對瞭解或研究我國亡佚古籍，無疑具有重要價值。即使是流傳至今的諸子書，歷經唐、宋、元、明、清幾個朝代，其散佚、脱失、傳鈔之誤也在所難免，意林録文當有補正、糾誤、定訛之功。如卷一太公六韜共録文十三條，對照今本原文，竟無一條相同。卷一墨子共録文十五條，後三條今本全無。卷四風俗通共録文五十七條，不見於今本者竟有四十五條之多。卷四抱朴子共録文一百零九條，不見於今本者亦有二十八條。其他所録與今本諸子書不同的地方亦很多，幾乎俯拾皆是。故歷代校勘晉以前子書者，多引意林以正訛誤。

儘管意林一書的歷史價值不容忽視，但是它同時也存在着明顯的缺陷。首先是它採録的隨意性。先秦、兩漢、三國、魏、晉時舊籍流傳至唐的很多，據藝文類聚、北堂書鈔、羣書治要等書可知。考意林所録，不少地方憑己意好惡而斷章取義，甚至糾合原文幾篇所載連綴成文；有的與原書所記事同而文異，還有序文、注文混入正文的情況。這就與原書内容和文意大相徑庭。如卷一所録鬻子第四條，在唐逢行珪注本中原爲序文中語（見四庫全書子部唐逢行珪注本之序文），意林卻録作正文。又如卷二所録吕氏春秋第八條「櫻桃爲鳥所含，故曰含桃」，不見於今存諸本，但見於吕氏春秋仲夏紀高誘注文中。再如卷三所録論衡第十八條，散見於原書變虚、感虚、福虚三篇中，且文字多有不同。更有甚者，所録論衡第七十二條，本爲原書實知篇開頭一段話，是原作者先概舉儒生吹捧聖人的話，接着便批駁説「此皆虚也」，但意林録前不録後，變批駁爲讚同，有失原書本意。所録論衡第七十三條，王充原本是爲了説明古代唐、虞、夏、殷、周五個朝代的取名「皆本所興昌之地，重本不忘始，故以爲號」，極力反對那種望文生義、牽强附會及因聲求義的解釋方法，可是在意林中卻被掐頭去尾，只摘中間數語，變成對這種錯誤的解詞釋義法的維護和讚賞，大違原作者本意。這些地方如果不細檢原書，不聯繫原文上下相關的語句，很容易使讀者誤解原書作者著書爲文的宗旨。

在意林所録諸子中，其文句大多與今存諸子書不合。這種異文的形成，大約因爲以下兩種情況。一是馬總鈔録時所據底本原來就是這樣；二是馬總有意按自己的理解和喜好選擇節録。查考意林全書所録，後一種情況大量存在。因而在閲讀意林時，對所出現的異文也必須區别對待：一是所録條文中個别字句與原文有異，但整條所録則文意暢達，與原書的意義保持一致；二是所録條文與原書文句全異，但所記之事及大意又與原書相符；三是所録條文不僅字句有異，且因斷章取義，前後不屬，已失原書本意。在上述三種情形中，前兩種是主要的、基本的，後一種則是個别的、次要的。否則，意林一書作爲諸子百家的摘要輯録，將失去它自身存在的價值。

其次是它録文的錯亂。意林録文錯亂比較嚴重的地方有兩處：一是卷二所録莊子「舜讓天下」以下十四條，誤録入王孫子目下；二是卷五傅子目下所録之文皆屬物理論，而物理論目下所録之文除首四條外又屬於傅子。其原因或是鈔録之誤，或是錯簡粘連所致，清人周廣業、嚴可均對此皆有考證。筆者依周、嚴二氏之説，將錯録之文重新進行調整，使之各歸其主，文暢意達。

再次，此書在體例的編排與録文的多少上也存在一些問題。儘管馬總在排目時「一遵庾目」（見宋高似孫子略目子鈔序），大體上以時代先後爲序，但在目次編排、録文多寡上，有明顯失當之處。先從各卷所録諸子排列的順序看，卷一自西周鬻子始，卷六以西漢九章算術終，中間四卷大致上是先秦、兩漢之後列三國、魏、晉。故卷一所録皆先秦諸子，卷二至卷四爲先秦及兩漢諸子。但屬先秦的商君書與屬東晉的抱朴子，卻同時編排在卷四中。卷五和卷六所録基本上是三國、魏、晉諸子，但卷六中又有先秦的神農本草經、司馬兵法、孫子兵法、相牛經、相馬經、相鶴經、周髀以及漢代的黄石公記、氾勝之書、相貝經、淮南萬畢術、九章算術等。即使是同一時代之書，也未嚴格按諸子在世時間的先後列目。再者所録諸子書雖以儒家爲重點，但卻與道、墨、法、刑、名、農等諸家雜列，顯得分類不清，主次不明。各卷所録不僅書目多寡不均，且所録條文亦多少詳略懸殊。在前五卷中，多則二十家，少則七家，共録目七十一家，録文一千三百一十六條，其輕重差别尚不大。但在補刻第六卷中，收目四十家，其中十二家有目無文，總録文僅五十八條。所録書目約占全書十分之四，而録文卻不及全書的二十分之一。這樣懸殊的比例，當然會使人感到輕重失調。全書所録條文較多的有以下八家：抱朴子録一百零九條，淮南子錄一百零五條，傅子錄八十一條，論衡錄七十六條，莊子錄七十六條，風俗通錄五十七條，呂氏春秋錄四十九條，韓非子錄四十四條。錄文僅一條者，在前五卷中只有胡非子、王孫子、人物志、梅子四家。而在卷六中幾乎半數以上只錄寥寥數語，還有十二家存目無文。特别是卷六所錄數量與前五卷大不相類，錄書目最多，錄正文卻最少。清人李遇孫稱此卷乃照宋本補刻，但與説郛本對照，除極個别字句略異外，所錄目次、原注與條文大多無異，令人懷疑所補刻第六卷非真正源於宋本，更非意林原書舊制，很可能是好事者將説郛本中所錄意林卷六嫁於宋本卷六，然後補入意林五卷本之後。但這只是一種推測，尚待進一步考證。

儘管今存意林有上述缺陷，但因它採錄晉以前各類子書最多、成書時代較早、保存較完整而成爲值得寶貴的歷史文獻，這是確定無疑的。

三

關於意林一書的面世，考之戴、柳二序，可知當在唐貞元二年或貞元三年（七八六年、七八七年）。此距馬總卒年（八二三年）尚有三十六年，可推知此書爲馬總青壯年時所撰。此書最早刊行於何時，已無可考知。清人李遇孫稱意林卷六乃照宋本補刻，黄以周亦認爲「元、明以來，流傳之本卷二殘闕兩家，卷六全缺四十一家。以仁和汪家禧所藏照宋本書六卷最爲完善，世間罕見其書」（見黄以周儆季子叙）。故宋本當爲今所知最早刊本。但此書久已不見。明正統十年（一四四五年）刊刻印行的道家叢書道藏中收有意林五卷，應該是保存至今的最早刊本。近人王重民中國善本書提要中所載明廖自顯序本刊於明嘉靖八年（一五二九年，簡稱廖本），徐元太序本刊於明萬曆十六年（一五八八年，簡稱徐本。此二本現藏於國家圖書館），可以説是今存最早的意林單行本。雖然徐本晚出廖本六十年，但徐序稱其本從道藏中録出，所以徐本仍屬於道藏本系統。元末明初人陶宗儀在他的説郛中也録有意林六卷，雖然時代早於上述三種本子，但所録條文不僅十分簡略，總計所録諸子短語也只有三百餘條，還不足道藏本的四分之一，這顯然不是意林舊本原貌。故清人校勘意林，所據本即以道藏本、廖本、徐本、范氏天一閣鈔本爲主。這四種都是明鈔五卷本。今傳五卷本多以清乾隆三十八年（一七七三年）天一閣范氏所獻舊藏寫本爲主。乾隆三十九年御覽此本後題詩四首。乾隆四十年鮑廷博據此寫本精製副本，乾隆四十四年周廣業據鮑廷博寫本做成意林注，載聚學軒叢書第五集（見范希曾書目答問補正）。乾隆四十五年四庫館臣據江蘇巡撫所採廖本收入四庫全書。乾隆四十七年四庫館臣又集武英殿銅活字精選四庫本若干種排印，稱爲聚珍本或殿本，意林亦在其中。嘉慶二十一年（一八一六年）有李遇孫補刻第六卷並卷二闕文（稱照宋本補刻）刊行。所補第六卷或源於宋本，或源於説郛本，有清人張海鵬刊刻陶貴鑒校本、李遇孫補校本。武英殿本與李遇孫補校本後爲商務印書館影印，一併收入四部叢刊初編子部，最爲時人所重，也是通行之本。此外，仁和許增刻意林補注六卷（此本未見），嚴可均有手校五卷、補録一卷，是據道藏本考其卷次，補其闕目，收入四録堂叢書（可惜嚴氏此本未曾刊行）。清光緒五年（一八七九年），定海黄以周有意林校注六卷，採集前説，考辨注釋，有較高學術價值。但因世人罕見其書，故學界少知其名，黄以周本人也以爲其稿遺失。其實，此書稿本現藏上海圖書館（二册，尺寸26.1×16.5釐米，編號T 43470－71）。

考清人對意林的整理校刊，周廣業校注過於簡略，間或有誤，且多考於書目，少有校勘與注釋。許本、嚴本、黄以周本又罕見於世，難以尋閲。嚴氏對意林的考訂，只能從他的全上古三代秦漢三國六朝文一書有關卷次中見到。

對意林一書的整理研究，根據現存資料所知，清乾隆以來有周廣業的意林注五卷，仁和許增所刻補注六卷，嚴可均的意林考證、馬總意林闕目敘（此二文見於嚴可均鐵橋漫稿），黄以周的意林校注六卷（上海圖書館藏稿本）、意林校本敘（見黄以周儆季文鈔），繆荃孫的意林跋（見繆荃孫藝風堂文集），譚獻的意林敘（見譚獻復堂文續），邵晉涵的周耕崖意林注序（見邵晉涵南江文鈔）等。除周、許、黄三注本外，餘皆意林校刊本的敘、跋，算不得是全面、深入的研究著作。至於近代以來，人們雖然常常徵引意林，卻很少有人重視對它的整理研究。

筆者此次對意林進行全面整理校釋，即以四部叢刊影印六卷爲底本，以明鈔道藏本爲主校本（明徐元太序本源於此本），以明廖自顯序本（四庫全書本源於此本）、説郛本、聚學軒叢書本（刊周廣業校注）、筆記小説大觀本等爲主要參校本；再參以北堂書鈔、羣書治要、藝文類聚、初學記、太平御覽、喻林等類書與通行諸子書，並嚴可均、馬國翰、洪頤煊等人所輯諸子佚書；如此，則庶無闕漏矣。

本校釋所用黄以周意林校注六卷（上海圖書館藏稿本），爲杭州科技學院張涅教授提供，附録部分所採意林逸文與意林附編，係清人周廣業所輯，原刊聚學軒叢書第五集，其文字由貴州大學中國文化書院博士王勝軍同志録入，一併致謝。

筆者對意林的校釋整理，必然存在疏漏或失誤，期待衆多有識之士不吝賜正，使意林這部珍貴的古典文獻能够發揮它應有的歷史作用。

王天海

二〇一二年六月六日於貴陽花溪

凡例

一、此次整理，所據底本爲四部叢刊子部所載意林六卷本，此本以上海涵芬樓縮印武英殿聚珍版五卷本爲主，採周廣業意林逸文五條，又用清嘉慶二十一年李遇孫照宋刻補意林卷二缺文、補意林卷六合刊而成。底本正文中夾有小字注文，全部收録，並依正文序次出校釋。底本中原有聚珍本館臣所加案語，在校釋中加以説明。

二、主校本爲明正統十年（一四四五年）刊道藏中所收意林五卷本（簡稱道藏本）。以文淵閣四庫全書所載五卷本（簡稱四庫本）、涵芬樓説郛卷十一中所載六卷本（簡稱説郛本）、聚學軒叢書刊周廣業意林注五卷本（簡稱聚學軒本）、清光緒五年黄以周意林校注稿本（簡稱黄校本）、筆記小説大觀所載五卷本（簡稱筆記大觀本）等爲主要參校本。另參以北堂書鈔、羣書治要、藝文類聚、初學記、太平御覽、喻林等類書與通行諸子書，並嚴可均、馬國翰、洪頤煊等人所輯諸子佚書。

三、體例方面

（一）卷次目録序列

卷次目録依從底本，分爲六卷。對於底本所録諸子正文，凡有錯亂處，在考證可信的情況下予以調整，並在題解中説明。至於所録諸子條文的分列，原則上依底本；凡底本條目分列有不當之處，即參考其他各本及今存諸子書，或依文意作適當調整，並在校釋中加以説明。爲方便讀者閲讀查檢，對意林全書所録諸子依次通編序號；對所録諸子各書條文，亦編列序號；非諸子正文而顯爲叙録、注文者，不編入序號，僅在校釋中考證其文。

（二）題解與案語

每種書目下均有題解，扼要考訂作者生平、版本大略、内容主旨，有的會列出主要參校本，以方便讀者使用。如對該書卷次、録文有所調整，亦在題解中説明。

（三）校勘與注釋

凡底本中有明顯訛誤處，改動並出校説明。凡徵引諸子書中的校注，均標明注家姓名。凡人名、地名、職官、典故、名物制度等，如有必要，均於首見處出注，其後重出者，僅在校釋中指明「見某卷某書某條校釋」，不再重複出注。對底本中小字原注，僅注明出處與文字之異同。凡徵引他書者，均標明出處或論著者姓名。

校釋中「明刊本」指的是明刊意林道藏本、廖本、徐本、范氏天一閣本；「諸本」、「他本」指的是所出校記之外的意林之本；在確指參校本時，「今本」、「别本」指的是意林所録諸子今存通行之本。對不影響文意的文字，如「曰」、「云」之類，一般不出校記。

（四）附録

爲方便讀者查檢，書末擇要輯録歷代與意林相關的著録與序跋。

原序二首〔一〕

一　唐貞元二年戴叔倫序

三聖相師，大易光著，天地之功立矣，經傳之功生焉。輔成一德，謂之六學。漢收秦業，其道方興，置講習訓授之官，明君臣父子之體。雖禮樂文缺，亦足以新忠孝仁義之大綱〔二〕。至如曾、孔、荀、孟之述〔三〕，其蓋數百千家，皆發揮隱微，羽翼風教；祖儒尊道，持法正名；縱横立權，變通其要。崇儉而有別，即農而得序〔四〕，傍行而不流小説，去泥而篇簡繁夥，罕備於士大夫之家。有梁潁川庾仲容略其要〔五〕，會爲子書鈔三十卷〔六〕。將以廣搜採異，而立言之本，或不求全。大理評事扶風馬總會元〔七〕，家有子史，幼而集録，探其旨趣，意必有歸，遂增損庾書，詳擇前體，裁成三軸，目曰意林。上以防守教之失，中以補比事之闕，下以佐屬文之緒。有疏通廣博、潔净符信之要，無僻放拘刻、譤蔽邪盪之患。〔當篇籍散缺，人所未見之時，而先識其名，又得其語，斯足以廣見聞，助發揮，何止嘗鼎臠、啖雞蹠也哉！陸機氏曰「傾羣言之瀝液，漱六藝之芳潤」；唐韋展日月如合璧賦云「獵英華於百氏，漱芳潤於六籍」，是庶幾焉」〔八〕。君子曰：以少爲貴者，其是之謂乎。余會元之執友〔九〕，故序而記之。

貞元二年五月二十一日也，撫州刺史戴叔倫撰〔一〇〕。

〔一〕今存説郛本、廖自顯序本無此二序，道藏本、徐元太序本有。此二序之上，底本尚有「御製題武英殿聚珍版十韻（有序）」與「御題意林三絶句」二文，前者與意林無涉，本書不録；而「御題意林三絶句」本爲四絶句，參見本書附録四。二序原無題名，今加。

〔二〕「新」字，四庫本作「興」。

〔三〕「述」字下，底本標有一闕文符號□，無「其」字；聚學軒本「其」字下標一闕文符號□；四庫本「述」下無「其」字，作「相述」；筆記大觀本「述」下有「作」字，而無「其」字。此從道藏本。

〔四〕「農」字，底本無，標一闕文符號□，然道藏本、聚學軒本、四庫本皆不缺，故據補；「得」字，聚學軒本作「有」。即農：典出三國志魏志王肅傳：「記一歲有三百六十萬夫，亦不爲少。當一歲成者，聽且三年，分遣其餘，使皆即農。無窮之計也。」原意本爲王肅向魏文帝獻計，合理有序地安排閑散人員從農，以富國財。後指合理安排佈局，使之有序。

〔五〕梁：此指南北朝時蕭氏所建之梁。潁川：唐天寶、至德時改許州爲潁川郡，治在今河南許昌市。庾仲容：字仲容，南梁潁川鄢陵人。曾爲諮議參軍，後出爲黟縣令，客遊會稽，病卒，年七十四。鈔諸子書三十卷，史稱子鈔，又有衆家地理書二十卷等，皆亡佚不存。

〔六〕子書鈔：隋唐志皆作子鈔，三十卷，梁庾仲容撰，原書早亡。其書鈔録先秦至晉諸子書一百零七家，書目見於宋高似孫撰子略中。

〔七〕大理評事：唐代官職名，掌刑罰，爲大理寺屬官之一。兩唐書本傳皆未載馬總曾任此職；又案，「會元」爲馬總字，但現存諸本皆作「元會」，考兩唐書本傳皆稱馬總字「會元」，宋高似孫子略載子鈔序稱「總，唐貞元中任評事，字會元，扶風人」，此據改。扶風：唐代郡名，故址在今陝西省鳳翔縣等地。

〔八〕上文自「當篇籍散缺」至此，凡八十一字，底本原無，聚學軒本據明陳耀文天中記所引而補，今據補。高似孫子略中子鈔序文亦有此語。

〔九〕底本原作「元會」，參見上文校釋〔七〕。

〔一〇〕貞元：唐德宗李适年號。撫州：舊治在今江西撫州市。戴叔倫：字幼公，潤州金壇（今江蘇鎮江市金壇縣）人。師事蕭穎士，爲其門人之冠。他在撫州刺史任上作均水法，有政績，累官容管經略使。詔還，卒於道，年五十八。句末八字道藏本移作此序題名。

二　唐貞元三年柳伯存序

子書起於鬻熊，六韜盛於春秋〔一〕。六國時，莊老道宗起覆載之功，擴日月之照〔二〕，高視六經，爲天下式，故絶於稱言矣。墨翟大賢，其旨精儉，教〔垂後世〕〔三〕，名亞孔聖，至矣〔四〕。管、晏、文、〔荀，議論閎肆；淮南鴻烈，詞章華贍，皆纚纚數萬言〕〔五〕，可謂庶矣〔六〕。而部帙繁廣，尋覽頗難。梁朝庾仲容鈔成三帙，汰其沙石，簸其秕糠，而猶蘭蓀雜於蕭艾，瑶璵隱於璞石。扶風馬總精好前志，務於簡要。又因庾仲容之鈔，略存爲六卷，題曰意林。聖賢則糟粕靡遺，流略則精華盡在〔七〕，可謂妙矣。隋代博陵李文博攟摭諸子，編成理道集十卷〔八〕；唐永興公虞世南亦採前史，著帝王略論五卷〔九〕；天后朝宰臣朱翼祖，則又述十代興亡論一帙〔一〇〕。洎扶風意林，究子史大略者，蓋四人意矣。予扁舟塗水，留滯廬陵，扶風爲余語其本尚，且曰：編録所取，先務於經濟，次存作者之意，罔失篇目，如面古人。予懿馬氏之作，文約趣深，可謂懷袖百家〔一一〕，掌握千卷。之子用心也，遠乎哉！旌其可美，述於篇首，俾傳好事。

貞元丁卯歲夏之晦，文廢瞍河東柳伯存重述〔一二〕。

〔一〕鬻熊：周文王時人，傳説年九十知道，爲周文王師。其曾孫熊繹於周成王時封於楚，是爲楚人先祖。事見史記楚世家。六韜：古代兵書名，託名西周吕尚編撰，故又稱太公六韜。其書分爲文韜、武韜、龍韜、虎韜、豹韜、犬韜六部分，故稱爲六韜。唐人自通典以下談兵者多引其説。

〔二〕「擴」字，底本原作「横」，四庫本同；道藏本、聚學軒本皆作「擴」，今據改。

〔三〕「教」下，底本標三個闕文符號，道藏本、聚學軒本同。四庫本補作「垂後世」三字，今據補。

〔四〕「至矣」下，底本標兩個闕文符號，道藏本、聚學軒本標三個闕文符號，四庫本不標。

〔五〕「管、晏、文」下，底本原標十七個闕文符號，道藏本、聚學軒本皆標十三個闕文符號；四庫本於此補「荀」至「萬言」十九字，今據補。

〔六〕「庶」字，四庫本作「富」。

〔七〕「精華」，聚學軒本作「英華」。

〔八〕李文博：博陵（今河北蠡縣）人，性貞介梗直，好學不倦。隋開皇中爲羽騎尉，長於議論，亦善屬文。著治道集十卷，大行於世。理道集：舊唐志法家類有治道集十卷，隋李文博撰。唐人因避唐高宗李治名諱，故改治道集爲理道集。

〔九〕虞世南：字伯施，越州餘姚（今浙江餘姚）人。在隋官秘書郎，入唐官至秘書監，封永興公。他精通書法，輯有北堂書鈔一百七十三卷，兩唐書皆有傳。帝王略論：舊唐志雜史類有帝王略論五卷，題虞世南撰，今已不存。

〔一〇〕朱翼祖：此人兩唐書不見載。武后時有人名朱敬則，字少連，亳州永城人，長安三年累遷正諫大夫，兼修國史，又拜鳳閣鸞臺平章事（即宰相）。因得罪張易之而被貶，卒於家，年七十五。舊唐書本傳載：「敬則嘗採魏晉以來君臣成敗之事，著十代興亡論。」舊唐志雜史類載有朱敬則所撰十代興亡論。天海案：唐本意林今已不可見，現存最早的明道藏本柳伯存序文亦有「天后朝宰臣朱翼祖」一句。朱翼祖，史籍不載，疑是宋人因避趙匡胤之祖趙敬的名諱而改。其人本名朱敬則，而趙匡胤祖父是趙敬，被封爲簡恭皇帝，廟號翼祖。由此可知，明本必源於宋本，而且直至清刻本，這個避諱都未能回改。

〔二〕道藏本「可」上有「誠」字。

〔三〕貞元丁卯：即貞元三年，公元七八七年。柳伯存：名並，字伯存。師事蕭穎士，兼好黄老。大曆中辟河東府掌書記，後遷殿中侍御史。因目盲，自稱文廢瞍，終於家。新唐書有傳。

意林校釋卷一

一 鬻子一卷

藝文志云："名熊，著子二十二篇。"今一卷六篇。

鬻子，即鬻熊，羋姓，名熊。最早見於左傳僖公二十六年，云夔子"不祀祝融與鬻熊"。史記楚世家稱："子事文王，早卒。"鬻子一書，舊題爲西周鬻熊撰。漢書藝文志道家著録鬻子二十二篇，班固自注云："鬻子爲周師，自文王以下問焉，周封爲楚祖。"文心雕龍諸子第十七："至鬻熊知道，而文王諮詢。餘文遺事，録爲鬻子。子自肇始，莫先於兹。"關於鬻子之文，自唐代羣書治要鈔録以來，明清以後皆有整理研究。今人嚴靈峰周秦漢魏諸子知見書目輯有鬻子歷代注疏三十三種之多，可供參考。意林録鬻子僅四條，前三條見於今存唐逢行珪注本正文之中，而第四條則見於其序文中。此篇題目下小字爲意林本注，廖本録作大字正文。表示篇目序號之"一"字，底本無，爲方便閲讀，全書順次加上。

1 發政施令，爲天下福，謂之道〔一〕；上下相親，謂之和；不求而得〔二〕，謂之信；除天下之害，謂之仁。信而能和者，帝王之器〔三〕。

〔一〕道藏本、廖本皆無「爲」字；「福」下，治要録鬻子有「者」字；宋高似孫子略鬻子引作「發政施仁謂之道」。

〔二〕「不求而得」，御覽同，治要作「民不求而得所欲」。

〔三〕「信而能和者」，治要作「仁與信，和與道」。此句下逢行珪注曰：「此四者，帝王有天下之器，所以樂用也。苟有違之，而天下離叛，非其所有也。」

2　聖王在位，百里有一士猶無有也〔一〕；王道衰，千里一士則猶比肩也〔二〕。

〔一〕此句下逢行珪注曰：「言聖王在上，化被蒼生，德周萬物，雖百里而有一賢士，以聖道廣宣，賢跡不見，其賢雖多，則若無有也。」

〔二〕此句下聚學軒本周廣業注曰：「此與下節並見賈誼新書大政篇，不言出鬻子。」

3　知善不行，謂之狂〔一〕；知惡不改，謂之惑〔二〕。

〔一〕此句下逢行珪注曰：「善者體道懷德也。人主行善於上，百姓變善於下，堯之日比屋可封。知善道之爲善而不行用者，是狂悖之人也。」「行」，聚學軒本周廣業注曰：「舊作『信』，據李善文選注改，今亦作『行』。」天海案：「行」，底本原作「信」，據治要與聚學軒本改。治要「行」下有「者」字；「謂」上有「則」字。狂：愚頑。韓非子解老：「心不能審得失之地，則謂之狂。」

〔二〕此句下逢行珪注曰：「惡者賊以傷軀。人主爲惡於上，則百姓爲惡而不悛者，是昏惑之人也。」天海案：「改」下，治要與逢本有「者」字，「謂」上亦有「則」字。又，道藏本、四庫本以上三條併作一條。

4 昔文王見鬻子年九十，文王曰：「嘻，老矣〔一〕。」鬻子曰：「若使臣捕虎逐麋，臣已老矣〔二〕；坐策國事，臣年尚少〔三〕。」

〔一〕此上所録見於逢本原序第一句，作「鬻子名熊，楚人，周文王之師也，年九十見文王。王曰：『老矣』」。

〔二〕聚學軒本周廣業注曰：「陳耀文天中記『虎』作『獸』，唐諱『虎』，作『獸』爲是。」天海案：此上之文，逢本原序作「使臣捕獸逐麋，已老矣」。「獸」，回改作「虎」爲是。

〔三〕聚學軒本周廣業注曰：「子略云：魏相奏記載霍光曰：文王見鬻子云云，言『文王善之，遂以爲師』。則非鬻子本文甚明。蓋與荀子後序同例。」天海案：此二句逢本原序作「使臣坐策國事，尚少也」；宋高似孫子略引魏相奏記載霍光語作「若使坐策國事，臣年尚少」；御覽引此文末句作「因立爲師」。此條非鬻子正文，見於逢本原序開篇之語。其事與意林卷三新序記楚丘先生見孟嘗君事略同。說郛本有此條，文同。

二　太公金匱二卷

太公，生卒年不可確考，姓姜名尚，字子牙，東海人，四嶽之後。初事商紂王，後隱北海。相傳垂釣於渭水之濱而遇周文王，因立爲師，號曰「太公望」。事見史記齊太公世家。

文選注引七略曰：「太公金版玉匱，雖近世之文，然多善者。」是其書本名金版，亦名金版玉匱；本是周書，亦言太公，後人還稱太公金匱。太公金匱一書今已不存，清人洪頤煊、嚴可均皆有輯佚本，可資參閱。

意林所録五條，不外謀事治國、用賢安民、防微杜漸、謹言慎行之類，出入儒道權謀之中，故又略見於太公六韜、太公陰謀、太公兵法諸書。治要鈔録有六韜、陰謀之文，亦記周文王、武王與太公問答之事；藝文類聚引太公金匱六條，初學記引有四條。

1　武王問太公曰：「殷已亡其三人〔一〕，今可伐乎。」太公曰：「臣聞之，知天者不怨天，知己者不怨人；先謀後事者昌，先事後謀者亡。且天與不取，反受其咎；時至不行，反受其殃；非時而生，是爲妄成〔二〕。故夏條可結，冬冰可釋〔三〕，時難得而易失也。」

〔一〕三人：指殷商的三個賢臣商容、梅伯、比干，均因勸諫商紂王而被殺。黄以周案：「亡三人，謂大師、少師及内史向摯。本文首有『大師、少師抱其祭器、樂器奔周，内史向摯載其圖法亦奔周』數語。御覽、繹史並引此文，互有詳略。」

〔二〕妄成：無成。妄，通「亡」，音、義同「無」。陸德明釋文：「妄，鄭音亡。亡，無也。」

〔三〕聚學軒本周廣業注曰：「歐陽詢藝文類聚引六韜有此二句。『釋』作『折』。」夏條：陸機從軍行：「夏條集鮮藻，寒冰結衡波。」南梁蕭統答湘東王求文集詩苑書：「夏條可結，睠於邑而屬詞；冬雪千里，覩紛霏而興詠。」劉勰新論：「春角可卷，夏條可結。」夏條可結：指夏天茂盛的枝條也能彎曲盤結。

2 武王平殷還，問太公曰：「今民吏未安，賢者未定，如何？」太公曰：「無故無新，如天如地〔一〕；得殷之財，與殷之民共之，則商得其賈，農得其田也。一目視則不明，一耳聽則不聰〔二〕，一足步則不行〔三〕。選賢自代，上下各得其所。」

〔一〕聚學軒本周廣業注曰：「以上御覽引作六韜。」天海案：「無故無新」，無論舊人或新人。意指武王滅商後，不論是西周故舊還是新降服的商民，都要一視同仁。「如天如地」，像天地一樣無私。

〔二〕此二句下，聚學軒本周廣業注曰：「二句御覽引。」

〔三〕「步」字，徐元太喻林引作「少」，且引「一目不明」以下之文。治要引虎韜，有「武王勝殷，召太公問曰」一段，文字與此條不同。

3 武王問：「五帝之戒可得聞乎〔一〕？」太公曰：「黄帝云：予在民上〔二〕，摇摇恐夕不至朝，故金人三緘其口，慎言語也〔三〕。堯居民上，振振如臨深淵〔四〕。舜居民上，兢兢如履薄冰〔五〕。禹居民上，慄慄如恐不滿〔六〕。湯居民上，翼翼懼不敢息〔七〕。」

〔一〕「可」字下，聚學軒本周廣業注曰：「御覽有『復』字。」

〔二〕此上之文，治要作「尚父曰：『黄帝之時戒曰：吾之居民之上也』」，此句道藏本作「余在民上」。

〔三〕聚學軒本周廣業注曰：「羅苹注路史云：『世謂太公作金人，昔孔子見之后稷之廟。』案：太公金匱太公對武王之言，明黄帝所作。皇覽記陰謀曰：『黄帝金人器銘曰：武王問尚父五帝之戒，對曰：黄帝之戒曰：吾之居民上，摇摇恐朝不及夕。故爲金人三封其口，曰：我古之慎言人也。』羅又引金匱云：『禹居民上，慄慄如不滿日，乃立諫鼓。』據此，則金人，黄帝之戒也；諫鼓，禹之戒也。管子、淮南子稱堯置敢諫之鼓，舜立誹謗之木，湯有司直之人。乃堯、舜與湯之戒也，特意林不備載耳。」天海案：相傳孔子至周，進太廟，見有金人三緘其口，背有銘曰：「古之慎言人也。」説苑敬慎亦有此語。聚學軒本於此處單列一條，「堯居民上」下之文另作一條。

〔四〕「堯居民上」，聚學軒本周廣業注曰：「後漢書光武紀注引金匱作『堯作黄帝』。」「振振」，周廣業曰：「後書注作『惴惴』。」天海案：「堯」字下，治要有「之」字；「淵」，治要作「川」，避唐高祖李淵名諱而改。

〔五〕「兢兢」，聚學軒本周廣業注曰：「後書注作『矜矜』，類聚同。」天海案：「舜」字下，治要有「之」字。

〔六〕「慄慄如恐不滿」，聚學軒本周廣業注曰：「後漢書有『日』字，無上『恐』字。」天海案：治要作「慄慄恐不滿日」。

〔七〕聚學軒本周廣業注曰：「天中記『懼』作『恐』，廖本同。」天海案：「湯」字下，治要有「之」字。此句治要作「戰戰恐不見旦」，其下尚有「王曰：寡人今新併殷，居民上，翼翼懼不敢怠」之文。「懼」，徐元太喻林引作「恐」；且「太公曰」以下與下條，徐元太喻林併作一條。治要卷三十一録陰謀中有此文，略異。

4 道自微而生，禍自微而成，慎終與始，完如金城〔一〕。

〔一〕聚學軒本周廣業注曰：「孫子、墨子俱有金城湯池之説。酈道元水經注引漢書集注云：金者，取其堅固也。」天海案：「慎終與始」，老子六十四章有「慎終如始，則無敗事」，又見尚書太甲下：「無輕民事惟艱，無安厥位惟危，慎終於始。」據此可知，「與」或「於」字之音訛。荀子王制：「辨功苦，尚完利，便備用。」楊倞注曰：「完，堅也。」此條道藏本、説郛本與上條併作一條。

5 行必慮正，無懷僥倖；書履。 忍之須臾，乃全汝軀；書鋒。 刀利皚皚，無爲汝開；書刀。 源泉滑滑〔一〕，連旱則絶；取事有常，賦斂有節〔二〕。 書井。

〔一〕「滑滑」，説郛本作「混混」。滑滑：讀如「骨骨」，同「汩汩」，水湧流不止貌。

〔二〕聚學軒本周廣業注曰：「御覽『武王曰：吾隨師尚父之言，因爲慎言語，隨身引誡。書履』云云；又有門、户、鑰、硯等書。獨不引鋒、刀、井。」

三 太公六韜六卷

太公六韜又稱六韜、太公兵法、素書，舊題周太公呂望撰。一般認爲是後人依託，作者已不可考。現在大多認爲此書成於戰國時代。太公六韜，隋書經籍志始載，作五卷，注曰：「梁六卷，周文王師姜望撰。」一九七二年在山東臨沂銀雀山西漢古墓中發掘了大批竹簡，其中就有六韜五十多枚，由此證明六韜至少在西漢時就已廣泛流傳。

太公六韜雖依託所爲，然亦爲秦漢時古籍，當在漢書藝文志所載太公二百三十七篇之内。今本雖未必是秦漢時舊本，但唐人自通典以下談兵者多引用其説。意林採録十三條，分别論及國君舉賢任能、握權治民、防微杜漸、尊天敬鬼、任將用兵等事，非只兵戰之事。文與今本六韜所載略有異同。

1 文王曰〔一〕：「君務舉賢，不獲其功〔二〕，何也？」太公曰：「舉而不用〔三〕，是有求賢之名，而無用賢之實也〔四〕。」文王曰：「舉賢若何？」太公曰：「按賢察名，選才考能，名實俱得之也〔五〕。」

〔一〕「文王曰」上，道藏本、四庫本將下文「有求賢之名，而無用賢之實」二句移出，單作一條。「文王曰」，治要作「文王問太公曰」。

〔二〕治要此句下尚有「世亂愈甚，以至危亡者」九字。

〔三〕此句道藏本、四庫本皆作「舉不容易」，下接「文王曰」；治要作「舉賢而不用」。

〔四〕此二句治要作「是有舉賢之名也，無得賢之實也」。

〔五〕聚學軒本周廣業注曰：「太平御覽作『名實俱得也』，與今本稍異。」天海案：道藏本、四庫本此句作「名實得之也」，治要作「令能當其名，名得其實，則得賢人之道」。

2 文王曰：「國君失民者，何也？」太公曰：「不慎所與也。君有六守三寶。六守者：仁、義、忠、信、勇、謀。三寶者：農、工、商。六守長則君安，三寶完則國昌。」

3 國柄借人，則失其威。淵乎無端〔一〕，孰知其源。涓涓不塞〔二〕，將成江河；兩葉不去，將用斧柯〔三〕；熒熒不救，炎炎奈何〔四〕。

〔一〕淵：深潭之水。

〔二〕涓涓：細小的水流。

〔三〕兩葉：指樹木初生、萌芽之時。斧柯：斧柄。指代斧子。

〔四〕「涓涓不塞」以下六句，道藏本、四庫本皆録在「名實得之也」條下。熒熒：如螢小火。炎炎：火光猛烈貌。賈誼新書審微「焰焰弗滅，炎炎奈何。萌芽不伐，將折斧柯」，或出此文。

4 天下非一人天下，天下之天下也；取天下者若逐野鹿，而天下共分其肉〔一〕。

〔一〕史記淮陰侯列傳「秦失其鹿，天下共逐之」，裴駰集解引張晏曰：「以鹿喻地位也。」文選李善注引六韜曰：「遊説之士，至比天下於逐鹿，幸捷而得之。」上句道藏本、四庫本無「者」字。此二句御覽引六韜作「得鹿，天下共分其肉」，今本作「而天下皆有分肉之心」；治要略同今本，而無「之心」二字。以上四條，道藏本、四庫本併作一條。

5　太公云：「伏羲、神農教而不誅〔一〕；黄帝、堯、舜誅而不怒〔二〕。」

〔一〕聚學軒本周廣業注曰：「御覽『教』下有『民』字。」

〔二〕怒：逾越，超過。荀子君子：「刑罰不怒罪，爵賞不逾德。」王念孫荀子雜誌：「怒、逾，皆過也。」

6　聖人恭天，静地〔一〕，和人，敬鬼。

〔一〕「恭天」，奉行天意。尚書甘誓：「今予惟恭行天之罰。」孔安國傳：「恭，奉也。」静地：使國土安寧。

7　文王在岐〔一〕，召太公曰：「吾地小，奈何〔二〕？」太公曰：「天下有粟，賢者食之〔三〕；天下有民，賢者牧之〔四〕；屈一人下，伸萬人上，惟聖人能行之〔五〕。」

〔一〕「岐」，治要作「岐周」。岐：岐山，在今陝西岐山縣東北。山狀如柱，亦稱天柱山。周文王之祖古公亶父由豳（今陝西旬邑縣西）遷至岐山下之周原，故又稱岐周。

〔二〕此二句治要作「吾地小而民寡，將何以得之」。

〔三〕此二句上，治要有「天下有地，賢者得之」二句；「天下有粟」以下，説郛本與前文「炎炎奈何」連成一條。

〔四〕「牧」，治要作「收」；作「牧」於義爲長。

〔五〕上二句兩「人」下，治要有「之」字；「上」下，有「者」字；末句作「唯聖人而後能爲之」。聚學軒本周廣業注曰：「後三句見選注，作『唯聖人能焉』。」

8 冠雖敝，加於首；履雖新，履於地〔一〕。

〔一〕「加於首」、「履於地」，聚學軒本周廣業分别注曰：「御覽作『禮加之於首』，『法踐之於地』。」天海案：「敝」，道藏本作「弊」。敝：破舊。賈誼新書「履雖鮮，不加於枕；冠雖敝，不以苴履」，與此文意同。

9 武王問太公曰：「士高下有差乎〔一〕？」太公曰：「人有九差〔二〕：惡口舌，爲衆所憎〔三〕；夜卧早起，此妻子之將〔四〕；知人飢渴，習人劇易〔五〕，此萬人之將；戰戰慄慄，日慎一日，此十萬之將〔六〕；知天文，悉地理，理四海如妻子，此天下之將〔七〕。」

〔一〕此二句治要作「武王曰：士高下豈有差乎」。

〔二〕此句治要無「人」字。九差：九種等級差别。意林此文所録僅五等差别，治要録此正有九等差别。

〔三〕此二句治要作「多言多語，惡口惡舌，終日言惡，寢卧不絶，爲衆所憎，爲人所疾」。

〔四〕聚學軒本周廣業注曰：「御覽云：雖劇不悔。」天海案：此二句治要作「夜卧早起，雖遽不悔，此妻子將也」，其下尚有論及「十人之將」、「百人之將」、「千人之將」之文。妻子之將：統率妻子之將領。

〔五〕「習」字，聚學軒本周廣業注曰：「御覽作『念』。」天海案：「飢渴」，治要作「飢飽」。劇：艱難。後漢書列女曹世叔妻傳「執務私事，不辭劇易」，李賢注曰：「劇，猶難也。」劇易：即難易，此指艱難。

〔六〕此句下治要尚有論「百萬之將」的文字。

〔七〕此四句，治要作「上知天文，下知地理，四海之內皆如妻子，此英雄之率，乃天下之主也」；末句「將」字，道藏本、四庫本皆作「主」。

10　軍中之事不聞君命〔一〕。

〔一〕「不」字下，治要有「可」字；道藏本此條與上條併作一條。

11　武王問太公曰：「吾欲令三軍親其將如父母〔一〕，攻城則爭先登，野戰則爭先赴〔二〕，聞金聲而怒，聞鼓音而喜，可乎？」太公曰：「作將，冬日不服裘〔三〕，夏日不操扇，天雨不張蓋幔〔四〕；出隘塞，過泥塗〔五〕，將先下步；軍未舉火，將不食〔六〕。士非好死而樂傷，其將知飢寒勞苦也〔七〕。」

〔一〕此句「三軍」下，羣書治要有「之衆」二字。

〔二〕此二句治要作「攻城爭先登，野戰爭先赴」。

〔三〕此句上治要有「將有三禮」四字。

〔四〕上句藝文類聚引作「夏不操扇」；下句「蓋幔」，道藏本、四庫本作「幔」，治要作「蓋幕」，御覽無「幔」

字。

〔五〕「出隘塞，過泥塗」，道藏本作「寒過泥塗」，四庫本無「寒」字，藝文類聚、治要作「出隘塞，犯泥塗」。

〔六〕此句治要作「將亦不火食」。黄石公三略引軍讖有此語。

〔七〕此句治要作「爲其將，念其寒苦之極，知其飢飽之審，而見其勞苦之明也」。

12 用兵之害，猶豫最大〔一〕。起之若驚〔二〕，用之若狂；當之者破，近之者亡；使如疾雷不暇掩耳也〔三〕。

〔一〕上句治要無「用」字；「猶豫」，道藏本作「猶與」，義同。

〔二〕「起」，底本原作「赴」，意林別本與治要皆作「起」，此據改。驚：馬突然受到刺激而急奔。比喻兵貴神速，如受驚之馬。

〔三〕此句治要作「故疾雷不及掩耳」。道藏本與四庫本將此條與上條併作一條。

13 貧窮忿怒、欲決其志者〔一〕，名曰必死之士；辯言巧辭、善毀善譽者，名曰間諜飛言之士〔二〕。

〔一〕「決」，聚學軒本作「快」。

〔二〕間諜：離間、搬弄是非。尉繚子原官：「遊説間諜無自入，正議之術也。」飛言：即流言蜚語。此條説郛本接上文「天下有粟」、「涓涓不塞」兩條合爲一條。

四　曾子二卷

曾子（前五〇五年至前四三五年），名參，字子輿，春秋末年魯國南武城人，其事跡散見於論語、史記仲尼弟子列傳。

漢書藝文志載有曾子十八篇，注曰：「名參，孔子弟子。」隋志載曾子二卷、目一卷，注曰：「魯國曾參撰。」其後唐宋史志書目皆作二卷。宋時原有傳本，然汪晫未見，故重輯曾子一卷十二篇，後收入四庫全書中。四庫簡目提要稱此本「强立篇目，頗爲杜撰，然宋代舊本已佚，存之尚具曾子之崖略也」。清人阮元據北周盧辯所注曾子，博考經書，正其文字，參以諸家之説，擇善而從，重新注釋曾子十篇，稱爲精審。

意林所録曾子四條，皆見於阮元注本，分别論及進業修德、立身處世之道。

1　君子愛日以學，及時而成〔一〕，難者不避，易者不從。旦就業，夕自省，可謂守業〔二〕。年三十、四十無藝〔三〕，則無藝矣。至五十不以善聞〔四〕，則無聞矣。

〔一〕「而成」，大戴禮作「以行」，治要與阮本亦皆作「以行」。此二句高似孫子略所引無「以學」二字。

〔二〕「旦就業」、「可謂守業」，治要分别作「日旦就業」、「亦可謂守業矣」。

〔三〕藝：即六藝。孔子以禮、樂、射、御、書、數六藝教育弟子。此指六藝中任何一種才能。高似孫子略所引，與此文略異。

〔四〕「至」，道藏本誤作「云」，廖本、四庫本皆作「年」。

2 鄙夫鄙婦相會於牆之陰，可謂密矣，明日或有知之〔一〕。故士執仁與義，莫不聞也〔二〕。

〔一〕「矣」，治要作「者」；「明日或有知之」，大戴禮作「明日則或揚其言矣」，羣書治要同。

〔二〕「故士」，説郛本作「曷云」，道藏本、廖本、四庫本皆作「故云」；下句羣書治要作「而不聞，行之未篤也」。説郛本、道藏本、四庫本録此條，與上條併作一條。

3 蓬生麻中，不扶自直，白沙在涅，與之皆黑〔一〕。君子之遊，苾乎如入蘭芷之室，久而不聞，則與之化矣；小人之遊，膱乎如入鮑魚之室〔二〕，久而不聞，則亦化矣〔三〕，故君子慎其去就也〔四〕。與君子遊，如日之長，加益不自知也〔五〕；與小人遊，如履薄冰，幾何而不行陷乎〔六〕。

〔一〕「自直」，治要作「乃直」。上二句亦見大戴禮與荀子勸學篇。「涅」，羣書治要作「泥」。此以上四句皆見治要録曾子制言之文。據王念孫荀子雜誌，褚少孫續三王世家引「傳曰」有此四句；洪範正義引「荀卿書云」亦有此四句。

〔二〕「膱」，底本原作「戲」，阮本作「貸」。此句大戴禮作「貸乎如入鮑魚之次」，治要作「膩乎如入魚次之室」。阮元釋曰：「馬總意林誤作『戲』，文選注引作『臭』，亦誤。蓋古本作『職』字，『貸』、『膩』、『戲』皆形近之訛。」天海案：考「職」字，音直，臭也。廣雅釋器：「職，臭也。」上文言「芯乎如入蘭芷之室」（芯，芳香），此文與之相對而言，必當作「職」，故據阮元之説改之。

〔三〕「久而」，意林他本多作「久亦」；「則亦化矣」，治要與阮本皆作「則與之化矣」；徐元太喻林引作「久亦不聞，而亦化矣」。天海案：「君子之遊」至「久而不聞，則亦化矣」數語又見孔子家語六本、大戴禮曾子疾病、説苑雜言，文各有異。

〔四〕此句治要與阮本皆作「是故君子慎其所去就」。徐元太喻林引「君子愛日」至此作一條。

〔五〕此三句治要與阮本作「與君子遊，如長日加益，而不自知也」。

〔六〕此句説郛本作「幾何而不陷乎」，治要與阮本作「每履而下，幾何而不陷乎哉」，且只引「與君子遊」以下六句。此條前四句見治要與阮本制言，餘皆見治要所録曾子疾病篇，文略異。

4 天圓地方〔一〕，則是四角不掩也。聞之夫子曰：「天道曰圓，地道曰方〔二〕。」

〔一〕此句阮本作「如誠天員而地方」，文意較勝。

〔二〕古人講究以規矩（即方圓）治理天下，故此處講「天圓地方」，實際上是借喻爲人處世的態度既要方正不苟，又要圓通靈活。

五　晏子八卷

晏子（？年至前五〇〇年），名嬰，字平仲，春秋時齊國夷維（今山東高密）人。史記管晏列傳載其

「節儉力行重於齊」，故名顯於諸侯。

晏子一書又名晏子春秋，始見於史記管晏列傳與孔叢子執節篇。西漢劉向有校本，並著有晏子敘録一篇。漢志儒家著録晏子八篇，注曰：「名嬰，字平仲，相齊景公，孔子稱善與人交，有列傳。」今本晏子，有清乾隆時孫星衍校定的晏子春秋七卷，稱爲善本；又有民國年間張純一據元刻本與孫校本所作的晏子春秋校注八卷。意林録晏子，多爲晏嬰節儉力行之事與勸諫齊景公之言，與今本所載，文字略有出入。本書主要參校以張純一校注本。

1 景公作臺〔一〕，臺成，復欲作鐘。晏子諫曰：「斂民作鐘，民必哀；斂哀以謀樂，不祥〔二〕。」

〔一〕景公：春秋時齊國國君，名杵臼，公元前五四七年至前四九〇年在位。

〔二〕斂民：聚斂民財。斂哀：聚集民衆的悲哀。

2 景公嬖妾死，名曰嬰子。公守之，三日不食，膚著於席而不去〔一〕。晏子曰：「外有良醫，將作鬼神之事〔二〕。」公信之，屏而沐浴。晏子令棺人入殮死者〔三〕，公大怒。晏子曰：「已死不復生。」公乃止。仲尼聞之曰：「星之昭昭，不如日月之曖曖〔四〕。」

〔一〕陶鴻慶曰：「膚著於席不去」六字，語不可曉。疑「不食」之「食」本作「殮」，「殮」字闕其左偏爲「僉」，遂訛爲「食」矣。「不去」二字當在「公守之」下，其文云「公守之不去，三日不殮，膚著於席」，言三日不小殮而屍膚著於席也。天海案：此句張本無「而」字。依陶說，當是屍體停放三日，肌膚粘於席上。然亦可理解爲齊景公守之三日，其肌膚粘於席上而不忍離去。

〔二〕將作鬼神之事：將死者靈魂與形體聚合而使之復生的法事；一説爲祭祀鬼神之事。

〔三〕棺人：古代負責殯葬的官員。底本原脱「人」字，此據張本補。

〔四〕靉靉：雲氣濃郁。此形容日月被陰雲遮蔽。後句張本作「不若月之曀曀」。此條又見説苑正諫。

3　景公時，雨雪三日〔一〕，被狐白之裘坐於堂側〔二〕，謂晏子曰：「三日雨雪，天下何不寒〔三〕？」晏子曰：「夫賢君飽則知人飢，温則知人寒〔四〕。」公乃去裘〔五〕。

〔一〕此二句治要作「景公之時，雨雪三日而不霽」。雨雪：下雪、落雪。

〔二〕此句治要作「公被狐白之裘坐於堂側階」。王念孫晏子春秋雜誌云：「經傳皆言『側階』，無言『側陛』者，當依羣書治要、北堂書鈔作『坐於堂側階』。」

〔三〕此以上治要作「晏子入見，立有間，公曰：『怪哉，雨雪三日而天不寒』」。

〔四〕此二句治要作「嬰聞古之賢君，飽而知人之飢，温而知人之寒」，其下尚有「逸而知人之勞」數句。

〔五〕此句治要作「乃令出裘發粟，與飢寒」。王念孫晏子春秋雜誌云：「『與』上有『以』字，『寒』下有『者』字，而今本脱之，則語意不完。」

4 冠，足以修敬，不務其飾；衣，足以掩形，不務其美。土事不文，木事不鏤，足以示民也〔一〕。

〔一〕「土事」、「木事」二句，上下互文成意，指土木工程，即修建宮殿房屋、園林池臺之事。文：指彩繪。鏤：指精雕細刻。示民：給民衆作示範。

5 景公曰：「吾欲霸諸侯，若何。」晏子曰：「官未具也。臣聞仲尼處陋巷，廉隅不正，則原憲侍〔一〕；志意不通，則仲由侍；德不辱，則顏回侍〔二〕。今君未有能侍，故未具也〔三〕。」

〔一〕黄以周案：「『陋巷』，本書作『隋倦』。」廉隅：指棱角，此喻指人的品行。原憲：字子思，又叫原思，春秋時魯國人，孔子弟子，以安貧著稱。侍：此指進諫、進言。史記趙世家云：「荀欣侍以選練舉賢，任官使能。」

〔二〕「德不辱」，廖本作「德不長」，徐元太喻林引此亦作「德不長」；聚學軒本作「德不厚」。聚珍本館臣案曰：「『德不辱』，今本晏子作『德不盛，行不厚』。」「辱」，通「溽」，濃厚、滋潤。此比喻德行深厚。

〔三〕此句張純一校本作「臣故曰：官未具也」。

6 君擇臣使之。臣雖賤，亦擇君事之〔一〕。

〔一〕説郛有此條，且與下條併爲一條。

7　一心可以事百君，百心不可以事一君〔一〕。

〔一〕「百心」，張校本作「三心」。聚學軒本周廣業注曰：「風俗通過譽篇引傳及孔鮒詰墨並作『百心』；類聚、御覽及俞安期唐類函引晏子亦作『百心』。」此句下，道藏本、廖本、四庫本將下文「事貴人不能過禮，貴人惡之」二句誤録於此。

8　晏子治阿三年，毁聞於國〔一〕。景公召而問之，對曰：「嬰築蹊徑，急門閭之政，淫民惡之〔二〕；舉儉罰偷〔三〕，墮民惡之；決獄不畏强貴，强貴惡之〔四〕；左右取求，非法不予，左右惡之〔五〕；事貴人不能過禮，貴人惡之〔六〕。是三邪毁於外，二讒毁於内〔七〕。臣請改轍更治，三年必有譽也〔八〕。」

〔一〕「毁聞於國」，道藏本、廖本、四庫本皆作「毁聲於國」，治要「毁」上有「而」字。

〔二〕以上十三字，道藏本、廖本、四庫本皆無。築：堵也。築蹊徑：堵塞小路，防止盜竊。急門閭之政：加强對鄉里的行政管理。

〔三〕「舉儉罰偷」，治要作「舉儉力孝弟，罰偷窳」。

〔四〕治要作「決獄不避貴强，貴强惡之」。

〔五〕此三句治要作「左右之所求，法則與，非法則否，而左右惡之」。

〔六〕此二句治要作「事貴人，體不過禮，而貴人惡之」。以上二十三字，道藏本、廖本、四庫本皆無。

〔七〕「毀」，底本原作「去」，聚學軒本作「毀」。天海案：作「毀」義勝，此據改。道藏本、廖本、四庫本「三」誤作「二」，「外」、「内」二字互乙。

〔八〕聚學軒本周廣業注曰：「此條見韓非子，言『晏子宰阿三年，以毀召還。因請更治，三年而譽聞於國。景公將賞之，乃對』云云。末言『今悉更其政，故致譽』。此蓋因威王烹阿，賞即墨事而附會之，晏子必不出此也。馬氏改之甚有意，惜訛闕太甚。」

9 景公病水〔一〕，數十日，夢與二日鬥而不勝，使占夢者占之〔二〕。占者至門，晏子使對曰：「公病，陰也〔三〕；與二日鬥，日，陽也；不勝，疾將退也。」三日而愈，公賞占夢者。占夢者辭曰：「晏子之力也。」公問晏子，晏子曰：「臣若自對，則不信也。」

〔一〕病水：得了水腫病。御覽引作「景公水疾」。

〔二〕「占夢者」，道藏本作「召夢者」。廖本、四庫本並張校本作「請召占夢者」。占夢者：古代專爲君王預測夢兆的人。

〔三〕公病，陰也：我國中醫理論認爲人的病症分陰陽兩類，水屬陰，故言「病陰」。此條見張校本内篇雜下，文繁不引。

10 景公病疽在背，欲見不得。問國子〔一〕，國子曰：「熱如火，色如日，大如未熟李也〔二〕。」公問晏子，晏子曰：「色如蒼玉，大如璧〔三〕。」公曰：「不見君子，不知野人之拙也〔四〕。」

〔一〕國子：齊國有高氏、國氏，皆姜太公之後，其子孫稱高子、國子。

〔二〕黄以周案：當依本書作「色如未熟李，大如豆」。

〔三〕黄以周案：當依本書增「熱如日」三字。蒼玉：青黑色的玉。此形容瘡癰的顏色。璧：玉器名，扁平形圓，中有孔。此形容瘡癰的形狀。

〔四〕野人：粗野之人，此指國子。此條見張校本内篇雜下，文多異，不具引。

11 晏子使楚。楚王令左右縛一人作盜者過王〔一〕，問：「何處人也？」對曰：「齊人也。」王視晏子：「齊國善盜乎？」晏子曰：「橘生江南，江北則作枳，地土使然也。今民生長於齊不盜，入楚則盜，臣不知也〔二〕。」楚王自取弊〔三〕。

〔一〕作盜者：扮作偷盜的人。過王：拜見楚王。

〔二〕此四字張校本作「得無楚之水土使民善盜耶」。

〔三〕説郛本「弊」下有「耳」字。自取弊：自取其辱。此句張校本作「王笑曰：聖人非所與熙也，寡人反取病焉」。此文又見韓詩外傳卷十、説苑奉使。此條見張校本内篇雜下，文多異，不具引。

12 晏子使楚，楚王以晏子短〔一〕，作小門於大門之側。晏子曰：「往詣狗國，從狗門入。今來使入楚，不可從狗門入也。」遂大門入〔二〕。楚王問：「齊之臨淄都無人耶〔三〕？」對曰：「臨淄三百閭，張袂成帷〔四〕，揮汗成雨，比肩繼踵，何容無人也〔五〕。」

〔一〕「短」，聚學軒本作「短小」。

〔二〕底本於此與下文分列爲二條，現據文意合之。此上之文，又見説苑奉使，多有異。

〔三〕臨淄：春秋、戰國時齊國都城，在今山東淄博市東北。

〔四〕閭：古代以二十五家爲閭。「成帷」，張校本作「成蔭」，張純一校曰：「成蔭」較「成帷」義長。

〔五〕「何容無人也」，張校本作「何爲無人」。

13 曾子將行，晏子送之曰〔一〕：「贈人以財，不若以言〔二〕。和氏之璧，井里璞耳〔三〕。良工修之，則成國寶。習俗移性，可不慎乎〔四〕。」

〔一〕晏子卒於公元前五〇〇年，曾子（曾參）生於公元前五〇五年，晏子卒時曾子方五歲，應不能與晏子交往而有此送別贈言。荀子大略篇楊倞注認爲晏子先於曾子，此乃好事者爲之。張純一認爲此曾子不必爲曾參，或史記所載不足據，故存疑。

〔二〕「贈人以財」，藝文類聚作「君子贈人以軒」；説苑雜言、文選注、家語六本等皆作「送人以財」。「不若以言」，道藏本、四庫本、聚學軒本皆無「若」字，類聚、御覽作「不若贈人以言」。聚珍本館臣案：「今本晏子作『贈人以軒，不若以言』。」孔子世家孔子適周見老子，老子送之曰：「吾聞富貴者送人以財，仁人者送人以言。吾不能富貴，竊仁人之號，送子以言。」案：或好事者之所仿與？此與下條，又見於荀子大略、説苑雜言，皆在同一章之内，事同而文異；底本於此處與下文分列爲二條，現合爲一條。

〔三〕「井里璞耳」，張校本作「井里之困也」。荀子大略：「和之璧，井里之厥也。人琢之，爲天子寶。」楊倞注曰：「井里，里名。厥也未詳，或曰厥石也。」謝墉曰：「厥同橜，説文：『橜，門梱也；梱，門橜也。』荀子以厥爲橜，晏子以困爲梱，皆謂門限。意林不解，改爲璞矣。」孫星衍曰：「宋人刻石，稱門限爲闑根。厥與困，蓋言石塊耳。」

〔四〕此句張校本作「故君子慎所修也」。

14　晏子歿後十有七年〔一〕，景公射〔二〕，諸侯大夫皆稱善〔三〕。公曰：「自晏子歿後，不復聞不善之事〔四〕。」弦章對曰〔五〕：「君好之則臣服之，君嗜之則臣食之。尺蠖食黄則黄，食蒼則蒼是也〔六〕。」公曰：「善。吾不食諂人之言也。」以魚五十車賜弦章，固不受。是弦章有晏子之遺行也〔七〕。

〔一〕據史記齊世家載，晏子卒後十年（前四九〇年），齊景公死。此云十七年，未知孰是；或「十」與「七」當有一衍文。此條見張校本外篇，文繁不引。

〔二〕此句說苑、治要皆作「景公飲諸大夫酒，公射出質」。

〔三〕此與上句，道藏本與四庫本皆作「景公封諸侯，大夫皆稱善」。聚學軒本周廣業注曰：「『封』乃『射』之訛，『侯』字衍。」張校本與說苑、治要、御覽皆作「堂上唱善，若出一口」。

〔四〕此句治要作「未嘗聞吾不善」，御覽同。

〔五〕弦章：春秋時齊國賢士，生平不詳。齊桓公時另有名弦章者，字子旗，桓公用爲大司理。

〔六〕此上二句治要作「尺蠖食黄其身黄，食蒼其身蒼。君其猶有食諂人之言乎」，類聚、御覽作「尺蠖食黄則其身黄，食蒼則其身蒼」。尺蠖：蛾類幼蟲，又名屈伸蟲，似蠶而小，行走時一屈一伸，如用尺量布，故名。

〔七〕遺行：前人遺傳的品行。說苑君道引此文較詳；羣書治要引文略異。

六　子思子七卷

子思，名孔伋，字子思，孔子嫡孫。生於周敬王三十七年（公元前四八三年），卒於周威烈王二十四年（公元前四〇二年），終年八十二歲。

漢書藝文志有子思二十三篇，本注曰：「名伋，孔子孫，爲魯穆公師。」隋唐志、通志藝文略均載爲七卷。隋書音樂志載沈約曰：「禮記中庸、表記、坊記、緇衣，皆取子思子。」梁啓超認爲此說當可信。

四庫全書子部儒家收有子思子一卷，爲宋汪晫所編定。四庫總目提要認爲「晁公武讀書志載有子思子七卷，晫蓋亦未見其本，故别作是書，凡九篇。書中所録雖真贋互見，然多先賢之格言。故雖編次躐駁，至今不得而廢焉」。意林所録子思子十條，其中六條皆見於汪本外篇過齊第九篇，文同。

1　慈父能食子〔一〕，不能使知味；聖人能悦人，不能使人必悦。

〔一〕食子：飼養子女。

2　國有道，以義率身；無道，以身率義，荀息是也〔一〕。

〔一〕荀息：字叔，春秋時晉國公族，食邑於荀，故以爲氏。晉獻公時爲大夫，曾帥師借道伐虢。獻公死，輔公子奚齊；里克殺奚齊，荀息又立公子卓；里克又殺公子卓，荀息殉死。

3　言而信，信在言前；令而化，化在令外〔一〕。聖人在上，而遷其化〔二〕。

〔一〕聚學軒本周廣業注曰：「後漢書宣秉等傳論引『語曰：同言而信，則信在言前；同令而行，則誠在令外』。注：『此子思子累德篇之言，故稱語曰。』案四句見文子、淮南子，並作『同令而民化』。徐幹中論貴驗篇引之，『誠』亦作『化』」。

〔二〕「遷其化」，御覽作「民遷如化」。説郛本此條接上條「使人必悦」下，合爲一條。

4　終年爲車，無一尺之軫，則不可馳〔一〕。

〔一〕「一尺之軫」，説郛本、道藏本、四庫本、廖本、徐本皆作「一人之輪」，或誤。聚珍本館臣案曰：「一尺之軫，據考工記考定，從御覽改。」黃以周案：「不可」下，周、李校本有「以」字。軫：本爲車廂底部後面横木，車做成後，必以横木收合。周禮考工記「車軫四尺」，注曰：「軫，輿後横木。」「則不可馳」，御覽作「則不可以馳」。

5 百心不可得一人，一心可得百人〔一〕。

〔一〕二句又見淮南子，「百心」作「兩心」；「一心可得百人」，御覽作「一心可得百心」。

6 君，本也；臣，枝葉也。本美則葉茂，本枯則葉凋。

7 君子不以所能者病人，不以人之不能者愧人〔一〕。

〔一〕此文又見於禮記表記。

8 小人溺於水，君子溺於口也〔一〕。

〔一〕溺於口：比喻被讒言淹滅。此與上二條，道藏本、聚學軒本皆併作一條。

9 繁於樂者重於憂〔一〕，厚於義者薄於行〔二〕。見長不能屈其色，見貴不能盡其辭。雖有風雨，吾不入其門也。

〔一〕繁：通「般」，讀盤。繁於樂，即「般樂」。孟子盡心上：「般樂飲酒，驅騁田獵。」注：「般，大也，大作樂而飲酒。」

〔三〕「行」，説郛本作「利」。説郛本此上二句與「終年爲車」條合爲一條。

10 君子以心導耳目，小人以耳目導心〔一〕。

〔一〕道藏本此條與上二條併作一條；説苑雜言有此文，略異。

七 孟子十四卷

蜀郡趙臺卿作章句〔一〕。「章句」曰「指事」〔二〕。

孟子，名軻，字子輿，又字子車、子居。戰國時鄒人。其生卒年因史傳未載而説法多異，孟氏宗譜所載生於公元前三七二年、卒於公元前二八九年之説，爲多數學者所採用。漢志儒家載孟子十一篇，本注曰：「名軻，鄒人，子思弟子。」隋志儒家有趙岐注十四卷，鄭玄、劉熙各注七卷；兩唐志載同隋志。今通行本有南宋朱熹孟子集注十四卷、清焦循孟子正義十四卷。意林所本，即趙岐所注七卷本。此本今已不存，趙注散見於各本之中。意林共録孟子二十九條，大多與今本詳略有異，此以朱熹孟子集注、焦循孟子正義二本參校之。

1 孟子謂惠王曰〔三〕：「虐政殺人，何異刃耶？庖有肥肉，廄有肥馬，民有飢色，野有餓莩。此謂率獸食人，且人惡之，況虐政乎！」

〔一〕趙臺卿：東漢京兆長陵人，原名嘉，字臺卿。曾與中常侍唐衡不洽，避禍北海，藏於安丘孫嵩家複壁中，後更名岐，字邠卿。唐衡死後，徵拜議郎、太傅。曾出使劉表，以老病留於荆州。建安六年卒，年九十餘。後漢書有傳。

〔二〕此二句注文經義考載之，稱是馬總之言，意林諸本録作正文第一條，然顯非孟子正文，當爲馬總原注或原書之序，現移作注文。説郛本録此十三字作大字正文，餘皆不録。指事：謂斷章而別其旨，離句而正以事。聚學軒本周廣業案：「後漢書：趙岐字邠卿，京兆人，初名嘉，字臺卿。延熹初避難變姓名，遍歷江、淮、海、岱，安邱孫嵩藏之複壁中數年，遇赦乃出。章句之作，何異孫謂在夾柱中注孟子，三年始成。此題蜀郡，疑以避禍改籍也。」

〔三〕惠王：梁惠王，即戰國時魏國國君，魏武侯子，名罃。公元前三六九年繼位，九年後自安邑遷都大梁（今開封西北），故魏又稱梁，魏惠王亦稱梁惠王，在位五十一年。孟子梁惠王篇有上下兩卷，記孟子以仁義、王道之術説梁惠王及列國諸侯，皆以問答形式記述。

2 敬老愛幼，推心於民，天下運掌中也〔一〕。故推恩足以保四海，不推恩不足以保妻子。

〔一〕此句下，焦本引章句曰：「敬吾之老，亦敬人之老；愛吾之幼，亦愛人之幼。推此心以惠民，天下可轉之掌上。」天海案：此三句似非孟子原文，或馬總參用趙岐注文爲之。

3 孟子云：「齊人譏管、晏〔一〕。」

〔一〕聚學軒本周廣業注曰：「『譏』當作『識』，蓋删改『子誠齊人』一節之文。舊在『不如待時』下，似誤。」聚珍本館臣注曰：「此八字有誤，馬驌繹史因之。」天海案：此條明刊意林諸本插在下條「不如待時」句下。考今本孟子公孫丑上，有「孟子曰：子誠齊人也，知管仲、晏子而已矣」之文。此條或傳鈔有誤，故文意不全。

4　雖有智慧，不如乘勢〔一〕；雖有鎡基，不如待時〔二〕。飢者易爲食，渴者易爲飲〔三〕；若久塗炭，則易政，如渴不擇飲也〔四〕。

〔一〕焦本引趙岐注曰：「居富貴之勢。」

〔二〕焦本引趙岐注曰：「齊人諺語也。」天海案：鎡基，戰國時農具，猶今鋤頭類。

〔三〕焦本引趙岐注曰：「言王政不興久矣，民患虐政甚矣，若飢者食易爲美，渴者飲易爲甘。」

〔四〕聚學軒本周廣業注曰：「廖本無此句。朱氏經義考亦止引『若久塗炭』句。」天海案：「易政」，依上文之例，「爲」字疑脱，當作「易爲政」。以上四條道藏本併作一條。

5　宋人有閔其苗不長，揠拔之，使其長。其子趨而視之，苗則槁矣。非但無益，乃有害也。

6　見孺子入井，非孺子之父母，亦有惻隱之心。無惻隱之心，非人也；無羞惡之心，亦非人也；無辭讓之心，亦非人也；無是非之心，亦非人也。

7 孟子云：「子路，人告之有過則喜〔一〕，禹聞善言則拜〔二〕。」

〔一〕焦本引趙岐注曰：「子路樂聞其過，過而能改也。」子路：姓仲，名由，一字季路，春秋時卞人，孔子弟子，仕衛，在衛國内亂中被殺。相傳子路有勇力，後常作勇士代稱。史記有傳。

〔二〕此句下焦本引趙岐注曰：「尚書曰：禹拜讜言。」

8 用夏變夷，不聞用夷變夏〔一〕。

〔一〕底本無此條，亦不見於今本孟子，但意林之道藏本、四庫本、聚學軒本皆有，據補。此條或馬總所見孟子外篇之文。

9 枉己者未能直人，當以直矯枉。若自曲，何以正人〔一〕？

〔一〕焦本引趙岐注文作「己自枉曲，何能正人」。天海案：此二句或非孟子原文，疑爲舊本注文。

10 景春曰〔一〕：「公孫衍、張儀〔二〕，豈不誠大丈夫？一怒而諸侯懼，安居而天下息。」孟子曰：「是焉得爲大丈夫乎？富貴不能淫，貧賤不能移，威武不能屈，此之謂大丈夫。」

〔一〕景春：焦本引趙岐注曰：「孟子時人，爲縱横之術者。」

〔二〕公孫衍：焦本引趙岐注曰：「秦王之孫，故曰公孫。」天海案：公孫衍，戰國時魏人，入相秦，曾佩五國相印，爲約長。爲秦説齊魏攻趙，破蘇秦縱約，與張儀不善而去秦。張儀死後復歸秦，秦欲封相，爲甘茂所間，又歸魏。焦本引趙岐注云「秦王之孫」，不知何據。張儀：戰國時魏人，傳説與蘇秦同師鬼谷子。在公孫衍之前入秦，爲秦惠王相，説六國連横以事秦。後不被秦武王信用，離秦去魏，相魏一年而卒。

11 天子不仁，不保四海；諸侯不仁，不保社稷；士不仁，不保四體。今惡死亡而樂不仁，猶惡醉而强酒〔一〕。

〔一〕焦本引趙岐注曰：「保，安也；四體，身之四肢。强酒則必醉也。章指言人所以安，莫若爲仁；惡而勿去，患必在身。自上達下，其道一焉。」

12 民之歸仁，猶水就下〔一〕。

〔一〕焦本引趙岐注曰：「民之思明君，猶水樂埤下。」

13 存乎人〔一〕，莫良於眸子，眸子不能掩其惡。胸中正，則眸子瞭焉；胸中不正，則眸子眊焉〔二〕。

〔一〕焦本引趙岐注曰：「存人，存在人之善惡也。」疏曰：「説文土部『存，在也』。禮記文王世子云：『必在視寒煖之節。』注云：『在，察也，蓋察人之善惡也。』」

〔二〕眊：目光昏暗不明之貌。

14 淳于髡曰〔一〕：「男女不親授受，若嫂溺，援之手乎？」孟子曰：「若不援，是豺狼也。天下溺則援之以道，嫂溺必援以手。」

〔一〕淳于髡：戰國時齊國稷下人，以博學、善辯、滑稽著稱。齊威王在稷下招攬學者，任之爲大夫。常諷諫齊威王改革内政，多次出使諸侯，不辱使命。事見史記滑稽列傳、孟荀列傳。

15 子產以其乘輿，濟人於溱、洧〔一〕。孟子聞之曰：「不知政也〔二〕」。不如以時修橋梁〔三〕。

〔一〕子產：姓公孫，名僑，字子產，又字子美，春秋時鄭人，鄭穆公之孫，孔子稱爲「古之遺愛」。事見左傳、史記鄭世家。此句下焦本引趙岐注曰：「子產，鄭卿，爲政，聽訟也。溱、洧，水名。見人有冬涉者，仁心不忍，以其乘車度之也。」

〔二〕焦本引趙岐注曰：「以爲子產有惠民之心，而不知爲政。當以時修橋梁。」

〔三〕此句底本録作正文，聚珍本館臣案曰：「句本趙注。」天海案：此句意林明刊諸本録作注文，疑是。此條又見説苑政理載「景差相鄭」，事與此略異。

16 齊人有一妻一妾〔一〕，其良人出行，則饜飽而反〔二〕。欺其妻云：「與富貴人共飲食耳。」夫出，妻後伺之，見乞人祭餘食之。妻乃告妾，相與泣於中庭〔三〕。其夫自外來，未知，猶驕其妻妾。由君子枉道，得富貴而驕人也〔四〕。

〔一〕此句上，道藏本有「良人出饜酒肉」六字。

〔二〕上句「良人」二字，意林明刊本皆作「夫」；下句聚學軒本作「饜酒肉而反」。

〔三〕焦本引趙岐注曰：「妻妾於中庭悲傷其良人，相對泣啼而謗毀之。」

〔四〕焦本引趙岐注曰：「由，用也。用君子之道觀察今求富貴者，皆以枉曲之道，昏夜乞哀而求之，以驕人於白日。」此句下道藏本、四庫本有注文「良人即夫也」五字。

17　非其道，伊尹不以一芥與人，亦不取一芥於人〔一〕。

〔一〕焦本引趙岐注曰：「伊尹初隱之時，耕於有莘之國，樂仁義之道。非仁義之道者，雖以天下之禄加之，不一顧而覗也。一介草不以與人，亦不以取於人也。」伊尹：商湯時大臣，名伊，一名摯，尹是官名。相傳出生於伊水，故名。原爲湯妻陪嫁之奴，後受重用助湯滅夏，湯尊爲阿衡。

18　在野曰草莽之臣，在國曰市井之臣〔一〕。

〔一〕焦本引趙岐注曰：「在野，野居之人。莽，亦草也。在國，謂都邑也。民會於市，故曰市井之臣。」天海案：草莽之臣，指庶民百姓。

19　性猶湍水〔一〕，決東則東，決西則西。

〔一〕焦本引趙岐注曰：「湍者，圜也。謂湍湍瀠水也。告子以喻人性若是水也，善惡隨物而化，無本善不善之性也。」

20 白羽白，性輕；白雪白，性消；白玉白，性貞。雖俱白，其性不同也〔一〕。

〔一〕此條焦本作「白羽之白也，猶白雪之白；白雪之白，猶白玉之白與」。其下引趙岐注曰：「孟子以爲羽性輕，雪性消，玉性堅，雖俱白，其性不同，問告子，子以三白之性同邪。」天海案：此文又見文選雪賦注引劉熙注，與此略異，故周廣業、聚珍本館臣都認爲此文乃馬總參用趙岐、劉熙二家之注而爲之。

21 冬日飲湯，夏日飲水。欲問寒暑者，中心也〔一〕。

〔一〕此爲意林本注，焦本引趙岐注爲「湯、水雖異名，其得温寒者，中心也」。

22 仁義忠信，樂善不倦，天爵也〔一〕；公卿大夫，人爵也。古之人，修天爵而人爵從之〔二〕；今之人，修天爵以要人爵〔三〕。得人爵棄天爵，終亦亡矣〔四〕。

〔一〕焦本引趙岐注曰：「天爵以德，人爵以禄。」天爵：上天賜給的爵位。比喻高尚的道德修養。

〔二〕焦本引趙岐注曰：「人爵從之，人爵自至也。」人爵：君主所賜的爵位。

〔三〕道藏本「今之」下脱「人」字。焦本引趙岐注曰：「要人爵，要，求也。」

〔四〕焦本引趙岐注曰：「得人爵棄天爵，惑之甚也。棄善忘德，終必亡之。」亡：通「無」。

23 孟子曰：「仁之勝不仁也，猶水勝火。今之爲仁者〔一〕，猶一杯水救一車薪之火也，不熄，則謂水不勝火。此又與於不仁之甚者也。亦終必亡而已矣〔二〕。」

〔一〕此句道藏本脱「仁」字。

〔三〕此文下焦本引趙岐注曰：「水勝火，取水足以制火。一杯水何能勝一車薪之火也，以此謂水不勝火。爲仁者亦若是，則與作不仁之甚者也。亡，猶無也。亦終必無仁矣。」

24　君子有三樂〔一〕：父母具存，一樂；仰不愧天，俯不怍人，二樂〔二〕；得天下英才而教育，三樂〔三〕。

〔一〕焦本引趙岐注曰：「天下之樂，不得與此三樂之中。」

〔二〕焦本引趙岐注曰：「不愧天，又不怍人，心正無邪也。」

〔三〕焦本引趙岐注曰：「育，養也。教養英才，成之以道，皆樂也。」

25　雞鳴而起，孜孜爲善者，舜之徒也；雞鳴而起，孜孜爲利者，跖之徒也〔一〕。

〔一〕焦本引趙岐注曰：「跖，盜跖也。跖、舜之分，以此別之。」天海案：跖，柳下屯人，傳説爲春秋末大盜，故稱爲盜跖。莊子中有盜跖篇。

26　九仞無泉，猶棄井也〔一〕。

〔一〕焦本引趙岐注曰：「仞，八尺也；雖深而不及泉，喻有爲者中道而盡棄前行也。」

27　古人之關禦暴，今人之關爲暴〔一〕。今之關，出入徵税〔二〕。

〔一〕焦本引趙岐注曰：「古之爲關，將以禦暴亂，譏閉非常也；今之爲關，反以徵税，出入之人，將以爲暴虐之道也。」

〔二〕此意林本注，或馬總縮略趙注而爲之。

28 惡似而非者〔一〕，惡莠亂苗，惡佞亂義〔二〕，惡利口亂信，惡鄭聲亂雅樂〔三〕，惡紫亂朱，惡鄉原亂德〔四〕。

〔一〕焦本引趙岐注曰：「似真而非真者，孔子之所惡也。」

〔二〕焦本引趙岐注曰：「莠莖葉似苗；佞人詐飾，似有義者。」

〔三〕焦本引趙岐注曰：「利口辯辭，似若有信；鄭聲淫人之聽，似若美樂。」

〔四〕焦本引趙岐注曰：「紫色似朱。朱，赤也。鄉原惑衆，似有德者。此六似者，皆孔子之所惡也。」

天海案：鄉原，貌似誠信，實與流俗合污的僞善者。

29 堯至湯，湯至文王，文王至孔子，孔子至孟子，各五百餘歲〔一〕。

〔一〕孔子至孟子只百餘歲，不能曰「各五百餘歲」，此或鈔録致誤。聚珍本館臣案：「孔子至孟子纔百餘歲，當依原書。」

八 管子十八卷

管仲（約前七二三年至前六四五年），名夷吾，字仲，謚曰敬，春秋時齊國潁上人。經鮑叔牙力薦，爲齊桓公之相，佐齊「九合諸侯，一匡天下」，使之成爲春秋五霸之首，因而被後人稱爲「春秋第一相」。管仲事跡見於史記管晏列傳中，其言論見於國語齊語。

管子一書，司馬遷管晏列傳稱「至其書，世多有之」。管子原有三百八十九篇，劉向校書删除重複部分，重新編次定爲八十六篇，至宋時實存七十六篇。四庫全書所收管子有四種，其中以戴望管子校正最爲通行。

管子一書當成於戰國至漢初，爲戰國時人依託之作。然亦先秦古籍，多存秦漢之時寶貴史料，不可輕廢。意林所録管子共二十二條，皆見於今本管子中。今以戴望管子校正對勘。

1　倉廩實，知禮節〔一〕；國多財，遠者來〔二〕；衣食足，知榮辱〔三〕。

〔一〕「廩」，原作「庫」，據説郛本、道藏本、聚學軒本與戴本改。「知禮節」，戴本作「則知禮節」，下接「衣食足，則知榮辱」二句。

〔二〕「遠者來」，戴本作「則遠者來」；且此二句在「倉廩實」句上。

〔三〕「知榮辱」，戴本作「則知榮辱」；且此二句在「知禮節」句下。此文史記管晏列傳引作「倉廩實而知禮節，衣食足而知榮辱」。

2　野無積草，府不積貨；市不成肆，朝不合衆〔一〕，治之至也〔二〕。

〔一〕肆：陳列商品的店鋪。朝：朝廷。合衆：聚會羣臣。

〔三〕此文戴本作「故野不積草，農事先也；府不積貨，藏於民也；市不成肆，家用足也；朝不合衆，鄉分治也」。

3 觀其交遊，則賢不肖可察。

4 一年之計，莫若樹穀〔一〕；十年之計，莫若樹木〔二〕；終身之計，莫若樹人〔三〕。

〔一〕樹穀：種穀。種穀一年一獲，故曰「一年之計」。

〔二〕樹木：種果樹。種果木至少有十年收穫，故曰「十年之計」。

〔三〕戴本注曰：「樹人，謂濟而成立之。人有百年之壽，故曰終身之計。」

5 爵禄滿，則忠衰〔一〕；室富足，則行衰〔二〕；釜鼓滿〔三〕，則人概之；人滿，則天概之〔四〕。故先王不滿也。

〔一〕衰：逐漸減弱。此句下戴本有「唯賢者不然」句，注曰：「賢者有始有卒。」

〔二〕行衰：品行衰敗。

〔三〕釜鼓：古代兩種量器名稱。釜，也叫鬴，春秋戰國時流行於齊國，罏形，小口大腹，有兩耳作提手。鼓，其形亦同釜，無耳。一説四鈞爲石，四石爲鼓。

〔四〕概：容器盛滿後，用來刮平的器具。人滿：人驕傲自滿。天概之：上天制裁他。

6　凡赦者，小利而大害，故久而不勝其禍〔一〕；無赦，小害而大利，久而不勝其福〔二〕。惠者多赦，先易後難〔三〕；法者無赦，先難後易〔四〕。惠者，民之仇讎〔五〕；法者，民之父母〔六〕。

〔一〕上句戴本作「小利而大害者也」，注曰：「苟悦衆心，故曰小利。人則習而易犯法，故曰大害也。」下句戴本注曰：「犯法漸廣，轉欲危君，故曰不勝其禍。」

〔二〕上句戴本作「毋赦者，小害而大利者也」，注曰：「人初不悦，故曰小害。創而修德，故曰大利也。」下句「久」上，戴本有「故」字，注曰：「家正而天下定，則太平可致，故曰不勝其福也。」聚學軒本周廣業注曰：「事正而天下定，太平可致。」

〔三〕此二句戴本作「惠者多赦者也，先易而後難」，句下尚有「久而不勝其禍」句。惠者：施行小恩小惠之人。

〔四〕此二句戴本作「法者先難而後易」，句下尚有「久而不勝其福」句。

〔五〕此二句戴本作「故惠者，民之仇讎也」，注曰：「惠者生其禍，故爲仇讎也。」

〔六〕「法者」，道藏本作「法令」；此句下戴本注曰：「法者生其福，故爲父母也。」道藏本、廖本、四庫本「惠者，民之仇讎」及次二句，在「惠者多赦」句上。

7　堂上遠於百里，有事十日而君不知〔一〕；堂下遠於千里，有事一月不知〔二〕；門庭遠於萬里，有事期年不聞〔三〕。

〔一〕此二句戴本作「堂上有事，十日而君不聞」，注曰：「其事適在堂上耳，而君遂十日不聞。」其下尚有「此所謂遠於百里也」句。

〔二〕此二句戴本作「堂上有事，一月而君不聞，此所謂遠於千里也」。

〔三〕此二句戴本作「門庭有事，期年而君不聞，此所謂遠於萬里也」。期年：周年。

8 桓公謂管仲曰〔一〕：「寡人有大邪三：不幸好畋，晦夜從禽不反〔二〕，一；不幸好酒，日夜相繼〔三〕，二；寡人有污行，不幸好色，姑姊妹有未嫁者，三〔四〕。」管仲曰：「惡則惡矣，非其急也，人君惟不愛與不敏不可耳〔五〕。不愛則亡衆，不敏則不及事〔六〕。」

〔一〕桓公：即齊桓公，吕氏，名小白。春秋時齊國第十五位國君。

〔二〕大邪：大過錯。畋：圍獵。從禽：追逐禽獸。此句戴本作「晦夜而至禽側，田莫不見禽而後反」，注曰：「言夙興晦夜之時，已至禽之側畔也。其田必見禽，多獲而後反。」

〔三〕此二句戴本作「寡人不幸而好酒，日夜相繼；諸侯使者無所致，百官有司無所覆」。

〔四〕上二句戴本作「不幸而好色，而姑姊有不嫁者」。意指齊桓公不嫁姑姊妹，留宮中同居。事亦見荀子仲尼篇：「内行則姑姊妹不嫁者七人。」論衡書虚篇：「妻姑姊妹七人。」以上文中一、二、三字，戴本皆無。以上之文，道藏本、廖本、四庫本並作「寡人有大邪三不幸，好畋，晦夜從禽不反，一不幸；好酒，日夜相繼，寡人污行，二不幸；好色，姑姊妹有未嫁者，三不幸」。

〔五〕「非其急也」，戴本作「然非其急者也」，其下尚有「公作色曰：此三者且可，則惡有不可者矣。對曰」。下句戴本作「人君惟優與不敏爲不可」，注曰：「優，謂逶隨不斷。」宋翔鳳云：「宋本『優』皆作『優』，優，訓隱，言人君自隱其情，使不可知，則人不附之，故曰優則亡衆也。」

〔六〕此二句戴本作「優則亡衆，不敏不及事」。「優」與「優」形近易誤。

9　地大而不耕，非其地〔一〕；卿貴而不仁，非其卿〔二〕；民衆而不親，非其民〔三〕。

〔一〕此句「地」下戴本有「也」字，注曰：「地大不耕則無所穫。」

〔二〕「仁」，戴本作「臣」；「非其卿」，戴本作「非其卿也」，注曰：「卿貴不臣，化爲敵也，謂卿大夫。」

〔三〕二「民」字，戴本皆作「人」，注曰：「人衆不親，欲亡者也。」此與下條，道藏本、廖本、四庫本皆録於下文二十二條「桓公謂管仲曰」之下。

10　無翼而飛者〔一〕，聲也；無根而固者，情也〔二〕；公但謹聲耳〔三〕。

〔一〕此句上戴本有「管仲復於桓公曰」句，注曰：「出言門庭，千里必應，故曰無翼而飛。」

〔二〕「情」，道藏本、四庫本作「慎」，戴本亦作「情」，其下注曰：「同舟而濟，胡越不患異心，知其情也，故曰無根而固。」

〔三〕此句戴本作「公亦固情謹聲，以嚴尊生」，注曰：「言當固物情，謹聲教，嚴爲防禦，以尊其生。」公：此指齊桓公。謹聲：説話要謹慎。

11 齊水躁而復，故民貪而勇〔一〕；楚水溺而清，其民輕果好賊〔二〕；越水濁而重，其民疾妒〔三〕；秦水泔而滯〔四〕，其民貪戾〔五〕；晉水滯而雜，其民好詐〔六〕；宋水勁而清，其民簡易〔七〕。

〔一〕此二句戴本作「夫齊之水道躁而復，故其民貪麤而好勇」，注曰：「以水道迴復，故令人貪；以其躁速，故令人麤勇也。」

〔二〕此二句戴本作「楚之水淖弱而清，故其民輕果而賊」，注曰：「以其淖弱，故輕佚；清則明察，故人果賊也。」溺：與「弱」同。「賊」，道藏本、四庫本誤作「賦」。輕果好賊：輕率果敢，好與人鬥狠。

〔三〕此二句戴本作「越之水濁重而洎，故其民愚疾而垢」，注曰：「洎，浸也。濁重故愚，浸則多所漸入，故疾垢也。」疾妒：同「嫉妒」。

〔四〕聚珍本館臣案：「泔，舊作『汨』，據本書注秦水絶泔，今改。」

〔五〕此二句戴本作「秦之水，泔㝡而稽，淤滯而雜，故其民貪戾，罔而好事」，注曰：「㝡，絶也。稽，停留也。謂秦水絶甘而味停留，又泥淤沈滯，與水相雜也。以其泔而稽，故貪戾；以其滯雜，故誣而好事。」

〔六〕此二句戴本作「齊、晉之水枯旱而運，淤滯而雜，故其民諂諛葆詐，巧佞而好利」，注曰：「齊、晉，謂齊之西而晉之東。枯旱，謂其水慘澀而無光也。以其運，故諂諛；以其枯旱，故葆詐；以其淤雜，故巧佞而好利。」

〔七〕此二句戴本作「宋之水，輕勁而清，故其民閒易而好正」，注曰：「輕，故易清；勁，故好正也。」

12　先王治國，威不兩措，政不二門〔一〕。有法度之制者，不可巧以詐僞〔二〕；有權衡之稱者，不可欺以輕重〔三〕；有尋尺之數者，不可差以短長也〔四〕。

〔一〕道藏本、廖本、四庫本「先王治國」三句並誤植於「輕重」句下。「措」，戴本作「錯」，音義同，注曰：「臣行君威爲兩置。」「二門」，戴本注曰：「臣出政，是爲二門也。」

〔二〕「有」字上，戴本有「是故」二字，注曰：「非法度不聽，則詐僞何施。」

〔三〕戴本注曰：「以權衡稱之，輕重立見。」

〔四〕「尋尺」，戴本作「尋丈」；下句戴本作「不可差以長短」。

13　桓公問廄吏何事最難，吏未荅〔一〕。管仲曰：「臣嘗作圉人，唯傅馬棧最難〔二〕。先傅曲木，則直無所施〔三〕；先傅直木，則曲無所施〔四〕。」

〔一〕上二句戴本作「桓公觀於廄，問廄吏曰：廄何事最難？廄吏未對」。

〔二〕上二句戴本作「管仲對曰：夷吾嘗爲圉人矣」，注曰：「圉，養馬者。」下句「唯」字戴本無，注曰：「謂編次之棧馬所立木也。」傅：通「縛」，捆紮。馬棧：圈馬的木柵欄。天海案：「傅」，道藏本、廖本、四庫本並作「賦」。

〔三〕此二句戴本作「先傅曲木，曲木又求曲木；曲木已傅，直木無所施矣」，注曰：「喻小人用則君子退也。」

〔四〕此二句戴本作「先傳直木，直木又求直木；直木已傳，曲木亦無所施矣」，注曰：「喻君子用則小人退。」天海案：二「傳」字，道藏本、廖本、四庫本並作「摶」。

14 楚王好小腰，美人省食〔一〕；吳王好劍，國士輕死〔二〕。故主好宮室，則工匠巧；主好文彩，則女工靡〔三〕。

〔一〕楚王：墨子兼愛中、晏子春秋外篇、韓非子二柄、戰國策楚策、淮南子主術訓皆作「楚靈王」，尹文子、荀子作「楚莊王」。「腰」字，道藏本、廖本、四庫本皆無。省食：減少飲食。

〔二〕吳王：聚學軒本周廣業注曰：「闔廬。」天海案：此以上四句，戴本在「則女工靡」下。

〔三〕「女工」，道藏本、廖本、四庫本並作「工女」，下接「利之所在」條。文彩：有彩色圖案的刺繡。靡：疲憊不堪。

15 冬日不盥，非愛水也〔一〕；夏日不煬〔二〕，非愛火也，爲不適於身〔三〕。明王不治宮室，非愛小也，爲傷於本事而妨於教也〔四〕。

〔一〕此二句戴本作「夫冬日之不濫，非愛冰也」，注曰：「濫，謂泛冰於水以求寒，所謂濫漿。」盥：本爲洗手，此似指用冷水沐浴。愛水：惜水。

〔二〕煬：烤火取暖。

〔三〕此句戴本作「爲不適於身便於體也」，注曰：「冬之水，夏之火，皆於身體不適便。」

〔四〕前二句戴本作「夫明王不美宫室，非喜小也」，句下尚有「不聽鐘鼓，非惡樂也」二句。末句戴本注曰：「美宫室，聽鐘鼓，則傷事而妨教。」末句意林明刊諸本皆作「爲本矣」。本事：此指農事。

16 利之所在，雖千仞之山，無所不上；深泉之下，無所不入〔一〕。商人通賈，倍道兼行，夜以繼日，千里不遠，利在前也〔二〕。漁人入海，海水百仞〔三〕，衝波逆流，日夜不出，利在水也〔四〕。

〔一〕此上五句戴本作「故利之所在，雖千仞之山，無所不上；深源之下，無所不入焉」，且在此條末句「利在水也」之下。

〔二〕倍道兼行：日夜兼程，加倍趕路。「繼日」，戴本作「續日」。「利在前也」句下，戴本注曰：「疾至則得利，故速行而不倦也。」

〔三〕此二句戴本作「漁人之入海，海深萬仞」。

〔四〕「衝波逆流」，戴本作「就彼逆流」，注曰：「謂海潮起則水逆流。」「日夜不出」，戴本作「乘危百里，宿夜不出者」。天海案：底本將此條與上條併作一條，四庫本分列作兩條。據文意，現分爲兩條。

17 蛟龍得水而神立，人主得民而威成〔一〕。海不辭水，故能成大；山不辭土，故能成高〔二〕；主不厭人，故能成衆〔三〕；士不厭學，故能成聖。

〔一〕「立」，底本原作「力」，意林他本皆作「立」，此據改。此二句戴本作「蛟龍待得水而後立其神，人主待得民而後成其威」，且單作一條。

〔二〕此二句戴本「土」下有「石」字，「高」上有「其」字。

〔三〕此二句戴本作「明主不厭人，故能成其衆」。史記李斯列傳：「太山不讓土壤，故能成其大；河海不擇細流，故能就其深；王者不卻衆庶，故能明其德。」

18 烏合之衆，初雖有歡〔一〕，後必相咄〔二〕。雖善不親也〔三〕。

〔一〕上句戴本作「烏集之交」。「有歡」，説郛本作「有鄰」，戴本作「初雖相驩」。

〔二〕「咄」，底本原作「吐」，疑形似而誤，據聚學軒本、戴本改。説郛本「咄」作「妒」。咄：指責、呵斥。

〔三〕此句戴本作「故曰烏集之交，雖善不親」。説郛本此條與上條併爲一條。

19 殺生之柄不制於主〔一〕，而在羣下，此寄生之主也〔二〕。

〔一〕「殺生」，戴本、意林聚學軒本倒作「生殺」。殺生之柄：生殺之權。

〔二〕底本此條與上條併作一條，不妥。道藏本、四庫本、聚學軒本皆單作一條，故據改。

20 五穀〔一〕，民之司命；黄金刀幣，民之通施〔二〕。

〔一〕戴本作「五穀食米」。

〔二〕通施：流通交易。施，通「移」。一説：施，行也。亦通。説郛本此條與上條併爲一條。

21　農有常業，女有常事〔一〕。一農不耕，民有飢者〔二〕；一女不織，民有寒者〔三〕。

〔一〕常業：固有之業。我國古代以農業立國，此特指耕種之業。常事：固有的事情。此專指婦女紡織之事。

〔二〕戴本作「民有爲之飢者」。

〔三〕戴本作「民有爲之寒者」。

22　桓公謂管仲曰〔一〕：「吾欲伐楚，楚强不可下，如何〔二〕？」曰〔三〕：「公但鑄錢於莊山，往楚貴市生鹿〔四〕。楚王聞之喜，必廢農而獵鹿。公藏粟五倍，楚足錢而無粟〔五〕，公閉關，楚降者十分有四〔六〕。」

〔一〕「公」，道藏本誤作「王」，當時齊桓公未稱王。此句戴本作「桓公問於管子曰」。

〔二〕此三句戴本作「楚者，山東之强國也。其人民習戰鬥之道，舉兵伐之，恐力不能過，兵弊於楚，功不成於周，爲之奈何」。

〔三〕戴本作「管子對曰」。

〔四〕此二句戴本無，另作「桓公令左司馬伯公將白徒而鑄錢於莊山，令中大夫王邑載錢二千萬，求生鹿於楚」。莊山：在今四川滎經縣北，其地多銅，成湯曾於此採銅鑄幣。漢文帝時以賜幸臣鄧通，許其自鑄錢。此處非實指，或借稱銅山。貴市生鹿：高價收購活鹿。

〔五〕此上四句戴本無，或馬總縮略管子文意而爲之。

〔六〕此二句戴本作「因令人閉關不與楚通，楚人降齊者十分之四，三年而楚服」。道藏本、廖本、四庫本於此下接前文「地大而不耕」、「無翼而飛」二條。

九 道德經二卷

老子生卒年不詳，約生活於春秋、戰國之際。史記老莊申韓列傳云：「楚苦縣厲鄉曲仁里（今河南鹿邑）人，姓李氏，名耳，字伯陽，謚曰聃，周守藏室之史也。」老子之書，又稱道德經，凡八十一章，五千七百餘言。歷代注老子者不乏其人。相傳戰國時有河上丈人注老子，雖今人證爲僞書，但史記明載河上丈人修習黄老之術。隋志道家載漢文帝時河上公注老子道德經二卷，曹魏時有王弼注老子二卷，後人注老子者多據王弼注本。

意林所録道德經，多依河上公注本，採入注文甚多，又時有增損，且不列篇次，不分條目。現依四庫全書所收河上公注本、諸子集成所收王弼注本，考其章次，分爲三十六條。注釋方面，多參考了陳鼓應老子注譯及評介。

1　生而不有，爲而不恃〔一〕。元炁生萬物不有，道所施不求其報〔二〕。

〔一〕上句四庫本河上公注曰：「元氣生萬物而不有。」下句注曰：「道所施爲，不恃望其報也。」下句今本王弼注曰：「智慧自備，爲則僞也。」天海案：上二「不」字，帛書老子皆作「弗」。

〔二〕聚學軒本録注文作「元炁生萬物不有其功，道所施爲不求其報」。元炁：同「元氣」。

2 挫其鋭，解其紛〔一〕，鋭，進也。人欲鋭，慎進，取功名，當挫止之。法道不自見也。紛，結恨也。當念道无上。解，釋也。和其光〔二〕，雖有獨見之明，當如暗昧，不曜亂人也。同其塵〔三〕。當與衆同垢塵，不自別殊。

〔一〕四庫本河上公注曰：「鋭，進也。人欲鋭精，進取功名，當挫止之。法道不同也。紛，結恨也。當念道無爲，以解釋。」

〔二〕四庫本河上公注曰：「言雖有獨見之明，當如暗昧，不當以曜亂人也。」

〔三〕四庫本河上公注曰：「當與衆庶同垢塵，不當自別殊。」此上四句王弼注曰：「鋭挫而無損，紛解而不勞，和光而不污其體，同塵而不渝其真。」天海案：正文四句又見於老子五十六章，陳鼓應疑是錯簡重出。

3 多言數窮〔一〕，口開舌舉，必有禍患。不如守中〔二〕。不如守德於中，育養精神，愛氣希言也〔三〕。

〔一〕四庫本河上公注曰：「多事害神，多言害身。口開舌舉，必有禍患。」陳鼓應注曰：「多言，意指政令繁多；數，通速。」天海案：數，理也；窮，困也。數窮，理屈詞窮也。

〔三〕中：中心也。守中：保持内心虛無清静。

〔三〕愛氣希言：惜氣少言。

4 聖人後其身而身先〔一〕，先人後己，天下之先，以官長也。外其身而身存〔二〕。薄己而厚人，人愛之如父母，神明祐之如赤子，故身外而長存也。

〔一〕四庫本河上公注曰：「先人而後己者也。天下敬之，先以爲長。」後其身：自己甘居人後。

〔二〕外其身：置身於世事之外。

5 金玉滿堂，莫之能守〔一〕，嗜欲傷神，財多累身〔二〕。富貴而驕，自遺其咎〔三〕。夫富當賑貧，貴當憐賤，反驕恣，必被禍患也。

〔一〕王弼注曰：「不若其已。」

〔二〕此與下注文，爲馬總録河上公注，治要亦同。

〔三〕此句治要作「還自遺咎」。王弼注曰：「不可長保也。」

6 絶仁棄義，民復孝慈〔一〕。德化淳也。絶巧棄利，盜賊無有〔二〕。上化公正，下無私邪。

〔一〕四庫本河上公注曰：「絶仁之見恩義，棄義之尚華信。」

〔二〕四庫本河上公注曰：「絶巧者，詐僞亂真也；棄利者，塞貪路、閉權門也。」

7 曲則全〔一〕，曲己從衆，不自專，則全也〔二〕。枉則直〔三〕：枉曲己而伸人，久久自得直。少則得〔四〕，天道祐謙，自受少則得多。多則惑〔五〕。財多者惑於守身〔六〕，學多者惑於所聞。

〔一〕王弼注曰：「不自見其明，則全也。」

〔二〕注文「曲己」，道藏本、廖本、四庫本作「曲則」；末句注文四庫本河上公注作「則全其身也」。

〔三〕王弼注曰：「不自是，則是彰也。」

〔四〕四庫本河上公注曰：「自受取少則得多也。天道祐謙，神明託虛。」

〔五〕王弼注曰：「多則遠其真，故曰惑也；少則得其本，故曰得也。」

〔六〕「守身」，四庫本河上公注文作「所守」。

8　善行無轍跡〔一〕，善行道者求之身，不下堂，不出門，故無轍跡。善言者無瑕讁〔二〕。擇言而出之，故無瑕讁〔三〕。

〔一〕王弼注曰：「順自然而行，不造不始，故物得至而無轍跡也。」轍跡：本指車輪痕跡，此比喻人的行跡。

〔二〕四庫本河上公注曰：「善言，謂擇言而出則無瑕疵，讁過於天下。」王弼注曰：「順物之性，不別不析，故無瑕讁，可得其門也。」陳鼓應注曰：「善言，指善於行『不言之教』。」天海案：老子別本此句無「者」字。

〔三〕此或馬總節録河上公注文。

9 知足者富〔一〕，知足則長保祿位，故富也。死而不亡者壽〔二〕。目不妄視，耳不妄聽，口不妄言，則無怨於天下，故能長壽也。

〔一〕四庫本河上公注曰：「人能知足之爲足，則長保福祿，故爲富也。」王弼注曰：「自足自不失，故富也。」

〔二〕王弼注曰：「雖死而以爲生之道不亡，乃得全其壽。身没而道猶存，況身存而道不卒乎。」天海案：「亡」，底本原作「妄」，四庫本河上公注、王弼注本皆作「亡」，據改。

10 將欲噏之〔一〕，必固張之；先開張之，欲令極其奢淫。將欲弱之，必固强之〔二〕；先强大之，欲使遇害。將欲廢之，必固興之〔三〕；先興之，使驕危。將欲奪之〔四〕，必固與之。先與之者，欲極其貪心也。是謂微明〔五〕。此四事，其道微〔六〕，其效明也。

〔一〕「噏」，王弼注本作「歙」，音義同。陳鼓應注曰：「歙：斂，合。韓非子喻老引作『翕』，『翕』和『歙』古字通用。」

〔二〕四庫本河上公注曰：「先强大者，欲使遇禍患。」

〔三〕四庫本河上公注曰：「先興之者，欲使其驕危也。」

〔四〕「奪」，陳鼓應本據范應元本與彭耜本改作「取」。天海案：韓非子喻老亦作「取」。

〔五〕王弼注曰：「將欲除强梁，去暴亂，當以此四者。因物之性，令其自戮，不假刑爲大，以除將物也，故曰微明也。」陳鼓應注曰：「微明，幾先的徵兆。」天海案：微明，道理微妙而功效顯明。

〔六〕「其」，底本原作「具」，據四庫本河上公注改。「其道」，意林道藏本、廖本、四庫本作「道明」。此條下道藏本、廖本、四庫本接以下文二十八「人之不善」、二十九「報德以怨」二條。

11 失道而後德〔一〕，道衰德生。失德而後仁〔二〕，德衰而仁愛見。失義而後禮〔三〕。義衰即施禮聘，行玉帛也。夫禮者，忠信之薄〔四〕，禮廢本治末，忠信日以消薄。而亂之首〔五〕。禮賤質貴文，故正直日以消，邪亂日以生。

〔一〕四庫本河上公注曰：「言道衰而德化生也。」

〔二〕四庫本河上公注曰：「言德衰而仁愛見也。」

〔三〕此句下黄以周案曰：「李校照宋本有此正文五字，注六字，各本並脱，今據補。」天海案：此句之上四庫本河上公注有正文「失仁而後義」五字，聚學軒本補之，並補注文「仁衰而分義明」。此句四庫本河上公注曰：「言義衰則施禮聘，行玉帛。」

〔四〕四庫本河上公注曰：「言禮廢本治末，忠信日以衰薄。」陳鼓應注曰：「薄，衰薄，不足。」天海案：薄，當讀爲「落」，没落、衰落。

〔五〕四庫本河上公注曰：「言禮賤質而貴文，故正直日以少，邪亂日以生。」天海案：亂之首，禍亂的開始。

12 貴必以賤爲本〔一〕，言欲尊貴，當以賤薄爲本〔二〕，禹、稷躬耕〔三〕、舜陶河濱、周公下白屋是也。

高必以下爲基〔四〕。言欲高立，先以下爲基，如築牆造功，因卑成高，下不堅固，高必傾危也。

〔一〕四庫本河上公注本、王弼本皆作「故貴以賤爲本」。聚學軒本周廣業注曰：「原無『必』字，選注有，下同。」

〔二〕四庫本河上公注曰：「言必欲尊貴，當以薄賤爲本。」

〔三〕四庫本河上公注曰：「若禹、稷躬稼。」

〔四〕四庫本河上公注曰：「言必欲尊貴，當以下爲本基，猶築牆造功，因卑成高，下不堅固，後必傾危。」

13 上士聞道，勤而行之〔一〕；中士聞道，若存若亡〔二〕；下士聞道，大笑之；不笑不足以爲道〔三〕。不爲下士笑，不足名曰道。明道若昧〔四〕，明道之人，若暗昧無所見也。進道若退〔五〕，進取道者，若退不及。夷道若類〔六〕。夷，平也。大道之人，不自別殊，若多比類。上德若谷，若深谷不恥垢辱也。廣德若不足〔七〕；德行廣大之人，若愚頑不足也。大方無隅，大方正之人，無委曲廉隅也。大器晚成〔八〕；成器之人，如瑚璉不可卒成〔九〕。大音希聲，如雷霆待時而動，喻常愛氣希言也。大象無形〔一〇〕。大法象道之人，質樸無形容也〔一一〕。

〔一〕四庫本河上公注曰：「上士聞道自勤苦，竭力而行之。」王弼注曰：「有志也。」

〔二〕四庫本河上公注曰：「中士聞道，治身以長存，治國以太平，欣然而存之。退見財色榮譽，或於情欲，而復亡之也。」

〔三〕四庫本河上公注曰：「下士貪狠多欲，見道柔弱，謂之恐懼；見道質樸，謂之鄙陋，故大笑之。不爲下士所笑，不足以名爲道。」聚學軒本周廣業注曰：「道德指歸云：『堂堂之衆，不遺於衆庶；棲棲之事，不悦於大夫。』又云：『中士、下士，非喜凶而惡吉、貴禍而賤福也。性與之遠，情與之反，若處黄泉聽聞九天，遼遠絶滅，不能見聞而已矣。』」

〔四〕王弼注曰：「光而不耀。」

〔五〕王弼注曰：「後其身而身先，外其身而身存。」

〔六〕「纇」，王弼注本作「纇」，注曰：「纇，埆也。大夷之道，因物之性，不執平以割物，其平不見，乃更反若纇，埆也。」天海案：「埆」，廣雅：「深也，空也。」此引申爲不平。

〔七〕四庫本河上公注曰：「上德之人，若深谷不恥垢濁也。」王弼注曰：「不德其德，無所懷也。廣德不盈，廓然無形，不可滿也。」

〔八〕王弼注曰：「方而不割，故無隅也。大器成，天下不持全别，故必晚成也。」陳鼓應注曰：「大方無隅，最方正的卻没有棱角。」四庫本河上公注曰：「大器之人，若九鼎瑚璉，不可卒成也。」

〔九〕瑚璉：古代祭祀時盛粟稷的貴重器皿，常用以比喻擔當重任的大才。

〔一〇〕四庫本河上公注曰：「大音猶雷霆待時而動，喻常愛氣希言也。」王弼注曰：「聽之不聞，名曰希，不可得聞之音也。有聲則有分，有分則不宫而商矣。分則不能統衆，故有聲者，非大音也。有形則有分，有分者，不温則炎，不炎則寒，故象而形者，非大象。」天海案：希聲，極細微的聲音，一説無聲。大象，天象之母，指一切事物的本原。

〔二〕四庫本河上公注文無「道」字、「也」字。

14 物或損之而益〔一〕，取之不得，推讓必遠。益之而損〔二〕。曾高者崩，貪禄致患也。

〔一〕此句四庫本、王弼注本「物」上皆有「故」字。四庫本河上公注曰：「引之不得，推之必還。」治要録河上公注文「推之」作「推讓」。

〔二〕四庫本、王弼注本、治要「益」字上皆有「或」字。四庫本河上公注曰：「夫增高者崩，貪富者致患。」道藏本録注文作「大增者崩，食禄致患也」。

15 名與身孰親〔一〕，名遂則身退也。身與貨孰多〔二〕，財多則害身也。得與亡孰病〔三〕；好得貨利，則病於行。甚愛必大費〔四〕，甚愛色費精神，甚愛財遇患害〔五〕。所愛者少，所費者多，故言必大費〔六〕。多藏必厚亡〔七〕。生多藏於府庫，死多藏於丘墓；生有攻劫之憂，死有掘塚探柩之患。

〔一〕王弼注曰：「尚名好高，其身必疏。」

〔二〕王弼注曰：「貪貨無厭，其身必少。」陳鼓應注曰：「多，作『重』的意思。」

〔三〕四庫本河上公注曰：「好得利則病於行也。」王弼注曰：「得多利而亡其身，何者爲病也？」陳鼓應注曰：「得，指得名利；亡，指亡失生命。」

〔四〕「甚愛」上，王弼注本有「是故」二字，帛書甲本無。陳鼓應注曰：「甚愛必大費，過於愛名就必定要付出很大的耗費。」

〔五〕「患害」，四庫本河上公注文作「禍患」。

〔六〕此二句四庫本河上公注文作「所亡者多，故言大費」。

〔七〕王弼注曰：「甚愛不與物通，多藏不與物散，求之者多，攻之者衆，爲物所病，故大費厚亡也。」陳鼓應注曰：「豐厚的藏貨就必定會招致慘重的損失。」

16 大成若缺，缺者，滅名藏譽如不備〔一〕〔二〕。大巧若拙〔二〕，不見其然〔三〕。大辯若訥〔四〕。知無疑，口無辯。

〔一〕正文及注文二「缺」字，底本與道藏本、廖本、四庫本皆誤作「鈌」，聚學軒本作「缺」；道德經諸本亦作「缺」，此據改。四庫本河上公注曰：「謂道德大成之君，若缺者，滅名藏譽，如毀缺不備也。」王弼注曰：「隨物而成，不爲一象，故若缺也。」陳鼓應注曰：「大成，最完美的東西。」

〔二〕四庫本河上公注曰：「大巧謂多才術也，如拙者，亦不敢見其能。」王弼注曰：「大巧因自然以成器，不造爲異端，故若拙也。」

〔三〕此爲馬總意林原注，未知所本。

〔四〕四庫本河上公注曰：「大辯者，智無疑；如訥者，口無辭。」王弼注曰：「大辯因物而言，已無所造，故若訥也。」聚學軒本周廣業注曰：「道德指歸云：無爲者，有爲之君而成功之主，政教之元而變化之母也。」

17 不出戶以知天下〔一〕，以己身知人身，以己家知人家。不窺牖以見天道〔二〕。天道與人道同。其出彌遠，其知彌少〔三〕。謂去其家觀人家，去其身觀人身，其視雖遠，而所見至少也〔四〕。

〔一〕四庫本河上公注曰：「聖人不出户以知天下者，以己身知人身，以己家知人家，所以見天下也。」天海案：此句與下句正文中「以」字，四庫本河上公注本、王弼注本皆無。

〔二〕四庫本河上公注曰：「天道與人道同。天人相通，精氣相貫。人君清净，天氣自正。人君多欲，天氣煩濁。吉凶利害，皆由於此。」王弼注曰：「道有大常，理有大致；執古之道，可以御今；雖處於今，可以知古，故不出户不闚牖可知也。」

〔三〕王弼注曰：「若其不知，出愈遠，愈迷也。」

〔四〕後二句四庫本河上公注作「所觀益遠，所用益少也」。

18 爲學日益，爲政教禮樂之學，情欲文飾日以多〔一〕。爲道日損〔二〕；謂自然之道，情欲文飾日以消。損之又損之，以至於無爲；無爲而無不爲〔三〕。情欲斷絶，德與道合，則無所不施，無所不爲。

〔一〕四庫本河上公注曰：「學，謂政教、禮樂之學也；日益者，情欲文飾日以益多。」王弼注曰：「務欲進其所能，益其所習。」陳鼓應注曰：「『爲學』，是指探求外物的知識活動。這裏的爲學，範圍狹窄，僅指對於仁義聖智禮法的追求。這些學問是能增加人的知見與智巧的。」

〔二〕四庫本河上公注曰：「道，謂自然之道也；日損者，情欲文飾日以消損。」王弼注曰：「務欲反虚無也。」

〔三〕上句四庫本河上公注本、王弼注本皆作「損之又損」，河上公注曰「損情欲，又損之，所以漸去」，治要所録注文與此略異。次句四庫本河上公注曰：「當恬澹如嬰兒，無所造爲。」末句王弼注曰：「有爲則有所失，故無爲乃無所不爲也。」陳鼓應注曰：「不妄爲，就没有什麽事情做不成的。」

19 善者，吾善之〔一〕；不善者，吾亦善之〔二〕。不善則教道使就善。信者，吾信之〔三〕；不信者，吾亦信之〔四〕。亦以教道。

〔一〕四庫本河上公注曰：「百姓爲善，聖人因而善之。」天海案：上「善」字爲善良，下「善」字爲善待。下文同此。

〔二〕四庫本河上公注曰：「百姓雖有不善者，聖人化之使善也。」王弼注曰：「各因其用，則善不失也。」

〔三〕四庫本河上公注曰：「百姓爲信，聖人因而信之。」天海案：上「信」字爲誠實守信，下「信」字爲信任、相信。下文同此。

〔四〕四庫本河上公注曰：「百姓爲不信，聖人化之使信也。」

20 善攝生者〔一〕，陸行不遇兕虎〔二〕，自然合遠避。入軍不被甲兵〔三〕。不好戰殺〔四〕。

〔一〕四庫本河上公注曰：「攝，養也。」天海案：「善攝生」上，陳鼓應注本有「蓋聞」二字。

〔二〕四庫本河上公注曰：「自然遠避，害不干也。」

〔三〕四庫本河上公注曰：「不好戰以殺人。」王弼注曰：「善攝生者，無以生爲生，故無死地也。器之害者，莫甚於戈兵。獸之害者，莫甚於兕虎。而令兵戈無所容其鋒，兕虎無所措其爪角，斯誠不以欲累其身者也，何死地之有乎？」陳鼓應注曰：「入軍不被甲兵，戰爭中不會受到殺傷。」

〔四〕此爲馬總節録河上公注文。

21 塞其兑〔一〕，兑，目也，不妄視。閉其門〔二〕，門，口也，不妄言。終身不勤〔三〕；終身不勤若也。開其兑〔四〕，視情欲。濟其事〔五〕，濟益情欲之事。終身不救〔六〕。禍亂成也。

〔一〕王弼注曰：「兑，事欲之所由生。」天海案：兑，孔穴。此指眼睛、口、鼻、耳等。淮南子道應訓：「王者欲久持之，則塞民於兑。」高誘注曰：「兑，耳目鼻口也，老子曰『塞其兑』是也。」

〔二〕四庫本河上公注曰：「門，口也，使口不妄言。」王弼注曰：「門，事欲之所由從也。」陳鼓應注曰：「塞其兑，閉其門：塞住嗜欲的孔竅，閉起嗜欲的門徑。」天海案：門，此喻指思想、精神的門户。

〔三〕四庫本河上公注曰：「人當塞目不妄視，閉口不妄言，則終身不勤苦。」王弼注曰：「無事永逸，故終身不勤也。」聚學軒本周廣業注曰：「指歸云：不聽之聞與天同聰，不視之見與天同明。」

〔四〕四庫本河上公注曰：「開目視情欲也。」

〔五〕四庫本河上公注曰：「濟，益也。益情欲之事。」陳鼓應注曰：「開其兑，濟其事：打開嗜欲的孔竅，增添紛雜的事件。」

〔六〕王弼注曰：「不閉其原，而濟其事，故雖終身不救。」

22 大道甚夷，而民好徑〔一〕。徑，邪不平正也。

〔一〕四庫本河上公注曰：「夷，平易也。徑，邪不平正也。大道甚平易而民好從邪徑也。」王弼注曰：「言大道蕩然正平，而民猶尚舍之而不由，好從邪徑，況復施爲以塞大道之中乎！故曰：大道甚夷，而民好徑。」天海案：夷，平坦、端直。徑，小路，此指彎曲不正之路。「民」，陳鼓應注認爲當作「人」，指人君。

23　善建者不拔〔一〕。善以道建身、建國者，不可得引而拔之。

〔一〕四庫本河上公注曰：「建，立也。善以道立身、立國者，不可得引而拔也。」王弼注曰：「固其根而後營其末，故不拔也。」天海案：建，指建立信念，修練德行。

24　知者不言〔一〕，貴其行也。言者不知〔二〕。駟不及舌，多言多患也。

〔一〕四庫本河上公注曰：「知者，貴行不貴言也。」王弼注曰：「因自然也。」天海案：知，含義雙關。既指知道，又指智慧。

〔二〕王弼注曰：「造事端也。」

25　其政悶悶〔一〕，音門。政教寬大，悶悶昧昧，似不明。其民淳淳〔二〕，淳淳，親厚。其政察察，政急疾，言決于口，聽決于身〔三〕。其民缺缺。民不聊生。缺缺，日以疏薄也〔四〕。直而不肆〔五〕，肆，申也。聖人雖直，曲己從人不自申。光而不耀。雖有獨見之明，如暗昧，不炫耀〔六〕。

〔一〕四庫本河上公注曰：「其政教寬大，悶悶昧昧，若不明也。」悶悶：愚昧昏噩。此喻爲政寬緩。

〔二〕四庫本河上公注曰：「政教寬大，故民醇醇。富貴相親睦也。」王弼注曰：「言善治政者，無形、無名、無事，無政可舉，悶悶然卒至於大治，故曰其政悶悶。其民無所爭競，寬大淳淳，故曰其民淳淳也。」陳鼓應注曰：「淳淳，淳厚的意思。淳淳，帛書乙本作『屯屯』。」

〔三〕正文「察察」，陳鼓應注曰：「嚴苛。」四庫本河上公原注曰：「其政教急疾，言決於口，聽決於耳也。」黄以周注：「政急疾」當依廖本作「政教疾」，「聰」亦當作「聽」，藏本同。天海案：注文「政急疾」，聚學軒本亦作「政教疾」；「身」當作「耳」，形誤。

〔四〕此馬總節録河上公注文。四庫本河上公注曰：「政教急，民不聊生，故缺缺，日以疏薄。」王弼注曰：「立刑名，明賞罰，以檢奸僞，故曰察察也；殊類分析，民懷爭競，故曰其民缺缺。」正文「缺缺」，陳鼓應注曰：「狡猾。」黄以周案曰：「注文各本作『民不聊生缺缺』。藏本、廖本皆如此作。」天海案：正文「缺缺」，黄校本改注文作「政教急，民不聊生；政教缺，日以疎薄也」。

〔五〕四庫本河上公注曰：「肆，申也。聖人雖直，曲己從人，不自申之也。」王弼注曰：「以直導物，令去其僻，而不以直激沸於物也，所謂大直若屈也。」陳鼓應注曰：「直而不肆，直率而不放肆。」

〔六〕黄以周案曰：「獨，一本作『燭』。」四庫本河上公注曰：「聖人雖有獨知之明，常如暗昧，不以耀眩人也。」王弼注曰：「以光鑒其所以迷，不以光照求其隱慝也。所謂明道若昧也。」陳鼓應注曰：「光而不耀，光亮而不刺耀。」

26 深根固蒂〔一〕，長生久視之道〔二〕。人以氣作根，以精作蒂。如樹根不深則拔，蒂不堅則落。言能深藏氣，固守精，無所泄露，乃長生久視之道。

〔一〕此句四庫河上公注本作「是謂深根固蒂」。王弼注本「蒂」作「柢」，餘同。韓非子解老引作「深其根，固其柢」。

〔二〕四庫本河上公注曰：「人能以氣爲根，以精爲蒂。如樹根不深，則枝蒂不堅，不堅則落。言深藏其氣，固守其精，使無漏泄。深根固蒂者，乃長生久視之道。」陳鼓應注曰：「長生：長久維持，長久存在。久視，就是久立的意思。」

27 以道莅天下者，其鬼不神〔一〕。鬼不敢干犯其精神。非其鬼不神，其神不傷人〔二〕。聖人在位不傷害人，故鬼不干人。夫兩不相傷，故德交歸焉。人能治於陽，全其性命；鬼得治於陰，保其精神；故德交歸也〔三〕。

〔一〕上句河上公注本、王弼注本皆無「者」字。莅：面臨，此言治理。帛書乙本作「立」。四庫本河上公注曰：「以道德居位治天下，則鬼不敢見其精神，以犯人也。」王弼注曰：「治大國則若烹小鮮，以道莅天下，則其鬼不神也。」陳鼓應注曰：「神，這裏作『伸』講。」天海案：不神：不靈。

〔二〕黄以周案曰：「李校照宋本正文有『非其神不傷人，聖人亦不傷人』十二字，各本脱。注文『鬼』下脱『亦』字。」四庫本河上公注曰：「其鬼非無精神也，邪不入正，不能傷自然之人。」王弼注曰：「神不害自然也。物守自然，則神無所加；神無所加，則不知神之爲神也。」

〔三〕黄以周案曰：「注文『故德交歸也』，廖本作『而德交歸者』。」四庫本河上公注曰：「鬼與聖人俱，兩不相傷也。」王弼注曰：「神不傷人，聖人亦不傷人；聖人不傷人，神亦不傷人，故曰兩不相傷也。神聖合道，交歸之也。」陳鼓應注曰：「德交歸焉：韓非子說：『德交歸焉，言其德上下交盛而俱歸於民也。』意即人民相安無事。」

28 人之不善，何棄之有〔一〕？當以道伏之。蓋三皇之前無棄民，德化厚也〔二〕。故立天子，置三公〔三〕。欲化不善人也。

〔一〕有：通「又」。此句四庫本作「又何棄之」。

〔二〕四庫本河上公注曰：「人雖不善，當以道化之。蓋三皇之前無有棄民，德化淳也。」王弼注曰：「不善當保道以免放。」

〔三〕四庫本河上公注曰：「欲使教化不善之人。」王弼注曰：「言以尊行道也。」陳鼓應注曰：「三公：太師、太傅、太保。」

29 報怨以德〔一〕，修身行善〔二〕，絶禍於未生也。圖難於易〔三〕。圖難事先於其時未成也。夫輕諾必寡信〔四〕，多易必多難。不慎患也。

〔一〕王弼注曰：「小怨則不足以報，大怨則天下之所欲誅。順天下之所同者，德也。」陳鼓應注曰：「『報怨以德』，這句和上下文似不關聯，馬叙倫認爲當在七十九章『和大怨』上，嚴靈峰認爲當在七十九章『必有餘怨』句下。」

〔二〕「身」字，意林道藏本、廖本、四庫本老子河上公注本皆作「道」。

〔三〕「易」上，四庫本河上公注本、王弼注本皆有「其」字。一作「圖難乎，其易也」。四庫本河上公注曰：「欲圖難事，先於易者，未及成也。」

〔四〕四庫本河上公注曰：「不重言也。」

30 其安易持，治國治身〔一〕，安靜者，易守持也。其未兆易謀〔二〕；爲之於未有〔三〕，治之於未亂〔四〕。

〔一〕「治國治身」，四庫本河上公注作「治身治國」。

〔二〕四庫本河上公注曰：「情欲禍患，未有形兆時，易謀正也。」王弼注曰：「以其安不忘危，持之不忘亡，謀之無功之勢，故曰易。」

〔三〕四庫本河上公注曰：「欲有所爲，當於未有萌芽之時塞其端也。」王弼注曰：「謂其安未兆也。」

〔四〕四庫本河上公注曰：「治身治國於未亂之時，當豫閉其門也。」王弼注曰：「謂微脆也。」

31 以智治國，國之賊；使智慧之人治國，必背道德，妄作威福，乃是國之賊〔一〕。不以智治國，國之福〔二〕。民守正直，不作邪飾，上下相親〔三〕，君臣同力。

〔一〕四庫本河上公注曰：「使智惠之人治國之政事，必遠道德，妄作威福，爲國之賊。」王弼注曰：「智猶治也，以智而治國，所以謂之賊者，故謂之智也。民之難治，以其多智也。」

〔二〕黄以周案曰：注文「必背道德」以下，廖本誤作正文。四庫本河上公注曰：「不使智惠之人治國之政事，則民守正直，不爲邪飾，上下相親，君臣同力，故爲國之福也。」

〔三〕「上下」，原作「日下」，此據四庫本河上公注文改。

32 善爲士者不武〔一〕，貴道德，不好武力也。善戰者不怒〔二〕。善以道戰者，禁邪於心胸，絶禍於未萌，無所怨怒〔三〕。

〔一〕王弼注曰：「士，卒之帥也。武，尚先陵人也。」天海案：士：武士，此指將帥。不武：不逞武力。

〔二〕王弼注曰：「後而不先，應而不唱，故不在怒。」天海案：不怒：不被激怒。

〔三〕「心胸」、「怨怒」，四庫本河上公注文作「胸心」、「誅怒」，餘皆同此文。

33 代大匠斲者，希有不傷其手矣〔一〕。人君行刑罰，猶拙人代大匠斲，則方圓不得其理，還自傷。代天殺者失紀綱，不得其紀綱，還受其殃也〔二〕。

〔一〕「手」下，四庫本河上公注本有「者」字。王弼注曰：「爲逆順者，人之所惡忿也；不仁者，人之所疾也，故曰常有司殺也。」

〔二〕四庫本河上公注文同，意林道藏本未録，僅用「云云」二字代替。

34 天之道，損有餘而補不足〔一〕；天道益謙，常以中和是尚。人之道則不然〔二〕，損不足以奉有餘。世俗之人，損貧以奉富，奪弱以益强也。

〔一〕四庫本河上公注曰：「天道損有餘而益謙，常以中和爲上。」

〔二〕四庫本河上公注曰：「人道則與天道反也。」王弼注曰：「與天地合德，乃能包之。」陳鼓應注曰：「人之道，指社會的一般規則。」

35 鄰國相望，雞犬之聲相聞，民至老死不相往來〔一〕。無情欲也。

〔一〕四庫本河上公注曰：「相去近也。其無情欲。」王弼注曰：「無所欲求。」

36 知者不博，博者不知〔一〕。知道守一，則不必博。多見聞，失要真，故不知。

〔一〕四庫本河上公注曰：「知者，謂知道之士；不博者，守一元也。博者，多見聞；不知者，失要真也。」王弼注曰：「極在一也。」

一〇　荀卿子十二卷 三十二篇。

荀子（約前三一三年至前二三八年），名況，字卿，戰國後期趙國猗氏（今山西安澤）人，時人尊稱荀卿，一稱孫卿。他曾三任齊國稷下祭酒，後爲楚蘭陵令，終老於此。

荀子之書，據史記呂不韋列傳云：「是時諸侯多辯士，如荀卿之徒，著書布天下。」西漢成帝時，劉向據中秘所集荀卿書，去其重複，刪定爲荀卿新書三十二篇。唐代楊倞據此本首次爲荀子作注，是爲今傳荀子祖本。

荀子一書，其學説源於孔門，而博採衆家，總結和發揚了先秦哲學思想，成爲後世儒學、經學的宗師。意林録荀子十六條，均見於今本荀子中。現以四部叢刊影印宋台州本楊倞所注荀子主校，並以清人校勘本參校。

1 青出於藍而青於藍〔一〕，冰生於水而寒於水〔二〕。君子居必擇鄉，遊必擇士〔三〕，防邪僻也〔四〕。

〔一〕盧文弨曰：「元刻作『青出之藍』，無『於』字。」天海案：「出於」，楊倞注本與治要皆作「取之」。

〔二〕楊倞注曰：「以喻學，則才過其本性也。」天海案：「生於水」，楊倞注本與治要皆作「水爲之」，大戴禮作「水則爲冰」。

〔三〕此二句楊倞注本與治要作「故君子居必擇鄉，遊必就士」。

〔四〕此句楊倞注本與治要皆作「所以防邪僻而近中正也」。

2 肉腐出蟲，木枯生蠹〔一〕，驕慢在身，災禍作矣〔二〕。

〔一〕楊倞注本「出」作「生」，「木」作「魚」。

〔二〕此二句楊倞注本作「怠慢忘身，災禍乃作」。

3 君子之學，入乎耳，著乎心〔一〕，布乎四支，動静皆可法則〔二〕。小人之學，入乎耳，出乎口，口耳之間才四寸耳〔三〕，何足以美七尺之軀〔四〕？

〔一〕「學」下，楊倞注本有「也」字。著：同「貯」，聚積。

〔二〕此二句楊倞注本作「布乎四體，形乎動静，一可以爲法則」。四支：四肢。動静：運動和居止，此指行止。法則：效法的榜樣。

〔三〕楊倞注曰：「韓侍郎云：則，當爲『財』，與『纔』同。」天海案：「才」，楊倞注本作「則」；「寸」下，楊倞注本無「耳」字。

〔四〕此句楊倞注本作「曷足以美七尺之軀哉」。

4 夫驥一日千里，駑馬十駕，則亦及之〔一〕。窮無窮，極無極也〔二〕。跬步不休〔三〕，跛鼈千里；累土不輟，丘山崇成〔四〕。

〔一〕「日」下，楊倞注本有「而」字；「之」下，楊倞注本有「矣」字。

〔二〕此二句楊倞注本作「將以窮無窮，逐無極與。其折骨折筋，終身不可以相及也」。

〔三〕此句楊倞注本作「故蹞步而不休」。跬步：半步，即今一步。喻行走很慢。跬，與「蹞」音義同。

〔四〕「土」下，楊倞注本有「而」字。崇：通「終」，最終。朱駿聲説文通訓定聲豐部：「崇，假借爲終。」

5 天不言，人推其高〔一〕；地不言，人歸其厚〔二〕；四時不言，百姓期焉〔三〕。

〔一〕「高」，道藏本、四庫本作「意」。此句楊倞注本作「而人推高焉」。

〔三〕此句楊倞注本作「而人推厚焉」。上句「推」與此句「歸」，皆推崇、稱許之意。

〔三〕「百」上，楊倞注本有「而」字，注曰：「期，謂知其時候。」期：預知。焉：此指代四季的週期變化。

6 與人善言，煖若錦帛〔一〕；與人惡言，深於矛戟〔二〕。

〔一〕此二句楊倞注本作「故與人善言，煖於布帛」。

〔二〕此二句楊倞注本作「傷人之言，深於戈戟」。藝文類聚引此作「傷人之言，甚於戈戟」。又見說苑談叢：「言人之善，澤於膏沐；言人之惡，痛於矛戟。」

7 三不祥〔一〕：幼而不肯事長，賤而不肯事貴，不肖而不肯事賢是也〔二〕。

〔一〕此句楊倞注本作「人有三不祥」。祥：善也。

〔二〕事：服事、事奉。此二句楊倞注本作「賤而不肯事貴，不肖而不肯事賢，是人之三不祥也」，注曰：「言必有災禍也。」兩「而」字底本原無，據楊倞注本補。意林明刊諸本此條原録在前「丘山崇成」條下。

8 枉木而求直影〔一〕，猶不能察明，而務見幽也〔二〕。

〔一〕此句楊倞注本作「譬之是猶立枉木而求景之直也」。黄以周案曰：「藏本作『枉而不求』，誤。廖本脱此條。」天海案：「枉木而求直影」，四庫本脱「木」字。

〔二〕此二句楊倞注本作「不能察明，又務見幽」。

9　伯樂不可欺以馬，君子不可欺以人〔一〕。

〔一〕上句「伯」上，楊倞注本有「故」字。下句「君子」上，楊倞注本有「而」字。伯樂：春秋秦穆公時人，姓孫名陽，以善相馬著稱。

10　川泉深而魚鼈歸之〔一〕，山林茂而禽獸歸之，刑政平而百姓歸之，禮義備而君子歸之。

〔一〕「泉」，疑應作「淵」，馬總避唐高祖李淵之諱而改。

11　天行有常〔一〕，不爲堯存，不爲桀亡〔二〕。

〔一〕楊倞注曰：「天自有常行之道也。」天海案：天行：天道。常：常軌、常規。

〔二〕楊倞注曰：「吉凶由人，非天愛堯而惡桀也。」

12　淺不足與測深〔一〕，愚不足與謀智，埳井之蛙，不可與語東海之樂〔二〕。

〔一〕「淺」上，楊倞注本有「語曰」二字。

〔二〕「埳」，楊倞注本作「坎」，同。埳井：壞井、廢井。此句下，楊倞注本尚有「此之謂也」句，其下注曰：「言小不知大也。司馬彪曰：坎井，壞井也。鼃，蝦蟆類也。事出莊子。」

13　聖人無兩心，天下無二道〔一〕。

〔一〕兩心：是與非同存的思想。二道：治世與亂世並存的世道。此二句楊倞注本上下互乙。

14 鳥獸失亡其匹，越月踰時必反〔一〕。過故鄉，徘徊、鳴號〔二〕、躑躅、踟躕〔三〕，然後去，何況人乎〔四〕！

〔一〕此二句楊倞注本作「今夫大鳥獸，則失亡其羣匹，則必反鉛」。

〔二〕此上之文，楊倞注本作「過故鄉則必徘徊焉，鳴號焉」。徘徊：楊倞注曰：「迴旋飛翔之貌。」

〔三〕楊倞注曰：「躑躅，以足擊地也；踟躕，不能去之貌。」躑躅：徘徊不前貌。踟躕：猶豫不決、欲行又止貌。

〔四〕上句楊倞注本作「然後能去之也」，下句楊倞注本無。

15 妻子具，而愛衰於親〔一〕；爵禄盈，而忠衰於君。唯舜及賢者不然〔二〕。

〔一〕「愛」，楊倞注本作「孝」。具：俱全。衰：減退。親：父母。

〔二〕此句楊倞注本作「唯賢者爲不然」。鄧析子轉辭篇曰「忠殆於宦成，孝衰於妻子」，與此文意略同。參見本書鄧析子第十條。

16 歲不寒，無以知松柏；事不難，無以知君子〔一〕。

〔一〕此句下楊倞注本有「無日不在是」句。語本論語子罕：「歲寒，然後知松柏之後凋也。」

荀卿子名況，齊宣王時人〔一〕。春申君再請作蘭陵令，因家焉〔二〕。爲李斯師〔三〕，後卒於蘭陵〔四〕。

〔一〕盧文弨曰：「案史記，威王在宣王之前，風俗通窮通篇作『齊威、宣王之時』是也。」天海案：此句劉向孫卿書録作「孫卿，趙人，名況。方齊宣王、威王之時」。齊宣王：齊威王之子，姓田，名辟疆，戰國時齊國君王。公元前三一九年至前三〇一年在位。

〔二〕此句劉向孫卿書録作「春申君死而孫卿廢，因家蘭陵」。春申君：楚國人，姓黄名歇。楚考烈王立爲相，封春申君，相楚二十五年，食客三千餘人，爲戰國四公子之一。蘭陵：戰國時楚邑，當時在春申君封地内。故地在今山東蒼山縣西南。令：城邑長。

〔三〕此句劉向孫卿書録作「李斯嘗爲弟子」。李斯：戰國末年楚國上蔡人。曾從荀卿學，後入秦，助秦王政滅六國，爲丞相。秦二世時被趙高誣謀反，腰斬於咸陽市。史記有傳。

〔四〕此句劉向孫卿書録作「老於蘭陵」，又曰「序列著數萬言而卒」。此「爲李斯師，後卒於蘭陵」九字，道藏本、廖本、四庫本作小字注文。此條非荀子正文，或馬總鈔録劉向校孫卿書録中文而作後序，故不標序號，以與荀子正文相區别。

一一　魯連子五卷

魯仲連，又名魯仲連子、魯連子、魯仲子和魯連，是戰國末年齊國稷下學派後期代表人物。魯仲連的生卒年月不見史籍，據錢穆先生推算，應在公元前三〇五年至前二四五年。關於魯仲連的生平事跡，司馬遷在其本傳中竟用了三千餘字來叙述，主要讚揚他高蹈不仕、喜爲人排難解紛而不圖報答的高風亮節。

漢志儒家有魯仲連子十四篇，在隋志中載有魯連子五卷，録一卷。舊唐志作五卷，新唐志作一卷。鄭樵通志藝文略所載與隋志同，但時人已不見其書。意魯連子一書或亡於唐、宋之際，四庫全書未收，今已不存。清人嚴可均全上古三代秦漢三國六朝文有魯連子輯佚文三十餘條，可資參閲。意林録魯連子僅五條，彌足珍貴。

1 白刃交前，不救流矢，急不暇緩也〔一〕。

〔一〕聚学軒本周廣業注曰：「史記本傳正義引云『仲連請田巴曰：臣聞堂上不糞，郊草不耘。白刃』云云。末句舊作小注，誤。御覽一作『急者不收，則緩者非務』。」天海案：前二句又見荀子强國篇，作「白刃捍乎胸，則目不見流矢」。末句五字，道藏本、廖本録作小字注文。

2 財者，君之所輕；死者，士之所重〔一〕。君不能以所輕與士，欲得士之所重〔二〕，不亦難乎〔三〕。

〔一〕此上之文，藝文類聚所引無兩「之」字。

〔二〕此上二句，藝文類聚引作「君不以所輕與人，而欲得人所重」。

〔三〕嚴可均全上古三代秦漢三國六朝文輯魯連子佚文有此條，稱引自文選注、類聚、意林。

3　百足之蟲，斷而不蹶〔一〕，持之者衆也〔二〕。

〔一〕聚學軒本周廣業注曰：「文子曰：『蚈之足衆而不相害。』注：『蚈，百足蟲。』高誘注淮南子曰：『蚈，馬蚿也。』張華博物志注：『馬蚿一云百足，中斷，其頭尾各異行而去。』」天海案：後句文選注、太平御覽皆引作「至斷不蹶者」，埤雅作「三斷不蹶」。百足：昆蟲名，又名馬陸。節肢動物，體圓而長，由很多環節構成。除一、四節和末節外，每節都有足兩對，故稱「百足」。其身折斷後，仍能直立或行走。蹶：顛僕、跌倒。

〔二〕曹冏六代論、三國志裴松之注引魏氏春秋云：「故語曰：百足之蟲，至死不僵，以扶之者衆也。」成語「百足之蟲，死而不僵」或本於此。

4　人心難知於天。天有春夏秋冬以作時，人皆深情厚貌以相欺〔一〕。

〔一〕此條或本於莊子列禦寇：「孔子曰：『凡人心險於山川，難於知天。天猶有春夏秋冬旦暮之期，人者厚貌深情。』」深情厚貌：隱藏實情，多飾僞裝。喻指虛情假意，善於僞裝。

5　不知宜與不宜，將以錦純薦〔一〕；不知時與不時，猶冬耕也；不知行與不行，猶以方作輪也〔二〕。

〔一〕聚學軒本周廣業注曰：「純，上聲，緣也。御覽作『緣』。」天海案：錦純薦，即錦緣薦，用錦繡飾邊的褥墊。

〔二〕此條類聚録作「魯連子曰：君所察者三，不可以不知。不知時與不時，譬猶春不耕也；不知行與不行，譬以方爲輪也；不知宜與不宜，譬以錦純薦也」。徐元太喻林引此條，文同。

一二　文子十二卷

周平王時人，師老君〔一〕。

文子生平不可考。傳爲老子弟子。或曰姓辛名釿，字文子，號計然，葵丘濮上人，爲范蠡師。意林卷一録范子十二卷，其題下注文可參閲。

漢志道家著録文子九篇，注曰：「老子弟子，與孔子並時，而稱周平王問，似依託者也。」隋志載文子李暹注十二卷，新唐志道家載徐靈府注文子十二卷。宋有朱弁注七卷，杜道堅所撰文子纘義十二卷。四庫簡目提要曰：「文子不知其名字，漢志但稱老聃弟子而已。或曰計然者，誤也。書凡十二篇，皆述老子之説。柳宗元稱其多竊取他書以合之，然要是唐以前之古本也。」聚學軒本周廣業注曰：是書漢志已疑其依託，但平王問答本書無有，只見徐靈府序中，班氏據七略言之，靈府亦得之劉氏也。其書多稱老子，雜取鄧析、莊、列諸家，舊注謂是范蠡師辛文子所述，洪容齋辨之已詳。而杜伯堅又以葵邱宋地，一稱宋釿，傅會之。今觀「狡兔盡而獵犬死，高鳥得而强弩藏」，已用范子語。又言「墨子無煖席」，夫墨子書稱昔越王勾踐者非一，而謂計然述其事，尤無是理。竊謂文子在當時固自著書，韓非子内儲必罰篇引其説云：「齊王問文子曰：治國何如？對曰：賞罰之爲道，利器也；君固握之，不可以示人。

若臣也者，猶獸鹿也，唯薦草而就。」是其文也。其人蓋本黄、老而歸刑名者。原書已亡，後人氾濫捃拾，反遺此文不録。正柳州所謂駁書，衆爲聚斂以成者也，然亦有難强解者。文子師事老子，劉録、班志並然，而史記索隱引劉向别録云墨子書有「文子，子夏之弟子，問於墨子」。今墨子書殘缺，未知所謂文子者是否此人。若即此人，則文子之人，儒而墨矣。劉彦和論諸子嘗言「博辨以深，文子擅長」，柳州則詆爲謬惡雜亂，何所見不同乃爾。隋志注云：「七略有九篇，梁七録十卷，亡。」似隋所有十二卷已非梁本，何意林卷帙卻與隋同，且其文與今書無異也？靈府作注在元和間，序不言先有李暹注，柳州亦不之及。唐志列李於徐後，而讀書志以暹爲元「魏人」。考唐宗室表，有兩李暹，一爲靈州刺史，一爲汧源令。則安知李暹非唐人？洪氏辨文子非計然而引子建表及選注「今不爲福始，不爲禍先」二語，正見文子凡守篇，未免矛盾。諸説俟宏達者辨。

意林鈔録文子三十八條，然文句多與今本不同。今以治要所録與鐵華館影刻本唐徐靈府注本（簡稱徐本）、四庫收宋杜道堅注本（簡稱杜本）校之。

1　齒堅於舌，而齒先敝〔二〕。剛强者，死之徒〔三〕；柔弱者，生之幹〔四〕；先唱者，窮之路；後動者，達之源〔五〕。

〔一〕此爲意林小字注文，或本於漢志之注。考周平王遠在公元前七百多年前，文子與孔子大略同時，焉能生於周平王之時？宋杜道堅文子纘義原序認爲當爲楚平王時。又，説郛本標目作「文仲子十二卷」，不知何據。

〔二〕「敝」，徐本作「斃」；徐本、杜本「而」下皆無「齒」字。徐本注曰：「觀夫齒舌之理，可察剛柔之道，是剛者先斃，柔者復全矣。」

〔三〕「剛强」，徐本、杜本皆作「堅强」。徐本注曰：「事勢相召，死生可驗。」

〔四〕此二句徐本作「故柔弱者，生之幹也」；杜本在「剛强者，死之徒」之上。此四句本於老子七十六章「故堅强者死之徒，柔弱者生之徒」。

〔五〕「源」，徐本、杜本皆作「厚」，形誤。徐本注曰：「持後則不屈也。」此以上四句，道藏本、廖本、四庫本録在「齒堅於舌」上。

2 立井而飲，耕田而食〔一〕；不布施以求德，不高下以相傾〔二〕，此古人之德也。

〔一〕「立井」，杜本作「鑿井」。徐本注曰：「衣食之外，餘無所求。」

〔二〕上句「以求德」，徐本、杜本皆作「不求德」，即不求别人感恩戴德；下句徐本、杜本皆作「高下不相傾」，語本老子第二章「長短相形，高下相傾」。

3 河不滿溢，海不湧波〔一〕，景雲見，黄龍下，祥風至，醴泉出〔二〕，聖人順天道也〔三〕。晝冥夜光〔四〕，山崩川涸，冬雷夏霜，此國之將亡也〔五〕。

〔一〕此二句徐本、杜本皆在「醴泉出」下。徐本注曰：「聖人體道育物，惟德動天，内發於心，上應於天。

故龍鳳翔集，河海清溢，非夫精誠，何能至此？」

〔二〕「景雲見」，徐本、杜本作「景星見」。景雲：又名慶雲。吉祥的雲氣。禮記疏引孝經援神契：「德至山陵則景雲出，德至深泉則黄龍見。」黄龍：古人認爲黄龍下就有聖人降世。祥風：徐本、杜本作「鳳皇」。醴泉：甘美的泉水。一説及時雨。

〔三〕「聖人」上，意林道藏本、廖本、四庫本皆有「此」字。此句今本文子皆無，或注文誤入正文。

〔四〕「晝冥夜光」，徐本作「晝冥宵光」，杜本作「晝明宵光」。

〔五〕此句徐本、杜本作「故國之殂亡也」。

4　水濁則魚噞〔一〕，政苛則民亂〔二〕。上多欲，下多詐〔三〕。

〔一〕聚學軒本周廣業注曰：「高誘注：魚短氣，出口於水。」天海案：此句治要作「夫水濁者魚噞」，徐本、杜本與之同。噞：魚口一張一合，呼吸吃力貌。

〔二〕此句「則」字，治要作「即」，徐本、杜本作「者」。

〔三〕「下多詐」，治要、徐本、杜本皆作「即下多詐」。

5　冬日之陽，夏日之陰，萬物歸之而莫使〔一〕。

〔一〕聚學軒本周廣業注曰：「此鄧析子之文。」天海案：此句治要作「萬物歸之而莫之使也」，徐本、杜本同，但無「也」字。

6 皋陶喑而爲大理〔一〕，天下無虐刑。何貴言乎〔二〕？

〔一〕皋陶：也稱咎繇，傳説爲舜之臣，掌刑獄之事。喑：啞。此指無言或少言寡語。大理：古代掌刑政之官。

〔二〕此句徐本作「有貴乎言者也」，杜本作「何貴乎言者也」。

7 君子猶射〔一〕，差此毫末，於彼尋丈〔二〕。

〔一〕此句徐本、杜本作「故君子者，其猶射者也」。此用射箭比喻治國治民。

〔二〕上句「差」字，徐本、杜本作「於」；下句「丈」下，徐本、杜本皆有「矣」字。

8 神者智之淵〔一〕，神清則智明；智者心之府，智公則心平〔二〕。

〔一〕「淵」下，治要有「也」字，徐本、杜本同。

〔二〕此二句治要作「智者心之符也，智公即心平」，徐本、杜本同。「符」下，徐本注曰：「鑒無遺物。」「平」下，徐本注曰：「動不私己。」

9 量腹而食，度形而衣〔一〕；節乎己者，貪心不生〔二〕。

〔一〕此二句徐本、杜本皆作「量腹而食，制形而衣」。

〔二〕此二句徐本、杜本作「節乎己而貪污之心無由生也」。徐本注曰：「絶貪污而情可適，節衣食而情可全。」天海案：此條意林原在「神者智之淵」條前，現據今本篇次移正。

10 精神難清而易濁，猶盆水也，清之終日〔一〕，乃能見眉睫；不過一撓〔二〕，即不能見方圓也。

〔一〕前二句徐本、杜本作「人之精神難清而易濁，猶盆水也」，且在「方圓也」句下。「清之終日」作「今盆水若清之經日」。徐本注曰：「凡人之情，易染於俗，知易染之，情必固難行之道。水之性難清於器，審難清之性，去易昏之鑒也。」

〔二〕此句徐本、杜本皆作「濁之不過一撓」。荀子解蔽曰：「故人心譬如槃水，正錯而勿動，則湛濁在下而清明在上，則足以見鬚眉而察理矣。微風過之，湛濁動乎下，清明亂於上，則不可以得大形之正也。心亦如是矣。」

11 山生金，反自刻〔一〕；木生蠹，還自蝕〔二〕；人生事，還自賊〔三〕。

〔一〕此二句徐本、杜本皆作「老子曰：山生金，石生玉，反相剥」。

〔二〕此二句徐本、杜本皆作「木生蟲，還自食」。

〔三〕此句下徐本注曰：「名顯道喪，事起害生。」

12 善游者必溺，善騎者必墜〔一〕。

〔一〕此上二「必」字，徐本、杜本皆無。「墜」，徐本、杜本作「墮」。此條道藏本録在下條「不如無心之不平」後。

13 使信士分財，不如探籌〔一〕；使廉士守財，不如閉户全封〔二〕。有心於平，不如無心之不平〔三〕。

〔一〕「分財」，聚學軒本作「守財」；「探籌」上，聚學軒本有「定分」二字。此二句徐本、杜本作「老子曰：使信士分財，不如定分而探籌」。探籌：如今之抽籤。

〔二〕「全」上，徐本、杜本有「而」字，且此二句徐本、杜本在「不如無心」句下。

〔三〕此二句徐本作「何則有心者之於平，不如無心者」，杜本「不如無心者」下有「也」字，餘與徐本同。

14 上學以神聽之〔一〕，學在骨髓矣；中學以心聽之，學在肌肉矣；下學以耳聽之，學在皮膚矣〔二〕。

〔一〕上學：上等求學之人。下文「中學」、「下學」以此類推。

〔二〕此條徐本、杜本作「上學以神聽，中學以心聽，下學以耳聽。以耳聽者，學在皮膚；以心聽者，學在肌肉；以神聽者，學在骨髓」。「神听」句下，徐本注曰：「玄覽無餘。」「心聽」句下，徐本注曰：「或存或亡。」「耳聽」句下，徐本注曰：「譬若風過。」

15 鐸以聲自毀，膏以明自煎〔一〕。

〔一〕徐本、杜本作「老子曰：鳴鐸以聲自毀，膏燭以明自煎」。鐸：古代一種大鈴。

16 一淵無兩蛟，有必争〔一〕。

〔一〕此二句徐本作「一淵不兩蛟，一雌不二雄。一即定，兩即争」。注曰：「君主一則國安，人主一則心泰。」

17 得鳥者，羅之一目〔一〕；一目之羅，不可得鳥〔二〕。

〔一〕目：網的孔眼。

〔二〕此二句徐本作「今爲一目之羅，則無時得鳥」，注曰：「任一人之才，難以御衆；一目之羅，無由獲鳥。」聚學軒本周廣業注曰：「二句亦見鶡冠子。」

18 欲致魚者，先通谷〔一〕；欲來鳥者，先樹木〔二〕。水積魚聚，木茂鳥集〔三〕。

〔一〕「欲」上，徐本有「故」字。道藏本「谷」上有「於」字。「先通谷」，淮南子作「先通水」。

〔二〕「來」，杜本作「求」。道藏本「木」上有「於」字。

〔三〕「魚」、「鳥」二字上，徐本、杜本皆有「而」字。

19 目見百步之外，不能自見其眥〔一〕。

〔一〕徐本注曰：「視大者，亡其細；見遠者，遺其近。」聚學軒本周廣業注曰：「類聚引胡非子文，高誘曰：喻人能有爲而不能自爲。」天海案：眥：眼眶或眼角。此條又見藝文類聚引胡非子。

20 水之勢勝火，一杓不能救一車之薪〔一〕；金之勢勝木，一刃不能殘一林〔二〕；

土之勢勝水，一塊不能塞一河〔三〕。

〔一〕「杓」，徐本、杜本皆作「酌」，且此二句在本條之末。

〔二〕「林」下，徐本有「之木」二字。

〔三〕此句徐本作「一掬不能塞江河」。注曰：「用一人之直，不能移衆枉；任一人之智，不能化羣迷也。」

21 飢馬在廐，寂然無聲〔一〕。投芻其傍，争心乃生〔二〕。

〔一〕「寂然」，徐本、杜本皆作「漠然」。

〔二〕「傍」，徐本、杜本皆作「旁」。芻：草料。徐本注曰：「乏芻豢者，投之乃争；渴名位者，居之必競。故君子護其禄，小人競其位也。」

22 農夫勞而君子食之，愚者言而智士擇之〔一〕。

〔一〕「君子食之」，徐本作「君子養」；「智士擇之」，徐本作「智者擇」。注曰：「耕也，勞在其中；學也，禄在其中。」

23 日月欲明，浮雲翳之〔一〕；河水欲清，沙土穢之〔二〕；叢蘭欲茂，秋風敗之〔三〕；人性欲平，嗜慾害之。

〔一〕此句徐本作「濁雲蓋之」，杜本作「浮雲蔽之」。類聚、初學記引作「浮雲蓋之」。

〔二〕穢之：使之渾濁、污穢。

〔三〕「茂」，徐本、杜本皆作「修」，初學記引作「發」。敗之：使之衰敗、凋零。

24 濟溺者以金石，不如尺索〔一〕。

〔一〕此二句徐本、杜本皆作「故與弱者金玉，不如與之尺素」。徐本注曰：「弱，謂愚弱也。與之尺素或可保，與之金玉則爲害。猶小人不可乘大位，必致危亡也。」溺者：落水之人。「弱」與「溺」爲古今字。金石：泛指金玉財寶。天海案：「素」字或「索」之形誤。淮南子：「與拯溺者金玉，不若尋常之纆索。」高誘注曰：「金石雖寶，非拯溺之具，不如纆索。」正與此文意同。

25 花太早者，不須霜而自落〔一〕。

〔一〕「花」，徐本作「華」，二字通。「自」字，徐本、杜本皆無。徐本注曰：「再榮不實，陽極自零。」

26 入水憎濡，懷臭求芳，不可得也〔一〕。

〔一〕「水」下、「臭」下，徐本、杜本有二「而」字。末句徐本作「雖善者不能爲之」。注曰：「腐鼠猶奸佞也，言君昵近佞人而求國之治，猶入水致溺，挾臭求芳，熏鼠燒堂，其禍不小也。」

27 乳犬噬虎，伏雞搏狸〔一〕。

〔一〕「犬」下、「雞」下，徐本、杜本有「之」字。此二句下徐本尚有「恩之所加，不量其力」二句。注曰：「顧恩育者，所以不覺忘生。」乳犬：哺乳幼犬的母犬。伏雞：孵小雞的母雞。伏，與「孵」通。狸：狸貓，俗稱黃鼠狼。

28 治不能銷木，匠不能斲冰〔一〕。

〔一〕「斲」，意林廖本作「鏤」。此二句徐本、杜本皆作「巧冶不能銷木，良匠不能斲冰」。

29 金石有聲，不扣不鳴〔一〕；簫管有音，不吹不聲〔二〕。

〔一〕「扣」，徐本、杜本皆作「動」。

〔二〕「簫管」，徐本、杜本皆作「管簫」；「不聲」，徐本、杜本皆作「無聲」。徐本注曰：「金石簫管，不能自鳴，皆因吹擊，乃能有聲。猶人皆禀道德，不學終不得成也。」

30 事者，難成而易敗〔一〕；名者，難立而易廢〔二〕。

〔一〕此二句徐本、杜本作「易爲而難成者，事也」。

〔二〕此二句徐本、杜本作「難成而易敗者，名也」。

31 往古來今謂之宙，四方上下謂之宇〔一〕。

〔一〕聚學軒本周廣業注曰：「三蒼本此。釋文引尸子：『天地四方曰宇，往古來今曰宙。』又揚子太玄曰：『闔天謂之宇，闢宇謂之宙。』」

32 孔子無黔突，墨子無煖席〔一〕，非其貪禄慕位，欲爲天下除害耳〔二〕。

〔一〕黔突：黑色煙囱。此喻孔子周遊列國，四處奔走，居處不定，煮炊未能燒黑煙囱。無煖席：坐不煖席。此喻墨子辛勤奔波，不能安坐。

〔三〕上句「其」字，徐本、杜本作「以」。「無」，徐本作「无」。上句「貪禄慕位」，杜本作「貪位慕禄」。下句徐本作「將欲事起於天下之利，除萬民之害也」，杜本「天」上無「於」字，「萬民」作「萬物」，餘與徐本同。

33 獸窮則觸，鳥窮則啄，人窮則詐〔一〕。

〔一〕此條三「則」字，徐本、杜本皆作「即」。此文參見荀子哀公篇顏淵對哀公曰：「臣聞之：鳥窮則啄，獸窮則攫，人窮則詐。」

34 人主之有民，猶城之有基，木之有根，根深則本固，基厚則上安〔一〕。

〔一〕「上安」，原作「土安」，據道藏本改。此上二「則」字，徐本、杜本皆作「即」。徐本「城」下有「中」字。徐本注曰：「根基猶道德也。夫根深基廣而見毀拔者，未之有也；道高德盛而百姓不崇戴者，未之聞也。」治要引此，文皆同。淮南子、文選注皆有此文，略異。

35 屈寸而伸尺，小枉而大直，聖人爲之。今人君不計其大功〔一〕，而求其小善，失賢也〔二〕。

〔一〕此句道藏本作「今人貴不許其大功」，徐本、杜本與治要皆作「今人君之論臣也，不計其大功」；此句下，徐本、杜本、治要皆有「總其細行」四字。

〔二〕「小善」，治要作「不善」。「失賢也」，徐本、杜本與治要皆作「即失賢之道也」。

36 貴則觀其所舉〔一〕，富則觀其所欲〔二〕，貧則觀其所愛〔三〕。

〔一〕此句徐本作「故論人之道，貴即觀其所舉」，注曰：「舉賢才也。」

〔二〕徐本、杜本、治要皆作「富則觀其所施」，徐本注曰：「濟物也。」

〔三〕此句治要與杜本皆作「窮即觀其所不受」，徐本作「窮即觀其所受」，注曰：「非義不爲。」天海案：愛，或「受」字形误。

37 霸王之道，扶義而動〔一〕。尊其秀士，顯其賢良，百姓開户而待之〔二〕，漬米而儲之〔三〕。不義之兵，至於伏尸流血而不服也〔四〕。

〔一〕「扶義」，徐本、杜本作「挾義」。

〔二〕「待之」，徐本作「内之」，杜本作「納之」。内：通「納」。

〔三〕此句下，徐本、杜本有「唯恐其不來也，義兵至於境，不戰而止」三句。漬米：淘米。儲：準備。

〔四〕「服」，意林道藏本、廖本、四庫本皆作「伏」。此句徐本、杜本作「至於伏屍流血相交於前」，無「而不服也」四字。

38 冬日之扇，夏日之裘，無用於己，則生塵垢〔一〕。

〔一〕此句徐本作「萬物變爲塵垢矣」，杜本作「萬物變爲塵埃矣」，治要作「則萬物之變爲塵垢」。徐本注曰：「道備無爲之事，害歸有欲之人。」

一三　鄧析子一卷　二篇。

鄧析（約前五四五年至前五〇一年），春秋時鄭國大夫，好刑名，曾作竹刑。左傳定公九年載「鄭駟歂殺鄧析，而用其竹刑」。竹刑今已不傳。

漢志名家載鄧析二篇，注曰：「鄭人，與子産並時。」今本鄧析子有無厚、轉辭兩篇，合爲一卷，四庫全書列法家。四庫簡目稱「其説在申、韓、黄、老之間。大旨在勢統於尊，事覈於實」。清人朱修伯曰：「此書大約與淮南子相同，可據以校正。」且藝文類聚、文選注、初學記諸書所引，多與今本相同，則唐以前舊本即如此。諸本作一卷者，兩篇合一卷；作二卷者，篇即爲卷，其實無異。

意林共録鄧析子十條，與今本大同小異，皆言執政者謀略權變、刑賞之術。今據清道光時錢熙祚校刊本參校之。

劉向云〔一〕：「非子産殺鄧析，推春秋驗之〔二〕。」

〔一〕劉向：公元前七七年至前六年，本名更生，字子政，西漢沛人。漢高祖劉邦之弟楚元王劉交四世孫。漢成帝時，曾任光禄大夫，領校中五經秘書，整理校定皇家所藏典籍，有别録二十卷，已佚。其著述頗多，今存有新序、説苑、列女傳三書。

〔三〕子產：春秋時鄭國大夫。複姓公孫，名僑，字子產，歷鄭簡公、定公，執國政二十餘年，爲我國古代著名政治家。推春秋驗之：參見左傳定公九年所載。此條非鄧析子正文，亦非其原序之文。今本鄧析子有原序一篇，乃劉向校書奏文。四庫總目提要誤改爲劉歆，近人余嘉錫於此辯證頗詳，文繁不引，今從之。此條或馬總鈔録鄧析子時，據劉向奏書所言而撰小字注文，爲傳鈔者誤録爲正文，故不列入正文序號。

1 修名責實〔一〕，君之事也；奉法宣令，臣之職也。

〔一〕聚學軒本周廣業注曰：「『循』，舊作『修』。宋方崧卿鈔韓昌黎集，『循』，或改『修』；『修』，或作『循』。云：唐人書『修』似『循』，楚辭亦有誤者。」聚珍本館臣案曰：「方崧卿校韓昌黎集云：唐人書『修』似『循』，故『修』、『循』字通用不别。」天海案：「修」，今本作「循」，聚學軒本從之。「修」，可通「循」，早在唐人之前。韓非子五蠹：「是以聖人不期修古。」「修」，即「循」也。

2 君有三累〔一〕：親所信，以名取士，近故疏親〔二〕。臣有四責〔三〕：受重賞而無功，居大位而不治，爲理官而不平，在軍陣而奔北〔四〕。

〔一〕此句下錢本有「臣有四責，何謂三累」二句。三累：三種過失。

〔二〕「疏親」，錢本作「親疏」，聚學軒本作「疏新」。此三句錢本作「惟親所信，一累也；以名取士，二累也；近故親疏，三累也」。

〔三〕此句錢本作「何謂四責」。四責：四種罪責。

〔四〕此四句錢本作「受重賞而無功，一責也；居大位而不治，二責也；爲理官而不平，三責也；御軍陣而奔北，四責也」。

3　勢者，君之輿；威者，君之策；臣者，君之馬；民者，君之輪。勢固則輿安，威定則策勁，臣順則馬馴〔一〕，民和則輪利。治國者失此，必有覆輿、奔馬、折策、敗輪之患〔二〕。輪敗、策折、馬奔、輿覆，則載者亦傾矣〔三〕。

〔一〕「馴」，錢本作「良」。

〔二〕上句錢本作「爲國失此」；「覆輿」，錢本作「覆車」。「之患」二字，道藏本、廖本、四庫本皆無。

〔三〕此句「輪敗」以下之文，錢本僅作「安得不危」四字。韓非子亦有此文。

4　慮不先定，不可以應卒〔一〕；兵不預整〔二〕，不可以當敵。廟筭千里〔三〕，帷幄之奇，百戰百勝，黄帝之師。

〔一〕慮：謀略。卒：通「猝」，突然的事變。

〔二〕預整：預先休整、訓練。此二字，錢本作「閑習」。

〔三〕廟筭：由朝廷制定的克敵策略。廟，廟堂，指代朝廷。筭，古代計數的籌碼。説文：「筭，長六寸，計曆數者。」中國歷代精粹大典科技數學：「（説文所記）爲西漢算籌，長十三釐米左右，截面爲圓形，徑零點一三釐米，出土骨籌與此相符。」天海案：筭，與「算」同，引申爲策劃、謀劃。

5 凶饑之歲，父死於室，子死於户，而不相怨者，無所顧也。同船涉海〔一〕，中流遇風，救患若一，所憂同也〔二〕。張羅之畋〔三〕，唱和不差者，其利等也〔四〕。故體病者，口不能不唾〔五〕；心悦者，顔不得不笑。

〔一〕此句錢本作「同舟渡海」。

〔二〕「憂」，錢本一作「患」。

〔三〕「之」，錢本作「而」。張羅：布網。畋：打獵。

〔四〕「等」，道藏本作「同」。唱和：彼此呼應。

〔五〕「病」，錢本作「痛」；「唾」，錢本作「呼」。此句下聚珍本館臣案曰：「一作『口不能呼』。」

6 自見則明，借人見則暗〔一〕；自聞則聰，借人聞則聾〔二〕。

〔一〕上句錢本作「夫自見之明」；下句作「夫借人見之，暗也」。

〔二〕上句「則」字，錢本作「之」；下句錢本作「借人聞之，聾也」。黄以周案：「借人見」、「借人聞」，廖本並作「借人者」。

7 一言而非，駟馬不能追；一言而急，駟馬不能及〔一〕。

〔一〕「不能及」，錢本作「不及」。論語顔淵：「子貢曰：惜乎，夫子之説君子也，駟不及舌。」「及」字，聚珍本館臣注曰：「一作『反』。」黄以周案：二「而」字，廖本作「之」。

8 明君之治民，若御奔而無轡〔一〕，負重而履冰〔二〕。

〔一〕上句「治」字，錢本作「御」；下句「御」字，藝文類聚引作「策」。

〔二〕「重」，道藏本、四庫本脱此字。此句錢本作「履冰而負重」。

9 喜而便賞，不必當功；怒而便誅〔一〕，不必值罪〔二〕。

〔一〕此上二「便」字，錢本皆作「使」；聚珍本館臣案曰：「便，一本並作『使』」。

〔二〕值罪：與罪過相當。

10 忠怠於宦成，孝衰於妻子〔一〕。

〔一〕宦成：仕途成功，指官居高位。上句錢本作「患生於官成」。此二句參見荀子性惡篇：「妻子具而孝衰於親，爵禄盈而忠衰於君。」黄以周案：廖本無此條。

一四　范子十二卷　並是陰陽曆數也。

范子，即范蠡，春秋時楚國宛（今河南南陽）人，字少伯。大約出生於前五三六年，卒於前四四八年。史記越王勾踐世家與貨殖列傳中多記載其事。

范子一書，漢志兵權謀家有范蠡二篇，隋志、舊唐志不見載，新唐志農家首列范子計然十五卷，注曰：「范蠡問，計然答。」宋高似孫子略稱：「此編卷十有二，往往極陰陽之變，窮曆數之微。」此説正合馬總注文，可見此書宋時尚存。然范子、計然各爲一書，自新唐志誤將范子、計然合爲一書後，加之范子早亡佚，故引出不少猜測與歧説，洪邁容齋隨筆已辨之。

意林録范子僅叙計然出處及問答四事，皆論陰陽變化之道，惜其原書早佚，難窺全貌。清洪頤煊、馬國翰、嚴可均等人皆有輯佚文，可參閲。

1 計然者，葵丘濮上人〔一〕，姓辛，名文子，其先晉國公子也〔二〕。爲人有内無外，形狀似不及人〔三〕。少而明，學陰陽，見微而知著〔四〕。其形浩浩，其志汎汎〔五〕，不肯自顯諸侯，陰所利者七國〔六〕。天下莫知，故稱曰計然〔七〕。時遨遊海澤，號曰「漁父」〔八〕。范蠡請見越王〔九〕，計然曰：「越王爲人鳥喙，不可同利也〔一〇〕。」

〔一〕「者」，説郛本作「子」。葵丘：春秋時宋地，後屬楚。濮上：濮水之濱或濮水上游一帶地區。濮水：古黄河、濟水分流，源出今河南，入山東。

〔二〕「名」，宋洪邁容齋續筆録意林此文作「字」。文子：參見前文子題解。「晉國」，説郛本作「吴國」，史記集解作「晉國亡公子」。

〔三〕有内無外：指凡事心中有數而不形於外表。「形狀」，容齋隨筆録作「狀貌」。

〔四〕陰陽：此指日月運轉變化的學問，即陰陽曆數。見微而知著：發現事物的細微跡兆，就能認識它的實質和發展結果。

〔五〕浩浩：開闊坦蕩。説郛本與容齋隨筆所引皆無此句。汎汎：廣大無邊貌。聚珍本館臣案：「容齋續筆作『沈沈』。」聚學軒本從之，説郛本無此句。

〔六〕「陰」字下，廖本有「取」字。説郛本與容齋隨筆所引皆無此句。

〔七〕聚學軒本周廣業注曰：「史記注引有『南遊於越，范蠡師之』，選注同。御覽有『博學無所不通，蠡請受道藏於石室，巧刑白鷮而盟焉』。」

〔八〕「號曰」，説郛本作「名曰」，聚學軒本作「稱曰」。

〔九〕「請」字下，容齋隨筆引有「其」字。越王：此指勾踐。

〔一〇〕「鳥喙」，道藏本與四庫本皆作「鳥啄」。此語又見史記越世家范蠡遺文種書曰：「越王爲人長頸鳥喙，可與共患難，不可與共安樂。」「不可」下，聚珍本館臣案曰：「容齋續筆『不可』下有『與』字。」聚學軒本有「與」字。周廣業注曰：「徐廣史記注曰：『計然者，范蠡之師，名研。』索引謂即計倪，亦作計硯，實一人。硯、倪與『研』音近相亂耳。今觀范子之言，則計然未嘗仕越，而越絶書記越王謀伐吴時，計倪官卑年少，居諸臣之後，吴越春秋入八大夫之列，與此絶不同。意計然自爲辛文子，而計倪别一人也。」

2　掩目别白黑，雖時時一中〔一〕，猶不知天道。論陰陽有時誤中耳〔二〕。

〔一〕此句説郛本作「雖時而中」，聚學軒本作「雖時或一中」。

〔二〕此句御覽所引無，徐元太喻林引此文同。

3 范子問：「何用九宮〔一〕？」計然曰：「陰陽之道，非獨於一物也〔二〕。」

〔一〕東漢以前易緯家有九宮八卦之説，以離、艮、兑、乾、坤、坎、震、巽八卦之宮，再加上中央宮，共爲九宮。「九宮」之説又見於後漢書張衡傳注。三國時吴人趙達亦治九宮術。

〔二〕玉函山房輯佚書採此條，文同。

4 聖人之變，如水隨形〔一〕。形平則平，形險則險〔二〕。

〔一〕此二句高似孫子略引之，文同。

〔二〕御覽、喻林、玉函山房輯佚書皆引此文，略異。

一五 胡非子一卷

胡非，爲複姓，齊國人，西周陳國胡公滿之後。風俗通姓氏上：「胡非氏，胡公之後有公子非，其後子孫因以胡非爲氏。戰國有胡非子著書。」可見胡非子爲戰國時人。此外胡非氏名字、籍貫、生平皆不詳。

漢志墨家有胡非子三篇，注曰：「墨翟弟子。」隋志墨家有胡非子一卷，注曰：「非似墨翟弟子。」兩唐志均載爲一卷，宋高似孫子略目録子鈔目、鄭樵通志藝文略皆載爲一卷。宋洪邁容齋三筆稱隨巢子、胡非子二書「今不復存」，所引胡非之言，與意林略異，並稱「其説亦卑陋無過人處」。

意林僅録胡非子一條，容齋三筆引之，今以容齋所録相對勘。玉函山房輯佚書有墨家書目序胡非子一卷，可參閲。

1 勇有五等〔一〕：負長劍，赴榛薄，析兕豹，傅熊羆，此獵徒之勇也〔二〕；負長劍，赴深泉，斬蛟龍，搏黿鼉〔三〕，此漁人之勇也；登高陟危，鵠立四望〔四〕，顔色不變，此陶缶之勇也〔五〕；剽必刺，視必殺，此五刑之勇也〔六〕。昔齊桓公以魯爲南境，魯公憂之〔七〕，三日不食，曹沫請擊頸以血濺桓公〔八〕。公懼，不知所措，管仲乃勸與之盟〔九〕。夫曹沫匹夫之士〔一〇〕，布衣柔履之人〔一一〕，一怒卻萬乘之師〔一二〕，存千乘之國，此君子之勇也。

〔一〕此四字意林明刊本皆無。聚珍本館臣案曰：「舊無此四字，從容齋三筆補。」御覽引作「吾聞勇有五等乎」。

〔二〕「析」，御覽、容齋三筆與説郛本皆作「折」；「傅」，道藏本、説郛本、四庫本皆作「搏」，容齋三筆引亦作「搏」。「獵徒」，説郛本作「獵人」。御覽引無「此」字，下文四「此」字亦無。

〔三〕「泉」，容齋三筆引作「淵」。「斬」，文選注引作「斷」，聚學軒本據改；御覽、容齋皆引作「折」。黿鼉：讀如元脱，大鱉和鱷魚。

〔四〕「登高陟危」，御覽與容齋三筆皆引作「登高危之上」，天中記引作「登高山之上」；「陟」，喻林引作「涉」；「鵠」，廖本、御覽作「鶴」。「望」，喻林作「顧」。

〔五〕聚學軒本周廣業注曰：「説苑林既對齊景公語與此略同，云『此工匠之勇也』。」天海案：「陶缶」，御覽作「陶匠」，聚學軒本據改；容齋三筆、天中記皆引作「陶岳」。作「陶匠」於義爲長。

〔六〕「視必殺」，御覽作「若忤視必殺」。五刑：原指甲兵、斧鉞、刀鋸、鑽笮、鞭撲五種刑具，此指代兵器。道藏本於此處與下文分作二條。

〔七〕「齊桓公」，容齋三筆作「齊威公」。「以魯爲南境」，説郛本作「侵魯南境」。魯公：即魯國國君魯莊公。容齋三筆作「公憂之」。御覽作「昔齊桓公伐魯」，無「魯公」二句。

〔八〕「曹沫」，左傳莊公十年作「曹劌」，吕氏春秋作「曹翽」，容齋引作「曹劌」，然實爲一人。此從史記作「曹沫」，其事見於史記刺客列傳。曹沫：春秋時魯人。齊桓公伐魯，魯莊公請和，會盟於柯，曹沫以匕首劫桓公，迫其盡歸侵地。此句御覽引無「請擊頸」三字，而作「曹劌聞之，觸齊軍見桓公曰：『臣聞君辱臣死，君退師則可；不退，則臣以血濺君矣。』」

〔九〕「公懼，不知所措」六字，御覽不引。「管仲乃勸與之盟」，御覽作「管仲曰：許與之盟。而退」。上文「三日不食」句至此，容齋三筆未録。

〔一〇〕「夫」字，道藏本、四庫本、説郛本皆無，御覽有。「匹夫」下，御覽有「徒步」二字。

〔一一〕柔履：草鞋。説郛本正作「草履」。容齋三筆所引無此句。此句御覽引作「布衣柔履之人也」，其下有「唯無怒」三字。

〔一二〕「卻」，御覽、容齋皆作「而劫」。

一六　墨子十六卷

墨子，姓墨，名翟。一説爲魯人，一説爲宋人，一説爲楚人。生卒年不詳。史記孟荀列傳：「或曰並孔子時，或曰在其後。」今據孫詒讓墨子閒詁所附墨子年表推定，墨子大約生於周貞定王元年（公元前四六八年），卒於周安王二十六年（前三七六年），享壽九十三歲。

墨子一書，漢志著録七十一篇，隋、唐志以來著録皆十五卷、目一卷。宋時已亡數篇，止六十三篇，後又亡十篇，實止五十三篇，即今所見本。清代畢沅以道藏本爲底本，參校他本，加以整理。此後，又有孫詒讓墨子閒詁，多所發明，最爲通行。

意林録墨子共十五條，前十二條皆見於今本，然文字多異。後三條今本全無，或馬總所見另有所本。現以畢本、孫本參校之。

1　君子自難而易彼，衆人自易而難彼〔一〕。

〔一〕「君子」上，畢本有「是故」二字，注曰：「言自處於難，即躬自厚而薄責人之義。」二「彼」字，意林明刊本無，聚學軒本據今本補。

2　靈龜先灼，神蛇先暴〔一〕。

〔一〕二「先」字，畢本皆作「近」。靈龜：古人認爲大龜有靈應，其甲可卜，故稱。灼：燒烤。古代用龜甲占卜，即燒灼龜甲，視其裂紋以測吉凶。神蛇：能顯神靈的蛇，又稱靈蛇。古代傳説蛇能化龍，興雲致雨，故以神稱之。暴：讀如鋪，曬。古代因久旱不雨，常紮草蛇曬於烈日之下以求雨。春秋繁露求雨：「春旱求雨，暴巫聚蛇。」

3 君子雖有學，行爲本焉〔一〕；戰雖有陣，勇爲本焉〔二〕；喪雖有禮，哀爲本焉〔三〕。

〔一〕此二句孫本作「士雖有學，而行爲本焉」，且在「哀爲本焉」句下。

〔二〕此二句孫本作「君子戰雖有陣，而勇爲本焉」，且在本條之首。

〔三〕「哀」上，孫本有「而」字。説苑建本篇、孔子家語六本篇亦有此語，略異。

4 墨子見染絲而歎曰〔一〕：「染於蒼則蒼，染於黄則黄〔二〕。非獨染絲然也，人固亦有染〔三〕。舜染許由，桀染干辛，紂染崇侯也〔四〕。」

〔一〕此句孫本作「子墨子言見染絲者而歎曰」。

〔二〕此二句亦見淮南子説林，文略異。

〔三〕此句孫本作「國亦有染」。

〔四〕此三句孫本作「舜染於許由、伯陽，夏桀染於干辛，殷紂染於崇侯、惡來」。許由：上古高士，隱於箕山。相傳堯讓天下不受，遁耕箕山之下。堯又召爲九州長，許由不欲聞，乃洗耳於潁水之濱。事見莊子逍遥遊、高士傳。淮南子高誘注：「許由，陽城人，堯聘之不至。」「干辛」，原作「子辛」，吕覽、説苑、漢書古今人表、抱朴子諸書皆作「干辛」，聚珍本館臣案曰：「説苑作『干辛』。」此據改。干辛：考之吕氏春秋慎大覽高誘注：「干辛，桀之諛臣。」漢書顔師古注：「干莘，桀之勇人也。」崇侯：與惡來同爲紂之諛臣，後被周武王所殺。淮南子高誘注曰：「崇國侯爵，名虎。」

5　聖人爲舟車〔一〕，完固輕利〔二〕，可以任重致遠。

〔一〕此句孫本作「其爲舟車也」，治要同。

〔二〕「完」，孫本作「全」；「利」，道藏本、四庫本皆作「則」，或誤。荀子王制：「辨功苦，尚完利，便備用。」楊倞注：「完，堅也；利，謂便於用，若車之利轉之類也。」完固輕利：堅固輕便。

6　子自愛，不愛父，欲虧父而自利；弟自愛，不愛兄，欲虧兄而自利〔一〕，非兼愛也〔二〕。盜愛其室，不愛異室〔三〕，故竊異室以利其室，亦非兼愛〔四〕。

〔一〕上文二「欲」字，孫本皆作「故」，明徐元太喻林引此亦作「故」。

〔二〕此四字孫本無。

〔三〕此句「愛」下，孫本有「其」字。

〔四〕「亦非兼愛」，道藏本、四庫本作「亦能兼愛」，孫本無此四字。

7 節葬之法：三領之衣〔一〕，足以朽肉；三寸之棺〔二〕，足以朽骸；深則通於泉〔三〕。

〔一〕此二句孫本作「古者聖王制爲節葬之法曰：衣三領」。

〔二〕此句孫本作「棺三寸」。荀子正論云：「世俗之爲説者曰：太古薄葬，棺厚三寸，衣衾三領。」

〔三〕此句孫本作「堀穴深不通於泉」。黄以周案：當依原書作「不」，云「掘穴深，不通於泉」。

8 諸侯不得恣己爲政，有三公政之〔一〕；三公不得恣己爲政，有天子政之〔二〕；天子不得恣己爲政，有天下政之〔三〕。

〔一〕此上「恣」、「政」字，孫本分别作「次」、「正」，並注曰：「次，當依馬讀爲恣。」爲政：執政。三公：周朝天子下設的最高官職，掌全國政事，即太師、太傅、太保。「政之」之「政」通「正」，匡正。

〔二〕此句孫本無「下」字，疑意林衍此字。此句下聚珍本館臣案曰：「此文原書兩見，皆作『有天政之』。」

9 斷指以存脛〔一〕，以免於身者利〔二〕。

〔一〕「脛」，孫本作「掔」，並引畢校云：此「捥」字，正文舊作「腟」，誤。揚雄曰：「掔，握也。」鄭玄注士喪禮云：「手後節中也。古文『掔』作『捥』。」

〔二〕此句孫本作「遇盜人而斷指以免身，利也」。淮南子説山「斷指而免頭，則莫不爲利也」，義正與此同。

10　君子如鐘〔一〕，扣則鳴，不扣則不鳴。美女處不出，則争求之〔二〕；行而自衒，人莫之娶〔三〕。

〔一〕此句孫本作「君子共己，待問焉則言，不問焉則止，譬若鐘然」。

〔二〕此二句孫本作「譬若美女，處而不出，人争求之」。

〔三〕列女傳辯通篇：「齊鍾離春衒嫁不售。」畢沅曰：「説文云『衒，行且賣也』。衒，或字。」天海案：「娶」，孫本作「取」，可通。自衒：自我炫耀；一説沿街叫賣。

11　墨子勸弟子學，曰：「汝速學，君當仕汝〔一〕。」弟子學期年，就墨子責仕。墨子曰〔二〕：「汝聞魯人乎？有昆弟五人〔三〕，父死，其長子嗜酒，不肯預葬〔四〕。其四弟曰：『兄若送葬，我當爲兄沽酒〔五〕。』葬訖，就四弟求酒〔六〕。四弟曰：『子葬父，豈獨吾父也？吾恐人笑，欺以酒耳。』今不學，人自笑子，故勸子也〔七〕。」遂不復求仕〔八〕。

〔一〕此上之文孫本作「子墨子曰：姑學乎，吾將仕子」。仕汝：讓你作官。

〔二〕「責仕」二字，道藏本、廖本、四庫本皆無。此上之文孫本作「勸於善言而學，其年，而責仕於子墨子。子墨子曰」。其，通「期」。期年：一周年。責仕：要求做官。

〔三〕此二句孫本作「不仕子，子亦聞夫魯語乎？魯有昆弟五人者」。
〔四〕此三句孫本作「亓父死，亓長子嗜酒而不葬」。亓，「其」之古文。
〔五〕此二句孫本作「子與我葬，當爲子沽酒」。
〔六〕此二句孫本作「勸於善言而葬，已葬，而責酒於其四弟」。
〔七〕「四弟曰」以下之文，孫本作「吾末予子酒矣，子葬子父，我葬吾父，豈獨吾父哉？子不葬，則人將笑子，故勸子葬也。子不學，則人將笑子，故勸子於學」。
〔八〕此句孫本無。

12 墨子謂門人曰：「汝何不學〔一〕？」對曰：「吾族無學者〔二〕。」墨子曰：「不然，豈謂欲好美而曰吾族無此，辭不欲邪〔三〕；欲富貴而曰吾族無此，辭不用邪〔四〕；强自力矣〔五〕。」

〔一〕此上之文，孫本作「有遊於子墨子之門者，子墨子曰：盍學乎」。
〔二〕「族」下，孫本有「人」字。
〔三〕此上四句，孫本作「子墨子曰：夫好美者，豈曰吾族人莫之好，故不好哉」。
〔四〕此上二句，孫本作「夫欲富貴者，豈曰吾族人莫之欲，故不欲哉」。
〔五〕此句今本無，其下孫本有「好美欲富貴者，不視人，猶强爲之」三句。此條亦見太平御覽所引，文略異。

13 甘瓜苦蔕。天下物，無全美〔一〕。

〔一〕此條孫本無。見埤雅所引。

14 古之學者，得一善言，附於其身；今之學者，得一善言，務以説人；言過而行不及〔一〕。

〔一〕此條孫本無。北堂書鈔引新序齊威王問墨子一事，文略同此。荀子勸學篇有「古之學者爲己，今之學者爲人」之文。

15 君子服美則益敬，小人服美則益驕〔一〕。

〔一〕此條孫本無。

一七 纏子一卷

纏子一書，不見史志著録。宋高似孫子略目載梁子鈔目有纏子一卷，日本國見在書目（古逸叢書十九）墨家亦有纏子一卷，列於隨巢子、胡非子之後。漢志儒家載董子一篇，注曰：「名無心，難墨子。」故有論者認爲纏子與董子原爲一書，主墨者則題纏子，主儒者則題董子；或謂纏子一書本於董子。今考風俗通卷九怪神載有董無心辟墨子語，又文選注、太平御覽引纏子亦有董無心論難語。王充在論衡福虚篇中較早論及纏子，云：「儒家之徒董無心，墨家之役纏子，相見講道。」可見纏子、董子各是一人，曾有辯難之説存世。因董子、纏子二書早佚，故馬總所録纏子二條，雖僅存其片鱗隻羽，實爲可珍。

1 纏子修墨氏之業，以教於世〔一〕。儒有董無心者，其言修而謬，其行篤而庸〔二〕。言謬則難通，行庸則無主〔三〕。欲事纏子，纏子曰：「文言華世，不中利民〔四〕，傾危繳繞之辭者，並不爲墨子所修〔五〕；勸善兼愛，則墨子重之。」

〔一〕纏子：墨子弟子，生平事不詳，爲戰國時人。

〔二〕「修」、「篤」二字，説郛本作「悠」、「偏」。董無心：其人不詳，與纏子同時。漢志儒家有董子一篇，注：「名無心，難墨子。」董子一書或亡於明時。修而謬：華美而荒謬。篤：專一，引申爲偏頗、固執、拘泥。

〔三〕此二句説郛本無。

〔四〕文言華世：言辭華美粉飾現實。「中」，説郛本作「足」。中：能，得，符合。

〔五〕傾危：險詐。繳繞：糾纏，煩瑣。墨子：此指墨家學派。修：擅長，實行。

2 董子曰：「子信鬼神，何異以踵解結？終無益也。」纏子不能應〔一〕。

〔一〕此與上條，馬國翰玉函山房輯佚書採入纏子佚文，孫詒讓墨子閒詁亦引之。

一八　隨巢子一卷

隨巢子，生卒年不詳，只知生當戰國初期，與墨子爲同時之人，且爲墨子弟子。其生平事亦未詳。漢書藝文志注：「墨翟弟子。」隋書經籍志注：「巢，似墨翟弟子。」隨巢子一書，相傳是隨巢子的著作。漢書藝文志墨家著録六篇，隋志、新唐書皆著録一卷。文心雕龍諸子稱「墨翟、隨巢，意顯而語質」。洪邁容齋三筆稱「隨巢子、胡非子二書今不復存」。宋葉夢得曰：「吾嘗從趙全僉得隨巢子一卷，其間乃載唐太宗造明堂事。初不曉名書之意，因讀班固藝文志墨家有隨巢子六篇，注言墨翟弟子，乃知後人因公輸之事假此名耳。」明代有歸有光輯評本，清代有馬國翰、王仁俊兩種輯佚本，意林所録二條皆在其中，可並參閲。

1　執無鬼者曰越蘭，問隨巢子曰〔一〕：「鬼神之智何如聖人？」曰：「聖也〔二〕。」越蘭曰：「治亂由人，何謂鬼神邪〔三〕？」隨巢子曰：「聖人生於天下〔四〕，未有所資。鬼神爲四時八節以紀育人，乘雲雨潤澤以繁長之〔五〕，皆鬼神所能也。豈不謂賢於聖人〔六〕。」

〔一〕執無鬼者：堅持無鬼論的人。越蘭：生平事皆未詳。「隨巢」下，道藏本、四庫本無「子」字。

〔二〕宋洪邁容齋三筆引此作「鬼神賢於聖人」，説郛本此句作「賢於聖人也」。據此條文意，當如容齋、説郛本所引。

〔三〕此句説郛本作「何須鬼神耶」。

〔四〕此句説郛本作「聖人與天下」。

〔五〕上句「紀」字，説郛本作「繼」；「人」字，據下文，或「之」字之誤。紀育：料理、養育。下句「乘雲雨潤澤以繁長之」，説郛本作「乘雲而澤以繁長之」，聚軒學本作「乘雲潤雨澤以繁長之」。

〔六〕此條或本於墨子明鬼篇「鬼神明於聖人，猶聰明耳目之與聾瞽也」之文。

2 有疏而無絶，有後而無遺〔一〕。大聖之行，兼愛萬民〔二〕，疏而不絶。賢者欣之，不肖者則憐之〔三〕。賢而不欣，是賤德也；不肖不憐，是忍人也。

〔一〕此二句洪邁容齋三筆未録。

〔二〕「大聖之行」以下洪邁容齋三筆全録，文同。「萬民」，御覽引作「萬物」。

〔三〕此二句御覽引作「賢則欣之，不肖則矜之」。

一九　尸子二十卷

尸子，名佼，戰國時楚人。劉向别録説「楚有尸子」，又説他爲「晉人」，後入秦爲商鞅門客。聚學軒本周廣業注曰：「史記云楚有尸子、長盧。今考長盧之不士，見於鄧析書，而穀梁傳春秋已述尸子之言，則知尸後於長盧，而穀梁復後於尸也。」事又見史記荀孟列傳裴駰集解引。

尸子一書，劉向荀子書録説尸子著書「非先王之法，不循孔氏之術」，似曾有法家傾向。漢書藝文志雜家記爲二十篇，注曰：「名佼，魯人。秦相商君師之。鞅死，佼逃入蜀。」隋書經籍志雜家記載：「秦相衛鞅上客尸佼撰。其九篇亡，魏黄初中續。」可見原書在三國時已有亡佚，所以黄初中才續補了九篇。清代輯尸子的有許多家，汪繼培校本最爲精審。汪本以治要所録十三篇佚文爲上卷，散見於諸書者爲下卷，收於湖海樓叢書中。意林録尸子十八條，皆見於今傳汪繼培輯本中，現以治要、汪本等參校之。

1　鹿馳走無顧〔一〕，六馬不能望其塵。所以及者，顧也〔二〕。

〔一〕「馳」字，御覽所引無。御覽「走」下有「而」字。

〔二〕此六字御覽九百六引作「謂不反顧也」。吕氏春秋博志篇曰：「使獐疾走，馬弗及至。已而得者，其時顧也。」文義略同此。

2　水積則生吞舟之魚〔一〕，土積則生豫章之木〔二〕，學積亦有生焉〔三〕。

〔一〕文選子虛賦注引此作「水積成川，則吞舟之魚生焉」，且在下文「土積」一句之下。

〔二〕文選注引此作「土積成嶽，則楩枏豫章生焉」；又見淮南子修務訓：「豫章之生也，七年而後知，故可以爲棺舟。」

〔三〕文選注引此作「夫學之積也，亦有所生也」，御覽引此略同。荀子勸學、説苑建本有類似之文。

3 農夫比粟，商賈比財，烈士比義〔一〕。卑牆來盜，榮辱由中出，敬侮由外生。

〔一〕此三句治要、御覽所引文皆同。論語里仁、莊子徐無鬼、説苑談叢皆有類似之文。

4 樹葱韭者，擇之則蕃，仁義亦不可不擇也。唯善無基〔一〕，義乃繁滋；敬災與凶，禍乃不重〔二〕。

〔一〕基：圖謀。尚書康誥：「周公初基作新大邑於東國洛。」爾雅釋詁：「基，謀也。」

〔二〕敬：讀爲「慎」，謹慎。重：重複，再次。

5 雞司夜，狸執鼠，日燭人，此皆不全自全〔一〕。

〔一〕「雞司夜，狸執鼠」三句，又見韓非子揚權篇。類聚引此曰：「星司夜，日司時，猶使雞司晨也。」「不全自全」，汪本作「不令」，意林道藏本同，廖本作「不能」。

6 日在井中，不能燭十步〔一〕；目在足下，不可以視遠，雖明何益〔二〕。

〔一〕「日」，御覽引作「火」。「十步」，御覽引作「遠」。此句汪本作「使日在井中，不能燭十步矣」，注曰：「荀子天論『日月不高，則光輝不赫』。」

〔二〕「遠」，類聚引無此字，御覽作「近」。「雖明何益」，御覽作「君之有國，猶天之有日，居不高則不尊，視不遠則不明」。

7 堯瘦舜黑，皆爲民也〔一〕。

〔一〕「黑」，路史注、汪本皆作「墨」；下句汪本無。「堯瘦舜黑」之説，又見於文子自然篇：「神農形悴，堯瘦癯，舜黧黑，禹胼胝。」淮南子修務訓亦有類似之文。

8 陳繩〔一〕，則木之枉者有罪；措準，則地之廢險者有罪〔二〕；審名分，則羣臣不審者有罪〔三〕。

〔一〕「陳」上，汪本有「故」字。

〔二〕措準：安放水準儀。準，古代測平儀器。「廢」，治要與汪本無。

〔三〕「羣臣」下，汪本有「之」字。審：确定。不審：未經審定，不合名分。

9 農夫之耨，去害苗者；賢者之治，去害義者〔一〕。

〔一〕此文二「者」字下，汪本皆有「也」字。淮南子説山「治國者若耨田，去害苗者而已」，或本於此。此條亦見治要引，文略異。

10 虎豹之駒，未成文而有食牛之炁〔一〕；鴻鵠之轂，羽翼未合而有四海之心〔二〕。

〔一〕文：指虎豹身上的斑紋。炁：同「氣」，氣概。

〔二〕「鴻鵠」，説郛本作「鳴鵠」。轂：讀扣，未出窩的幼鳥。「合」，類聚與汪本皆作「全」。此句下類聚、汪本尚有「賢者之生亦然」六字。此文又見御覽引。

11 見人有善，如己有善；見人有過，如己有過。此虞氏盛德也〔一〕。

〔一〕此句治要作「有虞氏盛德」，且在本條作首句。虞氏：即有虞氏，古代部落名。古史傳説，有虞氏部落首領舜受堯禪位，都於蒲阪。此虞氏，指的是虞舜。此文又見文選注、路史注所引，略異。

12 買馬不論足力，而以白黑爲儀，必無走馬矣〔一〕；買玉不論美惡，而以大小爲儀〔二〕，必無良寶矣；舉士不論賢良，而以貴勢爲儀〔三〕，則無士矣〔四〕。

〔一〕「買」字上，汪本有「夫」字。儀：準，標準。走馬：善於奔跑的馬。

〔二〕「而以大小爲儀」底本原無，依文例當有，據類聚、汪本補。

〔三〕「賢良」，聚學軒本作「貴賤」；類聚引作「才」，汪本從之。「而以貴勢爲儀」底本原無，依文例當有，據類聚、汪本補。

〔四〕汪本無此句，類聚引作「則伊尹、管仲不爲臣矣」。

13 孔子云〔一〕：「誦詩、讀書，與古人居；讀詩、誦書，與古人謀〔二〕。」

〔一〕「云」，汪本作「曰」。金樓子自叙引此作曾子語。

〔二〕金樓子自叙引此，「謀」作「期」。謀：商議，諮詢，比喻交流思想。此文御覽亦引，文略異。黄以周案：此有韻之文，「書」、「居」相叶，「詩」、「謀」相叶。各本下句並誤「讀詩誦書」。御覽六百十六引同。

14 玉者，色不如雪，澤不如雨，潤不如膏，光不如燭。取玉甚難，越三江五湖，至崑崙之山。千人往，百人反；百人往，十人反〔一〕。至中國覆十萬之師，解三千之圍〔二〕。

〔一〕「十人反」，底本作「千人」，道藏本、四庫本、聚學軒本皆作「十人反」；「反」字原脱，據文意當有，今據以補正。

〔二〕此二句指於崑崙所採美玉，回到中原後，其價值與作用可以使十萬之師覆滅，解三千敵軍的圍困。此條御覽亦引，文同。

15 車輕道近，鞭策不用；鞭策所用〔一〕，道遠任重〔二〕。

〔一〕上句「鞭策」上，汪本有「則」字；下句「鞭策」下，汪本引御覽有「之」字。

〔二〕此句汪本引御覽作「遠道重任也」，句下還有「刑罰者也，民之鞭策也」二句。書鈔、後漢書虞詡傳注亦引此文。「遠道重任」作爲成語，尚見於論語泰伯「士不可以不弘毅，任重而道遠」；墨子親士「良馬難乘，然可以任重致遠」；商君書弱民「背法而治，此任重道遠而無馬牛，濟大川而無船楫」。

16 見驥一毛，不知其狀；見畫一色，不知其美。

17 屠者割肉，則知牛長少；弓人剺筋〔一〕，則知牛長少；雕人裁骨〔二〕，則知牛長少，各有辨焉〔三〕。

〔一〕弓人：製弓的工匠。㔟筋：用刀子剥離牛筋。

〔二〕雕人：雕刻工匠。裁：割。

〔三〕辨焉：辨别牛的年齒長少技巧。此條又見廣韻、御覽引，文略異。

18 草木無大小，必待春而後生，人待義而後成。

二〇 韓子二十卷

韓子（約前二八〇年至前二三三年），名非，戰國時韓國公子，曾與李斯俱師事荀子，李斯常自認爲不及。前二三四年，秦王政讀韓非書而欲得其人，借機攻韓國，於是韓王派韓非出使秦國。後遭李斯、姚賈陷害，在獄中被逼服毒而死。史記有傳。

漢書藝文志載韓子五十五篇，隋志載二十卷，其篇數、卷數皆與今本相符，可見今本並無殘缺。自漢志以來，歷代史志書目均有著録。

意林鈔録韓非子四十四條，每條多則百餘言，少則數字，文與今本或全同，或小異，皆見於今本韓非子中。現以清人王先慎韓非子集解（簡稱集解）參校之。

劉向云〔一〕：秦始皇重韓非書，曰：「寡人得與此人遊，死不恨矣〔二〕。」李斯、姚賈害之〔三〕，與藥令自殺。始皇悔，遣救之，已不及〔四〕。

〔一〕聚學軒本周廣業注曰：「此别録之文，本史記。」天海案：今存宋乾道本韓非子序中亦有類似之文，亦云本史記，不言「劉向云」。

〔二〕上句史記老莊申韓列傳作「寡人得見此人與之遊」。此二句本於史記老莊申韓列傳，文小異。不恨：不遺憾。

〔三〕姚賈：據戰國策秦策載，姚賈爲秦王使，退四國之兵，封千户，爲上卿。韓非鄙其爲人，稱他爲梁監門子，被趙國所逐。故姚賈記恨於心，與李斯合謀害死韓非。

〔五〕此條非韓非子正文，或馬總鈔録劉向校本叙録，或意林本韓子原序，故不列入正文序號。

1　無與禍鄰，禍乃不存。

2　臣所以難言者〔一〕：滑澤洋洋，見者以謂華而不實〔二〕；敦厚祗恭，見者以謂拙而不倫〔三〕；多言繁稱，連類比物，見者以謂虚而無用〔四〕；省而不飾，見者以謂訥而不辯〔五〕；激意近親，探知人情，見者以謂譖而不讓〔六〕；宏大廣博，深而不測，見者以謂夸而無用〔七〕。臣所以爲難言而重患也〔八〕。

〔一〕此句集解作「臣非非難言也，所以難言者」。

〔二〕上句集解作「言順比滑澤，洋洋纚纚然」。滑澤：指語言流利而有文采。下句集解作「則見以爲華而不實」。以謂：即以爲、認爲。

〔三〕「拙而不倫」下十六字，道藏本、廖本、四庫本無。上句集解作「敦厚恭祗」，其下尚有「鯁固尚完」四字。敦厚祗恭：誠樸寬厚、恭敬謙順。下句集解作「則見以爲拙而不倫」。不倫：不類，不像樣。

〔四〕以上三句，道藏本、廖本、四庫本無。繁稱：廣泛援引事例，反復稱道。此句集解作「則見以爲虚而無用」。

〔五〕省而不飾：簡省而不華飾。上句集解作「經省而不飾」。訥而不辯：口舌遲鈍而無辯才。下句集解作「則見以爲劌而不辯」。

〔六〕「激意近親」，道藏本、廖本、四庫本作「激忽近親」，集解作「激急親近」。「人情」、「譖而」，道藏本分別作「人意」、「憯而」。激意近親：激烈抨擊親近君王的小人。激意：此作抨擊解。人情：人心世情。末句集解作「則見以爲僭而不讓」。

〔七〕「深而不測」，集解作「妙遠不測」；末句集解作「則見以爲夸而無用」。

〔八〕「重患」，道藏本作「患重」。此句集解作「此臣非之所以難言而重患也」。

3　二柄，刑德也〔一〕。虎所以能伏犬者〔二〕，爪牙也。若虎釋其爪牙，則反伏於犬也〔三〕。故田常請爵禄，大斗斛施百姓〔四〕。此齊簡公失德，而田常得之〔五〕。

〔一〕「刑德」，説郛本、道藏本、四庫本皆作「刑罰」。

〔二〕此句集解作「夫虎之所以能服狗者」。

〔三〕此二句集解作「使虎釋其爪牙，而使狗用之，則虎反服於狗矣」。

〔四〕上句集解作「故田常上請爵禄，而行之羣臣」，乾道本注曰：「請君爵禄而與羣臣，所以樹私恩於衆官。」田常：即田成子，又名田恒。春秋時陳國公子完因内亂，自陳奔齊，改陳氏爲田氏。其後宗族益强，至齊簡公時，陳完後人田乞專齊政。田乞死後，田常繼之。以大斗出貸，以小斗回收，用以收買人心。齊簡公四年，田常殺簡公，擁立平公，自爲齊相。齊國之政盡落田氏。見史記田敬仲完世家。下句集解作「下大斗斛而施於百姓」，乾道本注曰：「於下用大斗斛施於百姓，所以樹私恩於衆庶也。」斗斛：即斗斛，量器名。古代以十斗爲一斛。

〔五〕上句「此」字，底本原作「比」，據集解改。齊簡公：齊悼公之子，名壬。公元前四八五年田乞殺悼公，立簡公。簡公在位四年，前四八一年被田常所殺。下句集解作「而田常用之也」。

4　韓昭侯醉甚而卧，典冠見君寒〔一〕，加衣其上，昭侯覺〔二〕，乃罪典衣，殺典冠〔三〕。以典衣失事，以典冠侵官甚於寒也〔四〕。故明王畜臣，不得越官而有功〔五〕，不得陳言而無當。越官則死，不當則罪。

〔一〕上句集解作「昔者韓昭侯醉而寢」，下句作「典冠者見君之寒也」。韓昭侯：戰國時韓國國君，公元前三六三年至前三三三年在位。典冠：古代專門負責國君冠冕的官吏。

〔二〕此二句集解作「故加衣於君之上，覺寢而説」。

〔三〕此二句集解作「因兼罪典衣，殺典冠」。典衣：古代負責國君衣服的官吏。

〔四〕此二句集解作「其罪典衣，以爲失其事也；其罪典官，以爲越其職也。非不惡寒也，以爲侵官之事甚於寒」。「侵官」二字，道藏本、廖本、四庫本並重。失事：失職。侵官：越職侵犯他人職守。

〔五〕上句集解作「故明主之畜臣」；下句「不得」上有「臣」字。

5 香美病形，皓齒損精〔一〕，去甚去泰〔二〕，身乃無害。使雞司夜，令狸執鼠〔三〕，皆用其能，上乃無事。上有所長，事乃不方。矜而好能，下之所欺；辯惠好生，下因其材。上下易用，國故不治。用一之道，以名爲首，名正物定，名倚物徙。故聖人執一以靜，使名自命，令事自定。不見其采，下故素正。因而任之，使自事之；因而予之，彼將自舉之；正與處之，使皆自定之。上以名舉之，不知其名，復脩其形。形名參同，用其所生。二者誠信，下乃貢情。謹修所事，待命於天，毋失其要，乃爲聖人。聖人之道，去智與巧，智巧不去，難以爲常。民人用之，其身多殃；主上用之，其國危亡。因天之道，反形之理，督參鞠之，終則有始。虛以靜後，未嘗用己。凡上之患，必同其端；信而勿同，萬民一從。

物有所宜，才有所施〔四〕，各處其宜，故上下無爲〔五〕。

〔一〕此二句集解作「夫香美脆味，厚酒肥肉，甘口而病形；曼理皓齒，説情而損精」。乾道本注曰：「香肥所以甘口也，用之失中則病形；皓齒所以悦情也，耽之過度則損精；賢才所以助理也，用之失宜則危君也。」

〔二〕去甚去泰：去其過分。老子曰：「是以聖人去甚、去奢、去泰。」

〔三〕「使雞司夜，令狸執鼠」，集解在「故上下無爲」句下。此二句參見前文尸子所録。

〔四〕此二句集解作「夫物者有所宜，材者有所施」。

〔五〕無爲：道家指順應自然，不求刻意所爲。老子曰：「爲無爲，則無不治。」

6 上失膚寸，下失尋常〔一〕，君不可不慎〔二〕。

〔一〕「膚寸」，集解作「扶寸」。膚寸：一作「扶寸」。長度單位，古代以一指寬爲一寸，四指爲膚。此處比喻極微小的過失。下句「失」字，集解作「得」，乾道本注曰：「上於度量少有所失，下之得利已數倍多矣。」尋常：長度單位。古代以八尺爲尋，倍尋爲常。

〔三〕此句集解無。

7　託宴處之娛〔一〕，乘醉飽之時，求其所欲，則必聽也〔二〕。

〔一〕此句集解作「託於燕處之虞」。「娛」與「虞」可通。

〔二〕「求」上，集解有「而」字，「聽」下有「之術」二字，「則」作「此」。乾道本注曰：「乘，因也。夫人、孺子等，由因君醉飽之時，進以燕娛之具，以求其所欲事，無不聽。」

8　鄰國有聖人，敵國之憂也〔一〕。

〔一〕此二句集解作「寡人聞鄰國有聖人，敵國之憂也」，句下還有「今由余，聖人也，寡人憂之，吾將奈何」數句。原爲秦穆公對内史廖所言。説苑尊賢作「王子廖」。鄰國：此指秦國的鄰國西戎。聖人：此指西戎的由余。聚學軒本周廣業注稱亦見史記、晏子春秋。

9　彌子瑕有寵於衛君，竊駕君車〔一〕。君聞之曰〔二〕：「子瑕母病而矯駕，孝子也〔三〕。」與君遊果園，食桃不盡，以半啖君〔四〕。君曰：「愛我也〔五〕。」及其色衰〔六〕，得罪於君。君曰：「是矯駕吾車者，啖我餘桃者〔七〕。」以前所賢而後獲罪，愛憎變也〔八〕。

〔一〕「彌」字上，集解有「昔者」二字。彌子瑕：春秋時衛靈公的幸臣。衛君：即衛靈公，名元，公元前五三四年至前四九三年在位。下句集解作「彌子矯駕君車以出」。矯駕：假託君命而駕用君車。

〔二〕此句集解作「君聞而賢之曰」。

〔三〕此二句集解作「孝哉，爲母之故，忘其犯刖罪」。

〔四〕此上三句集解作「異日與君遊於果園，食桃而甘，不盡，以其半啗君」。

〔五〕此句集解作「愛我哉，忘其口味，以啗寡人」。

〔六〕此句集解作「及彌子色衰愛弛」。

〔七〕此二句集解作「是固嘗矯駕吾車，又嘗啗我以餘桃」。

〔八〕此二句集解作「而以前之所以見賢，而後獲罪者，愛憎之變也」。此條又見於左傳定公六年、淮南子泰族、治要等，文各異。

10 愛人不得獨利〔一〕，待譽而後利之；憎人不得獨害，待非而後害之〔二〕。

〔一〕「利」下，集解有「也」字。獨：私自。

〔二〕上句「害」下，集解有「也」字。非：同「誹」，誹謗。

11 輿人欲人富貴，棺人欲人死喪〔一〕。人不貴則輿不用，人不死則棺不買〔二〕。非有仁賊，利在其中〔三〕。

〔一〕上句集解作「故輿人成輿，則欲人之富貴」，下句作「匠人成棺，欲人之夭死也」，句下尚有「非輿人仁而匠人賊也」一句。輿人：造車的人。棺人：做棺材的人。

〔二〕上句「用」字，集解作「售」；下句「買」字，道藏本、四庫本作「價」。

〔三〕此二句集解作「情非憎人也，利在人之死也」。

12 相愛者，則比周而相譽〔一〕；相憎者，則比黨而相誹〔二〕。誹譽交争，則主惑矣〔三〕。

〔一〕此二句集解作「則相愛者，比周而相譽」。比周：結黨營私。

〔二〕此二句集解作「相憎者，朋黨而相非」，聚學軒本同。比黨：結黨營私。

〔三〕「主」，道藏本、四庫本作「生」。上二「誹」字，集解皆作「非」；「惑」下有「亂」字。交争：互相攻擊。惑：迷亂、困惑。

13 家有常業，雖饑不餓〔一〕；國有常法，雖危不亡。若捨法從私意，則臣下飾其智能〔二〕；飾其智能，則法禁不立矣〔三〕。

〔一〕「家」上，集解有「語曰」二字。饑：指災荒。詩小雅雨無正：「降喪饑饉，斬伐四國。」毛傳：「穀不熟曰饑，蔬不熟曰饉。」淮南子天文：「四時不出，天下大饑。」高誘注曰：「穀不熟爲饑也。」

〔二〕上句集解作「夫舍法而從私意」；下句「其」字作「於」。

〔三〕上句集解作「臣下飾於智能」。底本此條與上條原作一條，此據集解分之。

14 君以計畜臣，臣以計事君〔一〕，害身而利國，臣不爲也〔二〕；害國而利身，君不爲也。

〔一〕此句下集解尚有「君臣之交計也」。

〔二〕此句「不」字，集解作「弗」。

15 道譬之如水，溺者飲之則死〔一〕，渴者飲之則生〔二〕。

〔一〕「道」字，底本原無，此據集解補；集解作「道譬諸若水，溺者多飲之即死」。

〔二〕此句集解作「渴者適飲之即生」。

16 桓公伐孤竹失道〔一〕，管仲曰：「老馬之智可用〔二〕。」遂縱馬，從而得歸〔三〕。行出山中無水，隰朋曰〔四〕：「蟻冬居山之陽，夏居山之陰，蟻壤寸而有水〔五〕。」使掘之，果得水焉〔六〕。

〔一〕此句集解作「管仲、隰朋從桓公伐孤竹。春往冬反，迷惑失道」。孤竹：古代諸侯小國，殷商時所封。

〔二〕「用」下，集解有「也」字。

〔三〕此二句集解作「乃放老馬而隨之，遂得道」。

〔四〕上句集解無「出」字。「從而得歸」下，道藏本、廖本、四庫本分節。「行出山中」上，道藏本、廖本、四庫本有「桓公伐孤竹」五字。隰朋：春秋時齊國大夫，助管仲相齊桓公，以成霸業。

〔五〕山之陽：山南面向陽。山之陰：山北面背陽向陰。蟻壤：蟻穴。

〔六〕此二句集解作「乃掘地，遂得水」。

17 以人言善我者，必以人言罪我也〔一〕。

〔一〕上句「以」上，集解有「夫」字，「者」字、「也」字無。善我：善待我，認爲我好。罪我：怪罪我，認爲我有罪。

18 置猿於檻，則與豘同〔一〕，勢不能逞能也〔二〕。

〔一〕檻：關牲畜的栅欄。上句集解作「置猿於柙中」。豘：同「豚」，小豬，集解正作「豚」。

〔二〕此句集解作「故勢不便，非所以逞能也」。勢：地勢、形勢。

19 刻削之道，鼻莫如大，目莫如小。鼻大可小，小不可大〔一〕；目小可大，大不可小〔二〕，舉事亦然。

〔一〕「大」下，集解有「也」字。

〔二〕「小」下，集解有「也」字。

20 古人目短於自見〔一〕，故以鏡觀面；身短於自知〔二〕，故以道正己。失鏡無以正鬚眉，失道無以知迷惑〔三〕。西門豹性急，佩韋以自緩〔四〕；董安于性緩，佩弦以自急〔五〕。

〔一〕「古」下，治要與集解皆有「之」字。

〔二〕「身」，治要與集解皆作「智」。身：自己。

〔三〕上句「失」上，治要與集解皆有「目」字，「鏡」下皆有「則」字；下句「失」上，治要與集解皆有「身」字，「道」下皆有「則」字。

〔四〕「豹」下，集解有「之」字。「佩」上，集解有「故」字；「自緩」，治要作「緩己」。西門豹：戰國時魏人，魏文侯時任鄴令，懲女巫，興水利，有政績。性情急躁，常佩韋以自警。韋：皮繩，性柔韌。

〔五〕「性緩」，集解作「之心緩」。董安于：春秋時晉國趙孟家臣，後死於晉國內亂。事見左傳定公十三年。「佩弦」上，集解有「故」字。弦：弓弦、琴弦。凡弦皆緊急方能射箭、發聲，故性緩之人常佩弦以自警。

21 斷手續之以玉，故世有易身之患〔一〕。

〔一〕上句集解作「是斷手而續以玉也」。易身：改變身份、地位；猶易位，指君位被篡奪。

22 舜爲匹夫，不能正三家〔一〕。有才而無勢，雖賢不能制也〔二〕。故立木於高山之上〔三〕，下臨千仞之溪，材非長也，其位高也〔四〕。

〔一〕「舜」，集解作「堯」；且此二句在「其位高也」句下。

〔二〕此二句集解作「夫有才而無勢，雖賢不能制不肖」。

〔三〕此句集解作「故立尺材於高山之上」。

〔四〕此句集解無「其」字。「故立木於高山」以下之文，似源於荀子勸學：「西方有木焉，名曰射干，莖長四寸，生於高山之上，而臨百仞之淵，木莖非能長也，所立者然也。」

23　不蔽人之美〔一〕，不言人之惡。

〔一〕「不」上，集解有「君子」二字。「蔽」，道藏本、四庫本作「敝」。

24　韓昭侯握爪而佯亡〔一〕，求之甚急，左右取而備之〔二〕。昭侯以此察左右之虚實〔三〕。

〔一〕「握爪」，意林明刊諸本皆作「掘瓜」。此句集解作「韓昭侯握爪而佯亡一爪」。天海案：「握爪」與「掘瓜」字形相似而易誤，作「握爪」義長。

〔二〕「取而」，原作「而取」，詞意不屬，徑改。此句下，聚珍本館臣案曰：「一作左右因割其爪而效之。」

〔三〕「虚實」，集解作「不誠」。虚實：虚僞與誠實。

25　衛嗣君使人過關市〔一〕，關吏乃呵之，因以金與關吏，關令乃捨〔二〕。嗣君謂關吏曰：「汝何得受金〔三〕？」以明察之〔四〕。

〔一〕「君」，集解作「公」。「人」字下，集解有「爲客」二字。衞嗣君：戰國時衞成侯之孫，立五年，貶號爲君，在位四十二年卒。事見戰國策衞策。關市：交通要道處的集市。此指關防要卡。

〔二〕此三句集解作「關市苛難之，因事關市，以金與關吏，乃舍之」。

〔三〕此二句集解作「嗣公爲關吏曰：某時有客過而所，與汝金，而汝因遣之」。

〔四〕此句集解作「關市乃大恐，而以嗣公爲明察」。此句下，聚珍本館臣案曰：「一本作『關吏以爲明察』，『受』下有『察』字。」

26 僖侯時〔一〕，宰人上食，羹中有生肝，乃問之〔二〕。宰人曰〔三〕：「當是人置之，欲去宰自處也〔四〕。」後僖侯將浴〔五〕，湯中有礫，僖侯曰：「有人欲代湯者〔六〕。」

〔一〕集解作「昭僖侯之時」。僖侯：即韓昭侯，又稱昭釐侯。「釐」與「僖」通。

〔二〕上句集解作「而羹中有生肝焉」，下句作「昭侯召宰人之次而誚之曰：若何爲置生肝寡人羹中」。

〔三〕此句集解作「宰人頓首服死罪曰」。

〔四〕此二句集解作「竊欲去尚宰人也」。

〔五〕此句集解作「一日僖侯浴」。

〔六〕此句集解作「尚浴免，當有代者乎」。湯者：此指侍候國君沐浴的官員。

27 文公時〔一〕，宰人上食，炙而有髮繞之〔二〕。文公召宰人曰：「汝使吾哽乎〔三〕。」宰人頓首曰〔四〕：「臣有三罪：刀利如干將，切肉而髮不斷，臣罪一也〔五〕；援錐貫臠，而不見髮，臣罪二也；熾爐炮肉盡赤，而髮尚繞〔六〕，臣罪三也。有人欲代臣也〔七〕。」

〔一〕此句集解作「文公之時」。文公：春秋、戰國時期稱文公者有十多人，此「文公」爲誰，未詳。集解此文之下又載晉平公「進炙而髮繞之」，事與此同。

〔二〕首二句意林明刊諸本僅作「文公宰上食」。炙：燒烤的肉。此二句集解作「宰臣上炙，而髮繞之」。

〔三〕此二句集解作「文公召宰人而譙之曰：女欲寡人之哽邪，奚爲以髮繞炙」。

〔四〕此句集解作「宰人頓首再拜請曰」。

〔五〕以上四句集解作「臣有死罪三：援礪砥刀，利猶干將也，切肉肉斷而髮不斷，臣之罪一也」。後二「臣」字下，集解亦有「之」字。干將：本爲人名。相傳春秋時吴人干將與妻莫邪善鑄劍，曾鑄二寶劍，取名干將、莫邪，以獻吴王闔廬，後遂以爲寶劍名。

〔六〕此二句集解作「奉熾爐炭，肉盡赤紅，炙熟而髮不焦」。「熾爐」，道藏本、廖本、四庫本作「熾洪」，誤。熾爐：熾熱的洪爐。炮肉：烤肉。

〔七〕此句集解作「堂下得微有疾臣者乎」。

28　齊景公惡仲尼爲魯政，黎且曰〔一〕：「去仲尼如吹毛耳〔二〕。」乃使黎且以女樂二八遺魯哀公〔三〕。哀公樂之，果怠於政。仲尼諫不納，去而之楚〔四〕。

〔一〕此二句集解作「仲尼爲政於魯，道不拾遺，齊景公患之。梨且謂景公曰」。齊景公：見本卷晏子條注。「黎且」，道藏本作「梨沮」。亦作「梨且」、「犁鉏」，齊景公時幸臣。事又見史記孔子世家。仲尼爲魯政：孔子於魯定公時任中都宰、司寇。

〔二〕「如」，集解作「猶」。

〔三〕「二八」，原作「六」，此據御覽卷四七八引文改。古代舞伎八人一列，二八即十六人，故作「二八」是。此上之文，道藏本、廖本、四庫本無「黎且以女樂六」六字、「哀公樂之果」五字。孔子執魯政在定公時，此云哀公，或有誤。女樂：歌舞伎女。魯哀公：名蔣，定公之子，公元前四九五年繼位。

〔四〕「納」，集解作「聽」；下句道藏本作「而之齊」。此事又見史記孔子家語。

29 鄭人相與爭年〔一〕。一人云：「吾與堯同年。」一人云〔二〕：「吾與黃帝兄弟同年〔三〕。」爭此不決，以後罷爲勝〔四〕。

〔一〕此句集解作「鄭人有相與爭年者」。爭年：爭論年紀大小。

〔二〕此上二「云」字，集解皆作「曰」。

〔三〕此句集解作「我與黃帝之兄同年」。

〔四〕此二句集解作「訟此而不決，以後息者爲勝耳」。罷：讀作疲，義亦同疲。

30 客有爲齊王畫者，王問：「何者最難〔一〕？」對曰：「畫狗馬爲最難，鬼魅最易〔二〕。狗馬人共知，鬼魅無形像也〔三〕。」

〔一〕此句集解作「齊王問曰：畫孰最難者」。

〔二〕此三句集解作「曰：犬馬最難。孰易者？曰：鬼魅最易」。

〔三〕此二句集解作「夫犬馬，人所知也，旦暮罄於前，不可類之，故難。鬼魅，無形者，不罄於前，故易之也」。此條又見類聚、御覽所引。

31　冠雖穿決，必戴於上〔一〕；履雖五采，必踐之地〔二〕。

〔一〕「穿決」，集解作「穿弊」；「上」，集解作「頭」。穿決：穿，破洞；決，裂口，形容破爛。

〔二〕「之」下，集解有「於」字。此條兩見集解卷十二外儲説左下：一爲趙簡子語，一爲費仲説紂王語，文略異。

32　齊宣王問匡倩曰〔一〕：「儒者鼓瑟乎〔二〕？」對曰〔三〕：「不也。瑟者，小弦大聲，大弦小聲〔四〕。大細易位，貴賤易序，故儒者不爲〔五〕。」

〔一〕道藏本「匡」字脱，「倩」誤作「情」。齊宣王：齊威王之子，田氏，名辟彊，公元前三二〇年至前三〇一年在位。他褒儒尊學，曾任孟軻爲卿。公元前三一四年，乘燕國内亂，派匡章率軍攻入燕國，後被迫撤退。匡倩：或匡章之誤，説見朱起鳳辭通。匡章乃孟子之友，曾助齊宣王伐燕，事見戰國策。

〔二〕「鼓瑟」，道藏本作「鼓琴」。

〔三〕「對」字，集解無。

〔四〕此三句集解作「夫瑟以小弦爲大聲，以大弦爲小聲」。

〔五〕此三句集解作「是大小易序，貴賤易位，儒者以爲害義，故不鼓也」。

33 以骨去蟻〔一〕，蟻愈多；以魚驅蠅，蠅愈至〔二〕。

〔一〕「骨」，集解作「肉」。

〔二〕此二句意林明刊諸本皆無。此條又見類聚、御覽所引。

34 桓公問管仲曰〔一〕：「官少而索者多，如何〔二〕？」管仲曰：「君勿聽。人有請〔三〕，因能而授禄，録功而與官〔四〕。」

〔一〕「問」，集解作「謂」。

〔二〕「多」，集解作「衆」；「如何」，集解作「寡人憂之」。

〔三〕此句下聚珍本館臣案曰：「本作『君勿聽左右之請』。」

〔四〕「授」，集解作「受」。此條御覽亦引之。

35 宋人有酤酒者，斗概甚平〔一〕，遇客甚謹，醖酒甚美〔二〕，懸幟甚高，而酒不售，遂致於酸〔三〕。問閭長者楊倩，倩曰：「汝狗惡也〔四〕。孺子懷錢挈壺往酤，輒有狗齧之〔五〕，猶大臣齧有道之士也〔六〕。」故桓公問管仲：「治國何患〔七〕？」「患社鼠，焚則木焚也〔八〕。」

〔一〕「斗概」，集解作「升概」，爲古代量酒容器。

〔二〕「醞」，集解作「爲」。

〔三〕懸幟：懸掛的酒簾標幟。上句集解作「然而不售」，下句作「酒酸」。

〔四〕楊倩：人名。類聚作「揚青」，生平事未詳。此上之文，集解作「怪其故，問其所知閭長者楊倩。倩曰：『汝狗猛耶』」，此下尚有「曰：狗猛則酒何故而不售？曰：人畏焉」數語。

〔五〕此二句集解接上文「人畏焉」，作「或令孺子懷錢挈壺甕而往酤，而狗迓而齕之」。此下尚有「此酒所以酸而不售也。夫國亦有狗，有道之士，懷其術而欲以明萬乘之主」數語。

〔六〕此句集解作「大臣爲猛狗迎而齕之，此人主之所以蔽脅，而有道之士所以不用也」。

〔七〕上句「管仲」下，集解有「曰」字；下句作「治國最奚患」。

〔八〕此二句集解作「最患社鼠矣，熏之則恐焚木」。社鼠：寄身於土地廟的老鼠，比喻仗勢作惡的人。木：木主，指土地神。此條又見晏子春秋問上、韓詩外傳卷七、説苑政理，事皆同而文各異。

36 税勿輕勿重〔一〕。重則利入於上，輕則利歸於民也〔二〕。

〔一〕此句集解作「趙簡主出税，吏請輕重，簡主曰：勿輕勿重」。

〔二〕「輕」上，集解有「若」字。

37 晉文公與楚戰，問舅犯曰〔一〕：「楚衆我寡，奈何〔二〕？」對曰：「君其詐之〔三〕。」又問雍季〔四〕，曰：「以詐御民，一時之利也〔五〕。」與楚戰，大勝而歸，行賞先雍季而後舅犯〔六〕。曰：「舅犯之言，權也；雍季之言，萬世之利也〔七〕。」

〔一〕此二句集解作「晉文公將與楚人戰，召舅犯問之」。晉文公：春秋時晉國國君，晉獻公之子，名重耳，曾在外流亡十九年。公元前六三八年至前六二八年在位。晉文公繼位後整頓内政，加强軍備，國力强盛，平定周王室内亂，迎周襄王復位。與楚國大戰於城濮，勝而大會諸侯，繼而成爲霸主。事見左傳僖公二十八年。舅犯：姓狐名偃，字子犯。晉文公舅父，故稱舅犯，一作咎犯，晉國上卿。晉國内亂時，曾隨重耳在外流亡十九年，助重耳回國繼位，後任上軍之佐，在城濮戰勝楚軍。

〔二〕此二句集解作「吾將與楚人戰，彼衆我寡，爲之奈何」。

〔三〕此句集解作「君其詐之而已矣」。

〔四〕此句集解作「因召雍季而問之」。「雍季」下，聚學軒本重「雍季」二字。

〔五〕此二句集解作「以詐遇民，偷取一時，後必無復」。

〔六〕此上三句集解作「文公曰：『善。』辭雍季，以舅犯之謀與楚人戰，以敗之。歸而行爵，先雍季而後舅犯」。

〔七〕此上四句集解作「夫舅犯言，一時之權也；雍季言，萬世之利也」。

38 齊桓公飲酒，醉遺其冠，恥之，三日不朝。管仲曰：「此有國之恥也〔一〕，公何不雪之以政〔二〕？」因發倉賜貧窮，三日〔三〕，而民歌之曰：「公何不更遺其冠也〔四〕？」

〔一〕「有國」，即有國者，指國君。此二字集解作「非有國」，王先慎認爲意林脱「非」字。天海案：據文意，無「非」字是。

〔二〕「何」，集解作「胡」。

〔三〕此二句集解作「因發倉囷，賜貧窮，論囹圄，出薄罪，處三日」。

〔四〕此句集解作「公乎，公乎，胡不復遺其冠乎」。

39 古諺曰〔一〕：「政若沐，雖有棄髮之費，而有長髮之利也〔二〕。」

〔一〕此句集解作「古者有諺曰」。

〔二〕此三句集解作「爲政猶沐也，雖有棄髮，必爲之。愛棄髮之費，而忘長髮之利，不知權者也」。

40 饑歲之春，從弟不讓〔一〕；穰歲之秋，疏客必食〔二〕。非疏骨肉，多少之心異也〔三〕。

〔一〕此二句集解作「故饑歲之春，幼弟不饟」。此句下聚珍本館臣案曰：「一作『幼弟不讓』。」從弟：堂弟。

〔二〕穰歲：豐收之年。疏客：遠客。此句下聚珍本館臣案曰：「一作『過客必養』。」

〔三〕「骨肉」下，集解有「愛過客也」四字。多少：此指糧食與食物的多少。

41 墨子死後〔一〕，有相里氏之墨、相芬氏之墨、鄧陵氏之墨〔二〕。孔、墨之後，儒分爲八，墨離爲三也〔三〕。

〔一〕此句集解作「自墨子之死也」。

〔二〕相里氏：相里爲複姓。此指戰國時相里勤，爲三墨之一，多主勤儉力行。莊子天下有相里勤，釋文曰：「姓相里，名勤，墨師也。」「相芬氏」，集解作「相夫氏」，元和姓纂引作「伯夫氏」。廣韻二十中「陌伯」字注曰：「韓子有伯夫氏，墨家流。」或古本中「相」字誤作「伯」。鄧陵氏：鄧陵子，南方墨家代表，楚人。參見莊子天下、元和姓纂。

〔三〕儒分爲八：此條之上，集解論及孔子死後儒家學派分爲子張、子思、顔氏、孟氏、漆雕氏、仲良氏、孫氏、樂正氏八家。墨離爲三：即相里氏、相芬氏、鄧陵氏三家。此句下聚珍本館臣案曰：「相芬氏，韓非子顯學篇作相夫氏。」

42 待自直之箭，則百世無矢矣〔一〕；待自圓之木，則千歲無輪矣〔二〕。

〔一〕此二句集解作「夫必恃自直之箭，百世無矢」。

〔二〕此二句集解作「恃自圓之木，千世無輪矣」。此條御覽、困學紀聞亦引之。

43 法度賞罰〔一〕，國之脂澤粉黛也〔二〕。

〔一〕此句集解作「明吾法度，必吾賞罰者」。

〔二〕脂澤粉黛：胭脂、香油、麵粉、墨黛之類，爲古代婦女化妝用品。此喻修飾美化。

44 三寸之管，無當不可滿也〔一〕。

〔一〕「三寸」，商子作「四寸」。無當：無底，無阻擋。「無」，集解作「毋」。乾道本原注：「雖受不多，然無當則不可滿也。」

意林校釋卷二

二一　列子八卷

列子，戰國初期鄭國人，名禦寇，一作圄寇、圉寇。漢劉向所校列子書録認爲與鄭繆公同時，蓋有道之人，其學本於黄老，號稱道家。唐成玄英南華真經注疏、柳宗元辨列子皆説與鄭繻公同時。列子終生致力於道德學問，傳説曾師從關尹子、壺丘子、老商氏、支伯高子等。隱居四十年，不求名利，清静修道。汉志道家録有列子八卷，注曰：「名禦寇，先莊子，莊子稱之。」隋志道家亦載列子八卷，注曰：「鄭之隱人列禦寇撰，東晉光禄勳張湛注。」聚學軒本周廣業注曰：「是書爲漆園寓言之祖，其事絶少徵實。吕覽所謂列子貴虚也。然穆王、湯問之誕詭，力命、楊子之乖背，劉子政既以爲譏，而柳州亦言書多增竄，不足盡信。如所稱亢倉子者，其人有無且不可知，安得有書？而天寶初，襄陽王士元僞撰二卷，遂乃尊爲洞靈真經，則安知增竄列子不有先於士元者乎？王弇州謂後人取莊子之文而加剷琢，以補其闕，理或然也。天寶時稱經者，列子爲沖虚，文子爲通元，莊子爲南華，並洞靈爲四云。」今傳本列子八卷，前有劉向書録、東晉張湛注列子序。意林録列子二十六條，皆見於今本列子中，文或同或異或略。現以晉張湛注本參校之。

1　天有所短〔一〕，地有所長，聖有所否，物有所通〔二〕。

〔一〕「天」上，張注本有「然則」二字。

〔二〕張湛注曰：「夫體適於一方者，造餘塗則閡矣。王弼曰：『形必有所分，聲必有所屬。若温也，則不能涼；若宫也，則不能商。』」天海案：否：讀匹，閉塞不通。治要引張湛注文作「夫職適於一方者，餘塗則罔矣」，並録有「王弼曰」以下之文。

2　思士不妻而感〔一〕，思女不夫而孕〔二〕。

〔一〕思士：思戀異性的男子。不妻：不娶妻。感：精氣感應。

〔二〕思女：思戀異性的女子。不夫：不嫁丈夫。張湛注曰：「大荒經曰：有思幽之國，思士不妻，思女不夫，精氣潛感，不假交接而生子也。此亦白鶂之類也。」天海案：説郛本此條與上條併爲一條。

3　鬼者，歸也〔一〕。歸其真宅〔二〕。真宅，太虚也〔三〕。

〔一〕張注本無「者」字。天海案：鬼、歸音通，此古人釋詞所用音訓之法。歸：此指人死回歸自然，歸於虚無。

〔二〕真宅：古人認爲人死後的真正歸宿就是自然。

〔三〕太虚：空寂玄奥之境。張湛注曰：「真宅，太虚之域。」天海案：此注文五字爲意林原注，或本於張注。説郛本、道藏本、四庫本皆録作正文。

4 貧者，士之常；死者，民之終〔一〕。

〔一〕此條張注本作「貧者，士之常也；死者，人之終也」。

5 醉者墜車，雖疾不死〔一〕。死生驚懼，不入其胸中〔二〕。

〔一〕上句張注本作「夫醉者之墜於車也」；「不死」下，張注本尚有「骨節與人同，而犯害與人異，其神全也。乘亦弗知也，墜亦弗知也」數句。疾：傷勢嚴重。

〔二〕此句張注本作「不入乎其胸」，注曰：「向秀曰：醉，故失其所知耳，非自然無心也。」

6 禽獸之智，亦有與人同者〔一〕。牝牡相偶，母子相親；避平依險，違寒就温；居則有羣，行則有列；飲則有攜，食則鳴侶〔二〕。

〔一〕此句张注本作「有自然與人同者」。

〔二〕「有攜」，張注本作「相攜」。攜：攜帶幼小。「鳴侶」，張注本作「鳴羣」。

7 宋人養猿，號曰狙公〔一〕。欲與狙芧，先誑之曰：「朝三而暮四〔二〕。」衆狙皆怒。又許朝四而暮三，而衆狙皆喜〔三〕。聖人以智籠羣愚〔四〕，亦猶狙公以智籠羣狙矣。

〔一〕上二句張注本作「宋有狙公者，愛狙，養之成羣」，注曰：「好養猿猴者，因謂之狙公也。」天海案：事又見莊子齊物論「狙公賦芧」，釋文曰：「司馬云：狙公，典狙官也。」

〔二〕此上三句張注本作「恐衆狙之不馴於己也，先誑之曰：與若芧朝三而暮四，足乎」，注曰：「音序。芧，栗也。」天海案：「芧」，原誤作「茅」，據張注本改。埤雅：「江南有小栗，謂之芧栗。人謂芧爲茅，誤。」芧：木名，即櫟樹，此指櫟實，俗稱橡子。

〔三〕此上三句張注本作「衆狙皆起而怒。俄而曰：與若芧，朝四而暮三，足乎。衆狙皆伏而喜」。

〔四〕此句之上，张注本有「物之以能鄙相籠，皆猶此也」二句。

8 覺有八徵，夢有六候〔一〕。陰氣壯，則夢涉水而恐懼〔二〕；陽氣壯，則夢涉火而燔焫〔三〕。飽夢與，飢夢取〔四〕；藉帶而寢，則夢蛇；鳥銜髮〔五〕，則夢飛；天將陰，則夢火；身將疾，則夢食〔六〕；飲酒者憂，歌舞者哭〔七〕；晝想夜夢，神形所遇〔八〕。

〔一〕張湛注曰：「徵，驗也；候，占也。六夢之占，義見周官。」天海案：此二句下張注本尚有「奚謂八徵：一曰故，二曰爲，三曰得，四曰喪，五曰哀，六曰樂，七曰生，八曰死。此者八徵，形所接也。奚謂六候：一曰正夢，二曰噩夢，三曰思夢，四曰寤夢，五曰喜夢，六曰懼夢。此六者，神所交也」之文。莊子齊物論：「覺而後知其夢。」覺：讀作教，睡醒。八徵：八種人生徵兆。

〔二〕此二句張注本作「故陰氣壯，則夢涉大水而恐懼」，注曰：「失其中和，則濡弱恐懼也。」

〔三〕張湛注曰：「火性猛烈，遇則燔焫也。」聚學軒本周廣業注曰：「語出素問。」天海案：「火」，張注本作「大火」。燔焫：燃燒。「焫」，道藏本誤作「炳」。

〔四〕此二句張注本作「甚飽則夢與，甚飢則夢取」，注曰：「有餘故欲施，不足故欲取。此亦與覺相類也。」

〔五〕「鳥」上，張注本有「飛」字，注曰：「此以物類致感。」

〔六〕聚學軒本周廣業注曰：「關尹子曰：『將陰夢水，將晴夢火。』從『夢水』爲長。」天海案：此上四句張注本作「將陰夢火，將疾夢食」。

〔七〕張湛注曰：「此皆明夢，或因事致感，或造極相反。即周禮六夢六義，理無妄然。」天海案：「舞」，張注本作「儛」，二字同，莊子在宥「鼓歌以儛之」。

〔八〕此二句張注本作「子列子曰：神遇爲夢，形接爲事。故晝想夜夢，神形所遇」，注曰：「此想謂覺時有情慮之事，非如世間常語，晝日想有此事，而後隨而夢也。」

9 陳大夫云〔一〕：「吾國有亢倉子〔二〕，能以耳視而目聽〔三〕。」魯侯聞之大驚〔四〕，以上卿禮致之〔五〕。亢倉子曰：「臣，體合於神，心合於無〔六〕。」

〔一〕「云」，張注本作「曰」。陳大夫：陳國大夫，未詳姓氏。此條見張注本仲尼篇記「陳大夫聘魯」事，即陳大夫見魯叔孫氏時的對話。

〔二〕此句張注本作「吾國亦有聖人，子弗知乎？曰：聖人孰謂？曰：老聃之弟子，有亢倉子者，得聃之道」，注曰：「音庚桑，名楚，史記作『亢倉子』。賈逵姓氏英覽云：吴郡有庚桑姓，稱爲七族。」亢倉子：人名，傳説爲老聃弟子。今存亢倉子二卷，乃唐王士源雜取老、莊、列子、文子、商君書、吕覽、說苑、新序等書編輯而成。

〔三〕此句張湛注曰：「夫形質者，心智之室宇；耳目者，視聽之户牖。神苟徹焉，則視聽不因户牖，照察不閡牆壁耳。」

〔四〕此句張湛注曰：「不怪仲尼之用形，不怪耳目之易任，跡同於物，故物無駭心。」天海案：此魯侯若與孔子、叔孫氏同時者，或爲定公，或爲哀公，然未詳所指。

〔五〕此句張注本作「使上卿厚禮而致之」。

〔六〕此上之文張注本作「我體合於心，心合於氣，氣合於神，神合於無」。此四句之下，張湛分别注曰「此形智不相違者也」；「此又遠其形智之用，任其泊然之氣也」；「此寂然不動，都忘其智，智而都忘，則神理猶運，感無不通矣」；「同無則神矣，同神則無矣，二者豈有形乎？直有其智者，不得不親無以自通，忘其心者，則與無而爲一也」。

10 顏回能仁而不能反〔一〕，賜能辯而不能訥〔二〕，由能勇而不能怯〔三〕，師能莊而不能同〔四〕。兼四子之有以易仲尼〔五〕，仲尼不許也〔六〕。

〔一〕張湛注曰：「反，變也。夫守一而不變，無權智以應物，則所適必閡矣。」天海案：「顏回」，張注本作「夫回」。顏回：字子淵，故又稱顏淵。春秋時魯人，孔子弟子，好學，樂道安貧，在孔門中以德行著稱。後世儒家尊爲「復聖」。史記有傳。

〔二〕張湛注曰：「辯而不能訥，必虧忠信之實。」天海案：賜，姓端木，名賜，字子貢，也作子贛。春秋時衛人，孔子弟子，能言善辯，善經商，家累千金，富比王侯。史記有傳。

〔三〕張湛注曰：「勇而不能怯，必傷仁恕之道。」天海案：由，姓仲，名由，字子路，一字季路。注見本書上文卷一孟子第七條注。

〔四〕張湛注曰：「莊而不能同，有違和光之義。此皆滯於一方也。」天海案：師，複姓顓孫，名師，字子張。春秋時陳國陽城人，孔子弟子，曾從孔子周遊列國，困於陳、蔡之間。論語有子張篇。

〔五〕「仲尼」，張注本作「吾」，下同此。此條原爲孔丘對子夏所言，故孔子自稱「吾」。馬總或以意節之，故改稱「仲尼」。

〔六〕張湛注曰：「四子各是一行之極，設使兼而有之，求變易吾之道，非所許。」天海案：此句張注本作「吾弗許也」。

11 目將眇者〔一〕，先睹秋毫；鼻將窒者，先覺燋朽〔二〕，故物不至則不反〔三〕。

〔一〕眇：偏盲，一隻眼瞎。

〔二〕「燋」，同「焦」，張注本正作「焦」，注曰：「焦朽有節之氣，亦微而難別也。」古代稱孟夏之月火氣有焦臭味，仲冬之月水氣有腐朽味。燋朽：指水與火微弱的焦臭氣味。

〔三〕張湛注曰：「要造極而後還。故聰明强識，皆爲暗昧衰迷之所資。」天海案：「反」，同「返」。至：極點、極至。

12 荆南冥靈〔一〕，以五百歲爲春，五百歲爲秋。上古有大椿〔二〕，以八千歲爲春，八千歲爲秋。菌芝生於朝，死於晦〔三〕，蠓蚋因雨而生，見陽而死〔四〕。

〔一〕此句張注本作「荆之南有冥靈」，注曰：「木名也，生江南，以葉生爲春，葉落爲秋。」荆南：楚國南方，在今湖北、湖南一帶。冥靈：傳説中的樹木名。

〔二〕大椿：張湛注曰：「木名也，一名橓。」天海案：莊子釋文：「司馬云：木，一名橓。橓，木槿也。」

〔三〕此二句張注本作「朽壤之上有菌芝者，生於朝，死於晦」，注曰：「崔譔云：糞土之芝也，朝生暮死。簡文云：欻生之芝。」聚學軒本周廣業注曰：「釋文：菌，大芝也。天陰生糞土，見日則死，一名『日及』。」

〔四〕蠓蚋：張湛注曰：「謂蠛蠓、蚊蚋也，二者小飛蟲也。」天海案：此二句張注本作「春夏之月有蠓蚋者，因雨而生，見陽而死」。莊子逍遥遊有類似之文。

13　越東有輒沐國〔一〕，生長子則食之，謂之宜弟〔二〕。其大父死，則負其大母棄之〔三〕，謂之鬼妻〔四〕。

〔一〕「輒沐」，道藏本、四庫本作「輒休」；此句張注本作「越之東有輒木之國」。越東：在今江浙一帶，古屬越國。輒沐國：古代國名。

〔二〕張湛注曰：「杜預注左傳云：人不以壽死，曰鮮。謂少也。」天海案：此句張注本作「其長子生，則鮮而食之，謂之宜弟」。宜弟：有利於兄弟的成長。

〔三〕此二句張注本作「其大父死，負其大母而棄之」。大父：祖父。大母：祖母。

〔四〕此句張注本無，另作「曰：鬼妻不可以同居處」。此句道藏本、四庫本作「謂鬼餘」；且「其大父死」

以下單作一條。

14 孔子東遊，見兩小兒辯鬥。問其故，一兒曰：「我以日始出去人近，日中時去人遠〔一〕。」一兒云：「日初出遠，日中時近〔二〕。」一兒曰：「日初出大如車輪，及日中纔如盤盂〔三〕。豈不爲近則大、遠則小者乎〔四〕？」一兒曰：「日初出蒼蒼涼涼，至日中有若探湯〔五〕。豈不爲近而熱、遠而涼者乎〔六〕？」孔子不能決。小兒曰：「丘，誰謂汝多智乎〔七〕。」

〔一〕張注本上句「始出」下有「時」字；下句作「而日中時遠也」。

〔二〕此三句張注本作「一兒以日初出遠，而日中時近也」。

〔三〕「輪」，張注本作「蓋」，類聚亦引作「蓋」；「纔如」，張注本作「則如」。盤盂：盤類器皿，圓者爲盤，方者爲盂。

〔四〕此二句張注本作「此不爲遠者小而近者大乎」。

〔五〕張湛注曰：「周書曰：天地之間有滄熱，善用道者終無竭。孔晁注云：滄，寒也。桓譚新論亦述此事，作『蒼涼』。」天海案：蒼蒼涼涼，即蒼涼、寒涼。張注本作「滄滄涼涼」，義同。下句張注本作「及其日中如探湯」。湯：熱水、沸水。

〔六〕此二句張注本作「此不爲近者熱而遠者涼乎」。

〔七〕張湛注曰：「所謂六合之外，聖人存而不論，二童子致笑，未必不達此旨，或互相起予也。」天海案：

此二句張注本作「兩小兒笑曰：孰爲汝多知乎」。桓譚新論亦載此事。

15 楊朱曰〔一〕：「人得百年之壽者，千中無一，疾病哀苦居其半矣〔二〕。愼耳目之觀聽，規死後之餘榮〔三〕，失當年之樂，不肆意于一時〔四〕。何異乎纍梏也〔五〕！」

〔一〕楊朱：字子居，又稱楊子、陽子或陽生。戰國時魏人，生當墨翟之後、孟軻之前。其學說重在「愛己」，與墨子「兼愛」正相反，被當時儒家斥爲異端。著述不傳，其說散見於孟子、莊子、荀子、韓非子諸書中。列子楊朱篇所記，不可盡信。

〔二〕此三句張注本作「百年，壽之大齊，得百年者，千無一焉。痛疾哀苦，亡失憂懼，又幾居其半矣」。

〔三〕上句張注本作「偶偶爾愼耳目之觀聽」，注曰：「一本作『順耳』。」下句張注本原在「愼耳目」句上。規：謀劃。餘榮：死後留下的榮耀。

〔四〕上句張注本作「徒失當年之至樂」，句之上有「惜身後之是非」一句。下句作「不能自肆於一時」。肆意：放縱心志。

〔五〕此句張注本作「重囚纍梏，何以異哉」。「纍梏」，張湛注曰：「手械也。」纍梏：纍，通「縲」，捆人的繩索；梏，桎梏，木制手銬。

16 勤能使逸，寒能使温〔一〕。

〔一〕「逸」，原作「益」，意林他本與張注本皆作「逸」，據改。此文摘録太略，张注本原文作「勤能使逸，飢能使飽，寒能使温，窮能使達也」。

17 晏子曰：「吾一死之後，豈關我耶〔一〕？焚之亦可，沈之亦可，瘞之亦可〔二〕，露之亦可，棄之溝壑亦可，納諸石椁亦可〔三〕，唯所遇耳〔四〕。」

〔一〕此上之文張注本作「平仲曰：既死，豈在我哉」。

〔二〕沈：沈入水中。瘞：用土埋葬。

〔三〕露：露屍野外。此二句張注本作「衣薪而棄諸溝壑亦可，袞衣繡裳而納諸石椁亦可」。

〔四〕張湛注曰：「晏嬰，墨者也，自以儉省治身，動遵法度，非達生死之分。所以舉此二賢以明治身者，唯取其奢簡之異也。」天海案：「耳」，張注本作「焉」。此文原記管仲與晏子論生死之事。考史記管晏列傳：「管仲之後，百有餘年而有晏子焉。」此爲寓言甚明。

18 楊朱曰：「生民之不得休息，爲四事故：一爲壽，二爲名，三爲位，四爲貨〔一〕。有此四者，畏鬼，畏人，畏威，畏刑。此之謂遁人也〔二〕。」

〔一〕張湛注曰：「不敢恣其嗜欲，不敢恣其所行，出意求通，專利惜費。」天海案：想要長壽，故不敢放縱自己的嗜好與欲求；想要立名於世，故不敢放縱自己的言行。爲位：爲了權勢地位、仕途通達。貨：錢財。

〔二〕張湛注曰：「違其自然者也。」天海案：「此之謂」，張注本作「此謂之」。遁人：心多疑畏、違背自然本性的人。

19 人不婚宦，情欲失半；人不衣食，君臣道息〔一〕。

〔一〕聚學軒本周廣業注曰：「此古語。」天海案：道藏本原録在「晏子曰」一條下。

20 出不由門，行不從徑也；以是求利，不亦難乎〔一〕。

〔一〕張湛注曰：「違理而得利，未之有也。」

21 晉文公欲伐衛，公子鋤笑之〔一〕。問其故，對曰〔二〕：「臣笑臣鄰之人，有送妻歸家者〔三〕，道見桑婦，悦而與之言〔四〕。顧視其妻，已有人招之〔五〕。」公乃引師還〔六〕，未至，而有伐其北鄙者〔七〕。

〔一〕此二句張注本作「晉文公出，會欲伐衛，公子鋤仰天而笑」。衛：春秋時姬姓諸侯小國。初爲周武王之弟康叔的封地，在今河南淇縣、滑縣、沁陽一帶，後被秦國所滅。公子鋤：生平未詳。考左傳中稱爲「公子鋤」者有三人，皆不與晉文公同時。

〔二〕此五字張注本作「公問何笑，曰」。

〔三〕此二句道藏本作「臣笑臣鄰人也，有人送妻歸家」。四庫本無第二個「臣」字，餘同道藏本。

〔四〕此句張注本無「之」字。

〔五〕此二句張注本作「然顧視其妻，亦有招之者矣」。

〔六〕此句張注本作「公寤其言，乃止，引師而還」。

〔七〕張湛注曰：「夫我之所行，人亦行之，而欲騁己之志，謂物不生心，惑於彼此之情也。」天海案：「者」下，張注本有「矣」字。北鄙：北方邊城。説苑權謀篇亦記此事，「公子鉏」作「公子慮」；説苑正諫篇有被甲之士公盧勸諫趙簡子攻齊之事，亦與此大同小異。

22 孔子之勁，能舉國門之關〔一〕，而不肯以力聞〔二〕。

〔一〕上句道藏本、四庫本作「孔子曰」；下句「能」字上，道藏本有「力」字。「舉」，張注本作「拓」。國門：都城之門。關：閉門之横木，即門閂。都城城門之關沉重，力小者不能舉。

〔二〕張湛注曰：「勁，力也；拓，舉也。孔子力能舉門關，而力名不聞者，不用其力也。」聚學軒本周廣業注曰：「淮南子『孔子力招城關』，高誘注：『招，舉也。』又曰『孔子勁杓國門之關』，注：『杓，引也。以一手招城門關端能舉之。』今文選注引列子作『招』，與『翹』同，扛舉也。今列子作『拓』，誤。」天海案：「閛」，道藏本誤作「門」。此條見張注本卷八説符篇，文略同。事又見淮南子，文略異。

23 狐丘大夫謂孫叔敖曰〔一〕：「人有三怨，子知之乎〔二〕？爵高者，人妒之；官大者，主惡之；禄厚者，人怨之〔三〕。」孫叔敖曰：「吾爵益高，吾志益下；吾官益大，吾心益小〔四〕；吾禄益厚，吾施益溥，可以免乎〔五〕？」

〔一〕狐丘：複姓，一作壺丘。張湛注曰：「狐丘，邑名。」孫叔敖：春秋時楚國令尹。相傳三任令尹不喜，三去職不悔。事又見吕氏春秋、史記循吏列傳。張湛注曰：「楚大夫也。」「狐丘大夫」，張注本作「狐丘丈人」，聚學軒本周廣業注曰：「亦見淮南子，高誘云『老而杖於人者』。舊作『大夫』，誤。」天海案：世本曰：「晉大夫狐丘林之後。」英賢傳曰：「出自狐丘封人之後。」

〔三〕此句下張注本有「孫叔敖曰：何謂也？對曰」九字。

〔三〕「人怨之」，張注本作「怨逮之」。

〔四〕「心」，道藏本作「志」。

〔五〕上句「溥」字，張注本作「博」，義同；「可以免乎」，張注本作「以是免於三怨，可乎」。荀子堯問篇、説苑皆有類似之語。

24　楊子鄰人亡一羊，相率追之〔一〕。岐路之中復有岐矣，曰〔二〕：「大道以多岐亡羊，學者以多方喪生〔三〕，本一末異也〔四〕。」

〔一〕此二句張注本作「楊子之鄰人亡羊，既率其黨，又請楊子之豎追之」。楊子：即楊朱。

〔二〕此上之文張注本作「岐路之中又有岐焉，心都子曰」。

〔三〕多方：學識淵博。莊子天下曰：「惠施多方，其書五車。」

〔四〕此句張注本作「學非本不同，非本不一，而末異若是」。

25　人有亡鈇者，意鄰子盜之〔一〕。視鄰子行步、顔色，皆將竊也〔二〕。俄而扫其谷〔三〕，得鈇，見鄰子無似竊鈇者〔四〕。

〔一〕此句張注本作「意其鄰之子」。鈇：斧。意：猜測，懷疑。

〔二〕以上二句，張注本作「視其行步，竊鈇也。顏色，竊鈇也。言語，竊鈇也。作動態度，無爲而不竊鈇也。」將：像。像，邪母陽部；將，精母陽部；二字韻部同，邪、精皆爲齒頭音，故「將」與「像」可通。

〔三〕「抇」，道藏本作「拍」，四庫本作「相」。荀子堯問：「深抇之，而得甘泉焉。」抇：讀穀，挖掘。

〔四〕此二句張注本作「而得其鈇，他日復見其鄰人之子，動作態度，無似竊鈇者」；説郛本作「見鄰子，無復竊鈇之容」。

26 齊人有欲得金者，清旦往市〔一〕，適見貨金者，因攫奪而去〔二〕。吏捕問之〔三〕，對曰：「取金之時，不見人，但見金也〔四〕。」

〔一〕此二句張注本作「昔齊人有欲金者，清旦衣冠而之市」。

〔二〕此二句張注本作「適鬻金者之所，因攫其金而去」。

〔三〕此句張注本作「吏捕得之，問曰：人皆在焉，子攫人之金何」。

〔四〕此句張注本作「徒見金」，注曰：「嗜欲之亂人心，如此之甚也。」

二二　莊子十卷

莊子（約前三六九年至前二八六年），名周，一説字子休，戰國時宋國蒙人。莊子原係楚國公族，爲楚莊王後裔，後因避亂遷至宋國蒙邑，曾爲梁漆園吏。與魏惠王、齊宣王、楚威王同時，齊、楚嘗聘以爲相，不應。依老氏之旨，著書十萬餘言，大抵皆寓言，歸之於理，不可案文責也。漢書藝文志著録莊子五十二篇，經典釋文序録曰：「郭象所注三十三卷三十三篇。」即今存之本。馬總鈔録莊子共七十六條，僅次於抱朴子、淮南子、傅子三家，且所引録注文也僅次於老子的道德經。現以經典釋文所録及王先謙莊子集解、郭慶藩莊子集釋參校之。

1 水之積也不厚，則其負大舟也無力。

2 至人無己〔一〕，神人無功〔二〕，聖人無名〔三〕。

〔一〕郭象注曰：「無己故順物，順物而王矣。」天海案：至人：道德修養達到最高境界的人。無己：即無我。

〔二〕郭象注曰：「夫物未嘗有謝，生於自然者，而必欣賴於針石，故理至則跡滅矣。今順而不助，與至理爲一，故無功。」天海案：神人：次於至人，指達到神化不測境界的人。無功：不求建立功業。

〔三〕郭象注曰：「聖人者，物得性之名耳。未足以名，其所以得也。」無名：不追求名位。

3 日月出矣，而爝火不息〔一〕，其於光也，不亦難乎！時雨降矣〔二〕，而猶浸灌，其於澤也，不亦勞乎〔三〕！

〔一〕成玄英疏曰：「爝火，猶炬火也，亦小火也。」聚學軒本周廣業注曰：「釋文：爝亦作燋。司馬云：然也。向云：人所燃火也。一云：小火也。字林云：爝，巨火。」

〔二〕成玄英疏曰：「神農時十五日一雨，謂之時雨也。」天海案：時雨：應時之雨。

〔三〕成玄英疏曰：「且以日月照燭，詎假炬火之光？時雨滂沱，無勞浸灌之澤。」天海案：此條見内篇逍遥遊，爲堯讓天下與許由時堯對許由所言。

4 鷦鷯巢于深林〔一〕，不過一枝；偃鼠飲河〔二〕，不過滿腹〔三〕。

〔一〕成玄英疏曰：「鷦鷯，巧婦鳥也。一名工雀，一名女匠，亦名桃雀，好深處而巧爲巢也。」天海案：鷦鷯：鳥名，俗稱黄腹鳥，全身灰色，有斑，常取茅葦、毛髮做巢。又有桃雀、黄雀、巧婦等名。

〔二〕成玄英疏曰：「偃鼠，形大小如牛，赤黑色，獐脚，脚有三甲，耳似象耳，尾端白，好入河飲水。」天海案：偃鼠：鼠名，也作「鼴鼠」，即田鼠。成玄英説「形大小如牛」不知何據，或文有脱誤。

〔三〕郭象注曰：「性各有極，苟足其極，則餘天下之財也。」天海案：此條見内篇逍遥遊，爲許由答復堯的話。

5 瞽者無以與乎文章之觀〔一〕，聾者無以與乎鐘鼓之聲。豈唯形骸有聾盲哉？夫智亦有之。不知至言之極妙，以爲狂而不信，此智之聾盲〔二〕。

〔一〕文章：錯雜的色彩和花紋。古代以青與赤相配爲文，赤與白相配爲章。此泛指色彩。

〔三〕此爲馬總所録郭象注文。此條見内篇逍遥遊，爲連叔答肩吾之問。

6　形固可使如槁木，心固可使如死灰〔一〕。取其寂寞無形耳〔二〕。

〔一〕郭象注曰：「死灰、槁木，取其家莫無情耳。」釋文曰：「家，音寂，本亦作寂。」天海案：下句今本作「而心固可使如死灰乎」。死灰：火熄滅之後的冷灰。

〔二〕此爲馬總節録原注，「形」或「情」之音誤。此條見内篇齊物論，文略同；亦見於徐無鬼、庚桑楚；又見文子道原引老子「形若槁木，心如死灰」。

7　大智閑閑，小智間間〔一〕。其寐也魂交，其覺也形開〔二〕。

〔一〕郭象注曰：「此蓋知之不同。」成玄英疏曰：「閑閑，寬裕也。閒閒，分别也。夫智惠寬大之人，率性虚淡，無是無非。小知狹劣之人，性靈褊促，有取有捨，故間隔而分别。無是無非，故閒暇而寬裕也。」天海案：閑閑：廣博的樣子。間間：有所分别之意；一説好察人之過。集釋此二字作「閒閒」。

〔二〕郭象注曰：「此蓋寤寐之異。」釋文曰：「司馬云：目開意悟也。」天海案：魂交：意指魂牽夢繞。釋文曰：「司馬云：精神交錯也。」形開：眼開意明。

8　道惡乎隱，而有真僞〔一〕；言惡乎隱，而有是非〔二〕。此自是而非彼，彼亦自是而非此，與彼各有一非於體中也〔三〕。

〔一〕成玄英疏曰：「惡乎，謂於何也。虚通至道，非真非僞，於何逃匿，而真僞生焉。」

〔二〕郭象注曰：「道焉不在，言何隱蔽而有真僞，是非之名紛然而起。」王先謙集解曰：「隱，蔽也。道何以蔽而有真有僞，言何以蔽而有是有非。」

〔三〕此馬總録郭象注文，有誤。郭象此注原在「彼亦一是非，此亦一是非」二句下，前兩句與意林所録同，後一句郭注作「此與彼各有一是一非於體中也」。聚珍本館臣案曰：「此注今在「彼亦一是非，此亦一是非」下，疑本文脱二句也。」黄以周案曰：「此與彼」，各本脱「此」字，不重。周校本作「彼此互非」四字。

9 可乎可，可于己者，即謂之可。不可乎不可〔一〕。不可于己者，即謂之不可。

〔一〕成玄英疏曰：「夫理無是非而物有違順，故順其意者則謂之可，乖其情者則謂之不可。違順既空，故知可不可皆妄也。」

10 六合之外，聖人存而不論〔一〕；六合之内，聖人論而不議〔二〕；春秋經世，先王之志，聖人議而不辨〔三〕。

〔一〕郭象注曰：「夫六合之外，謂萬物性分之表耳。夫物之性表雖有理存焉，而非性之内，則未嘗以感聖人也，故聖人未嘗論之。則是引萬物使學其所不能也。故不論其外，而八畛同於自得也。」成玄英疏曰：「六合者，謂天地四方也。六合之外，謂衆生性分之表，重玄至道之鄉也。夫玄宗罔象出四句之端，妙理希夷超六合之外，既非神口所辯，所以存而不論也。」天海案：存而不論：有所保留但不論説。

〔二〕郭象注曰：「陳其性而安之。」成玄英疏曰：「六合之内，謂蒼生所禀之性分。」天海案：論而不議：論説而不評價。

〔三〕郭象注曰：「順其成跡，而凝乎至當之極，不執其所是以非衆人也。」成玄英疏曰：「春秋者，時代也。經者，典誥也。先王者，三皇、五帝也。誌，記也。夫祖述軒、頊，憲章堯、舜，記録時代以爲典謨，軌轍蒼生，流傳人世，而聖人議論，利益當時，終不執是辯非，滯於陳跡。」天海案：春秋經世：歷代典籍傳世。辨：分辨、區別，集釋作「辯」，二字可通。

11　不就利，不違害〔一〕。

〔一〕郭象注曰：「任而直前，無所避就。」成玄英疏曰：「違，避也。體窮通之關命，達利害之有時。故推理直前，而無所避就也。」

12　夢飲酒者，旦而哭泣；夢哭泣者，旦而畋獵〔一〕。此寤寐之事變也。方其夢也，不知其夢。由此觀之，當死之時，不知其死，而自適其志。夢之中又占其夢焉，則無以異於寤也〔二〕。覺而後知其夢〔三〕。當所遇，無不足也，何爲方生而憂死哉〔四〕。

〔一〕「畋」，集釋作「田」，音義同。

〔二〕此爲馬總節録郭注末句，郭注作「夫夢者乃復夢中占其夢，則無以異於寤者也」。

〔三〕「夢」下，集釋有「也」字。

〔四〕成玄英疏曰：「夫人在睡夢之中，謂是真實，亦復占候，夢想思度吉凶，既覺以後，方知是夢。是故生時樂生，死時樂死，何爲當生而憂死哉？」

13 昔者莊周夢爲胡蝶，栩栩然胡蝶也，自喻適志與〔一〕，不知周也〔二〕；俄然覺，則蘧蘧然周也〔三〕。不知周之夢爲胡蝶與，胡蝶之夢爲莊周與〔四〕。

〔一〕郭象注曰：「自快得意，悦豫而行。」成玄英疏曰：「栩栩，忻暢貌也。喻，曉也。」天海案：栩栩然：歡暢的樣子。喻，通「愉」；自喻即自愉，成玄英疏非是。

〔二〕郭象注曰：「方其夢爲蝴蝶，而不知周，則與殊死不異也。然所在無不適志，則當生而係生者，必當死而戀死矣。由此觀之，知夫在生而哀死者，誤也。」

〔三〕郭象注曰：「自周而言，故稱覺耳，未必非夢也。」成玄英疏曰：「蘧蘧，驚動之貌也。」天海案：蘧蘧然：驚惶的樣子。

〔四〕郭象注曰：「今之不知蝴蝶，無異於夢之不知周也。」

14 吾生也有涯，而知也無涯〔一〕。以有涯隨無涯，殆已〔二〕。以有限之性尋無極之智，安得不困哉〔三〕？

〔一〕郭象注曰：「所禀之分，各有極也。夫舉重攜輕，而神氣自若，此力之所限也。而尚名好勝者，雖復絶膂，猶未足以慊其願，此知之無涯也。」成玄英疏曰：「涯，分也。」

〔二〕已：同「矣」。釋文曰：「向（秀）云：殆，疲困之謂。」

〔三〕「之性」，聚學軒本作「之生」。

15 遁天倍情〔一〕，忘其所受。天性所受，各有本分，不可逃，亦不可加也〔二〕。適來，夫子時也〔三〕；時自生也。適去〔四〕，夫子順也。理當死也〔五〕。安時而處順，哀樂不能入。哀樂生於得失也，若任其所受，哀樂無所措其間也。

〔一〕遁：逃避。倍：加倍。釋文曰：「倍，加也。」遁天倍情：逃避自然，增加人情。

〔二〕此爲馬總照録郭象原注，其下成玄英疏曰：「是指斥哭人也。倍，加也。言逃遯天然之性，加添流俗之情，妄見死之可哀，故忘失所受之分也。」

〔三〕夫子：此指老聃，下同。適來：指適時而生。

〔四〕適去：指適時而死。

〔五〕此馬總照録郭象原注，其下成玄英疏曰：「夫子者，是老君也。秦失歎老君大聖，妙達本源，故適爾生來，皆應時而降誕，蕭然死去，亦順理而反真耳。」

16 顔回曰：「回之家貧，唯不飲酒、不茹葷者數月矣〔一〕，若此則可以爲心齋乎〔二〕？」曰：「是祭祀之齋，非心齋也〔三〕。」回曰：「敢問心齋〔四〕。」仲尼曰：「若一志〔五〕，無聽之以耳，而聽之以心；無聽之以心，而聽之以炁〔六〕。聽止於耳，心止於符〔七〕。炁也者，虛而待物也〔八〕，唯道集虛。虛者，心齋也〔九〕。」虛其心，則其道集於懷也。

〔一〕成玄英疏曰：「茹，食也。葷，辛菜也。」天海案：茹葷：吃辛辣的蔬菜，此泛指葷腥類食物。

〔二〕成玄英疏曰：「齋，齊也。謂心跡俱不染塵境也。」天海案：「若此」，集釋作「如此」。心齋：排除一切思慮和雜念，保持心境的清淨純一。

〔三〕成玄英疏曰：「尼父答言，此是祭祀神君獻宗廟、俗中致齋之法，非所謂心齋者也。」

〔四〕成玄英疏曰：「向（秀）云：家貧事當祭祀，心齋之術，請示其方。」

〔五〕郭象注曰：「去異端而任獨者也乎。」成玄英疏曰：「志一汝心，無復異端，凝寂虛忘，冥符獨化。此下答於顏子，廣示心齋之術也。」天海案：若一志：你心志要專一。若：你也，此作代詞。

〔六〕成玄英疏曰：「耳根虛寂，不凝宫商，反聽無聲，凝神心符。心有知覺，猶起攀緣。氣無情慮，虛柔任物。」

〔七〕成玄英疏曰：「不著聲塵止於聽，此釋無聽之以耳也。符，合也。心起緣慮，必與境合，庶令凝寂，不復與境相符，此釋無聽之以心者也。」

〔八〕「物」下，集釋有「者」字。郭象注曰：「遺耳目，去心意，而符氣性之自得，此虛以待物者也。」

〔九〕郭象注曰：「虛其心，則至道集於懷也。」成玄英疏曰：「唯此真道集在虛心。故如虛心者，心齊妙道也。」

17 天下有大戒二〔一〕：其一，命也；其一，義也〔二〕。子之愛親，命也，不可解於心〔三〕；臣之事君，義也，無適而非君也，無所逃於天地之間〔四〕。

〔一〕成玄英疏曰：「戒，法也。寰宇之内，教法極多，要切而論，莫過二事。」天海案：此句上，集釋有「仲尼曰」三字。

〔二〕命：天命，天性。義：道義，原則。

〔三〕郭象注曰：「自然固結，不可解也。」成玄英疏曰：「夫孝子事親，盡於愛敬，此之性命出自天然，中心率由，故不可解。」天海案：解：通「懈怠」之「懈」。

〔四〕郭象注曰：「千人聚，不以一人爲主，不亂則散。故多賢不可以多君，無賢不可以無君，此天人之道，必至之宜。」天海案：無適：無往。非君：不會没有君主。無所：没有誰。此條見内篇人間世，爲孔子語。

18 顔闔將傅衛靈公太子，而問蘧伯玉曰〔一〕：「與之無方則危吾國，與之有方則危吾身，如何〔二〕？」小人之性，引之軌制則憎己，縱其無度則亂邦。伯玉曰：「善哉問乎，正汝身哉〔三〕。形莫若就，心莫若和〔四〕。形不乖逆，和而不同〔五〕。就不欲入，就者形順，入者遂與同也。和不欲出。」和者義清，出者自顯伐也〔六〕。

〔一〕「問」下，集釋有「於」字；「曰」下，有「有人於此，其德天殺」二句。顔闔：春秋時魯國賢人，隱居不仕。亦見於莊子讓王。衛靈公：衛襄公之子，名元。公元前五三四年至前四九三年在位。衛靈公太子：即蒯聵，因與靈公夫人南子不睦而奔晉，後劫孔悝，自立爲君，三年後被殺。蘧伯玉：名瑗，字伯玉，春秋時衛人，年五十而知四十九年非，有賢名而不得重用。

〔二〕二「之」字下，集釋均有「爲」字；「如何」二字集釋無。與：此指輔導。方：法則，道理。

〔三〕此二句集釋作「善哉問乎，戒之慎之，正女身也哉」，郭象注曰：「反復與會，俱所以爲正身。」王先謙集解曰：「先求身之無過。」

〔四〕形莫若就：外表不如遷就。心莫若和：內心不如平和。

〔五〕「逆」，集釋郭象注作「迕」，成玄英疏曰：「身形從就，不乖君臣之禮；心智和順，跡混而事濟之也。」

〔六〕郭象原注「義」上有「以」字。成玄英疏曰：「心智和順，方便接引，推動儲君，不顯己能，斯不出也。」

19 山木自寇也，膏火自煎也〔一〕。桂可食，故伐之；漆可用，故割之〔二〕。人皆知有用之用，而莫知無用之用〔三〕。有用則與彼爲功，無用則自全其生。

〔一〕釋文曰：「司馬云：木生斧柄還自伐，膏起火還自消。崔云：山有木，故火焚也。」成玄英疏曰：「寇，伐也。山中之木，楸梓之徒，爲有材用，橫遭寇伐；膏能明照以充燈炬，爲其有用，故被煎燒。豈獨膏木，在人亦然。」

〔二〕成玄英疏曰：「桂心辛香，故遭斫伐；漆供器用，所以割之，俱爲才能夭於斤斧。」天海案：此以上之文説郛本單作一條。

〔三〕「無用之用」下，集釋有「也」字。此二句説郛本與下條併作一條，不録注文。

20　人不忘其所忘，而忘其所不忘，此謂誠忘〔一〕。生則愛之，死則棄之。故德者，世之所不忘也；利者〔二〕，理之所不存也。故忘形者非忘也，不忘形而忘德，乃誠忘也。

〔一〕成玄英疏曰：「誠，實也。所忘形也，不忘德也。忘形易而忘德難也。」王先謙集解曰：「形宜忘，德不宜忘，反是，乃真亡也。」

〔二〕「利者」，集釋作「形者」。

21　古之真人〔一〕，其寢不夢，無意想也。其覺無憂。當所遇而安。不知悦生，不知惡死。與化爲體〔二〕。其心志〔三〕，所居而安曰志。其容寂，雖行而無傷於静。淒然似秋，煖然似春〔四〕。殺物非爲義也〔五〕，生物非爲仁也。

〔一〕真人：道家謂存養本性而得道的人。

〔二〕郭象注「體」下有「者也」二字。成玄英疏曰：「氣聚而生，生爲我時；氣散而死，死爲我順；既冥變化，故不以悦惡存懷。」

〔三〕「其」上，集釋有「若然者」三字。

〔四〕淒然：寒涼貌。此喻嚴肅冷静之貌。煖然：温暖貌。此喻温和熱情之貌。

〔五〕義，郭象原注作「威」。

22 役人之役，適人之適〔一〕。捨己效人，殉彼傷義〔二〕。

〔一〕此二句集釋作「申徒狄，是役人之役、適人之適，而不自適其適者也」。

〔二〕郭象原注作「斯皆捨己效人，徇彼傷我者也」。此句下聚珍本館臣案曰：「郭注作『殉彼傷我』。」

23 泉涸，魚相與處於陸，相呴以濕〔一〕，相濡以沫，不如相忘於江湖。與其不足而相愛，豈若有餘而相忘？與其譽堯而非桀，不如兩忘而化其道。忘善惡，遺死生，與化一者，安知堯、桀所在耶〔二〕。夫大塊，載我以形〔三〕，勞我以生，佚我以老，息我以死〔四〕。

〔一〕呴：讀作許，吐氣，吹氣。

〔二〕郭象原注作「夫非譽皆生於不足，故至足者忘善惡、遺死生，與變化爲一，曠然無不適矣。又安知堯、桀之所在耶」。

〔三〕成玄英疏曰：「大塊者，自然也。」

〔四〕郭象注曰：「夫形生老死，皆我也。故形爲我載，生爲我勞，老爲我佚，死爲我息，四者雖變，未始非我，我奚惜哉？」天海案：佚，同「逸」。此條見内篇大宗師、外篇天運。

24 得者，時也〔一〕；失者，順也〔二〕。所過之時，世謂之得。時不暫停，順往而去，世謂之失〔三〕。安時處順，哀樂不能入也〔四〕。

〔一〕成玄英疏曰：「得者，生也。」天海案：時：應時運。

〔二〕成玄英疏曰：「失者，死也。」天海案：順：順應自然。

〔三〕此馬總録郭象原注，唯集釋「時不暫停」以下三句原在正文「不能入也」句下。

〔四〕成玄英疏曰：「是以安於時則不欣於生，處於順則不惡於死。既其無欣無惡，何憂樂之入乎？」天海案：此二句道藏本、四庫本作小字注，廖本無此句。

25 父母於子〔一〕，東西南北，唯命之從。陰陽於人，不翅爲父母也〔二〕。自古或有能違父母之命，未有能違陰陽之變而拒晝夜之節也〔三〕。

〔一〕此句上，集釋有「子來曰」三字。

〔二〕此句集釋作「不翅於父母」。陰陽：此指天地造化。翅：同「啻」，只、僅。

〔三〕成玄英疏曰：「自此以下，是子來臨終答子犁之詞也。夫孝子侍親，尚驅馳唯命，況陰陽造化，何啻二親乎？故知違親之教，世或有焉，拒於陰陽，未之有也。」

26 魚相忘於江湖，人相忘於道術〔一〕。各自足而相忘，天下莫不皆能〔二〕。至人常足，故常忘也〔三〕。

〔一〕道術：道路。宋孫奕履齋示兒編：「途之大者謂之道，小者謂之術。」又曰：「莊周以『江湖』對『道術』而言，則直指爲道路無疑矣。」天海案：句中兩「於」字，集釋皆作「乎」。

〔二〕此句郭象原注作「天下莫不然也」。

〔三〕成玄英疏曰：「此結釋前義也。夫深水游泳，各足相忘，道術内充，偏愛斯絶，豈與夫呴濡仁義同年而語哉。」

27 長於上古而不爲老〔一〕。日新也〔二〕。

〔一〕此句爲許由所言。長：生長，出生。

〔二〕易繫辭上：「富有之謂大業，日新之謂盛德。」

28 隳肢體，黜聰明〔一〕，離形去智，同於大通〔二〕，此謂之坐忘〔三〕。

〔一〕「隳」，集釋作「墮」，音義同。此二句上，集釋有「顏回曰」三字。成玄英疏曰：「墮，毀廢也。黜，退除也。雖聰屬於耳，明關於目，而聰明之用本乎心靈。既悟一身非有，萬境皆空，故能毀廢四肢百體，屏黜聰明心智者也。」

〔二〕成玄英疏曰：「大通，猶大道也。道能生萬物，故謂道爲大通。」天海案：大通：猶大道，無所不通。

〔三〕郭象注曰：「夫坐忘者，奚所不忘哉？既忘其跡，又忘其所以跡者，内覺其一身，外不識有天地，然後曠然與變化爲體，而無不通也。」天海案：坐忘：道家謂物我兩忘、與道合一的精神境界。

29 至人之用心若鏡〔一〕，不將不迎，應而不藏〔二〕，故能勝物而無傷〔三〕。物來則鑒，鑒不以心，故雖天下來照，而無勞心〔四〕。

〔一〕郭象注曰：「鑒物而無情。」成玄英疏曰：「夫懸鏡高堂，物來斯照，至人虛應，其義亦然。」

〔二〕郭象注曰：「來即應，去即止。」成玄英疏曰：「將，送也。夫物有去來，而鏡無迎送。來者即照，必不隱藏。」天海案：將：送。詩召南鵲巢：「之子於歸，百兩將之。」毛傳曰：「將，送也。」

〔三〕勝物：承受萬物。「無傷」，集釋作「不傷」。

〔四〕此以上郭象原注作「物來乃鑒，鑒不以心，故雖天下之廣，而無勞神之累。」

30 鳧脛雖短〔一〕，續之則憂；鶴脛雖長，斷之則悲〔二〕。自三代以下，天下莫不以物易其性矣〔三〕。小人則以身殉利，士則以身殉名，大夫則以身殉家，聖人則以身殉天下〔四〕。此數者，事業不同，殉身一也〔五〕。臧與穀二人〔六〕，相與牧羊而俱亡羊。問臧奚事，則挾策讀書〔七〕；問穀奚事，則博塞以遊〔八〕。二人者事不同，亡羊均也〔九〕。伯夷死名於首陽之下，盜跖死利於東陵之上〔一〇〕。二人死雖不同，其於殘生傷性，一也〔一一〕，何必伯夷之是而盜跖之非〔一二〕？則天下盡殉也。彼其所殉仁義也，則俗謂之君子；其所殉貨財也，則俗謂之小人，其所殉一也〔一三〕。至於殘生損性，又惡取君子、小人於其間哉〔一四〕？夫不自見而見彼，不自得而得彼，是得人之得而不自得其得也〔一五〕，適人之適而不自適其適也。雖盜跖、伯夷，是同爲淫僻〔一六〕。

〔一〕此句上集釋有「是故」二字。成玄英疏曰：「鳧，小鴨也。鶴，鵠之類也。脛，脚也。」

〔二〕郭象注曰：「各自有正，不可以此正彼而損益之。」

〔三〕郭象注曰：「自三代以上，實有無爲之跡，亦有爲者之所尚也。」

〔四〕郭象注曰：「夫鶉居而鷇食，鳥行而無章者，何惜而不殉哉？」

〔五〕此上三句集釋作「故此數子者，事業不同，名聲異號，其於傷性，以身爲殉，一也」。

〔六〕成玄英疏曰：「臧，善學人；穀，孺子也。」天海案：臧：男奴之子。穀：良家子弟。此處泛指作奴僕的小孩。

〔七〕策：鞭子；一説通「册」，指簡策。

〔八〕博塞：古代兩種遊戲。博爲六博，黑白子各六，二人對弈；塞爲格五，黑白子各五，二人對弈，均以堵塞對方之路爲勝。

〔九〕此二句集釋作「二人者事業不同，其於亡羊均也」。

〔一〇〕伯夷：商紂時孤竹國國君長子，與弟叔齊互讓君位，先後逃避到西周。周武王滅商後，恥食周粟，逃到首陽山，採薇而食，後餓死。後人以伯夷、叔齊爲守節義的典型。事見孟子萬章下、史記伯夷列傳。首陽：在今山西永濟縣南，即雷首山，又名首山，相傳爲伯夷、叔齊採薇及餓死處。盜跖：春秋末期柳下人，名跖，一作趾，傳爲當時大盜。孟子、荀子皆有載。東陵：即泰山。成玄英疏曰「東陵者，山名」，又曰「即太山也。在齊州界，去東平十五里，跖死其上也」。

〔二〕此三句集釋作「二人者所死不同，其於殘生傷性均也」。成玄英疏曰：「伯夷殉名，死於首陽之下；盜跖貪利，殞於東陵之上。乃名利所殉不同，其於殘傷，未能相異也。」

〔三〕此句末集釋有「乎」字，「何」作「奚」。郭象注曰：「天下之所惜者，生也。今殉之太甚，俱殘其生，則所殉是非不足復論。」

〔三〕「所」字集釋無；其下有「則有君子焉，有小人焉」二句。成玄英疏曰：「此總結前文以成後義，但道喪日久，並非適當。」

〔四〕此二句集釋作「若其殘生損性，則盜跖亦伯夷已」，郭象注曰：「天下皆以不殘爲善，今均於殘生，則雖所殉不同，不足復計也。」

〔五〕上句「得彼」下，集釋有「者」字；此句「其得」下，集釋有「者」字。

〔六〕「淫僻」下，集釋有「也」字。郭象注曰：「苟以失性爲淫僻，則雖所失之塗異，其於失之一也。」此條散見於外篇駢拇，文略異。

31 純樸不殘，孰爲犧罇〔一〕？白玉不毀，孰爲珪璋〔二〕？道德不廢，安取仁義〔三〕？性情不離，安用禮樂〔四〕？夫殘樸以成器〔五〕，工匠之罪也；毀道德以成仁義，聖人之過也〔六〕。

〔一〕成玄英疏曰：「純樸，全木也。不殘，未雕也。」又曰：「犧罇，酒器，刻爲牛首以祭宗廟也。」天海案：「純樸」上，集釋有「故」字；「罇」，集釋作「尊」。

〔二〕成玄英疏曰：「上銳下方曰珪，半珪曰璋。此略舉譬喻以明澆競之治也。」天海案：珪璋：古代諸侯朝會天子時所執的兩種玉器。

〔三〕成玄英疏曰：「此合譬也。夫大道之世，不辨是非，非至德之時未論憎愛。無愛則人心自息，無非則本跡斯忘。故老經云：大道廢，有仁義。」

〔四〕成玄英疏曰：「禮以檢跡，樂以和心，情苟不散，安用和心？性苟不離，何勞檢迹？是知和心、檢迹，由乎道喪也。」天海案：性情：天性與人情。禮樂：周代制定的各種行爲與道德規範的制度叫做「禮」，用音樂來教化臣民的制度叫做「樂」。

〔五〕「成器」，集釋作「爲器」。

〔六〕郭象注曰：「工匠則有規矩之制，聖人則有可尚之迹。」天海案：「過」，聚學軒本作「道」。

32 跖之徒問於跖曰〔一〕：「盜亦有道乎？」跖曰：「夫妄意室中之藏〔二〕，聖也；入先，勇也；出後，義也；知可否，智也；分均，仁也〔三〕。五者不備而能成盜者〔四〕，天下未之有也。」五者所以禁盜，不爲盜資也〔五〕。由是觀之，善人不得聖人之道不立，跖不得聖人之道不行〔六〕。天下善人少而不善人多，則聖人之利天下者少，而害天下者多〔七〕。

〔一〕成玄英疏曰：「假設跖之徒，類以發問之端。」

〔二〕「夫」上，集釋有「何適而无有道邪」七字。

〔三〕成玄英疏曰：「輕財重義，取少讓多，分物均平，是其仁也。」

〔四〕「盜」上，集釋有「大」字。

〔五〕此與郭象注文略有異，原注作「五者所以禁盜，而反爲盜資也」。此句以下之文，道藏本、四庫本全作小字注文，底本則從「由是觀之」以下另作一條正文，現依文意並據集釋併爲一條。

〔六〕成玄英疏曰：「聖人之道謂五德也。」

〔七〕上二句中兩「者」字，集釋皆作「也」。郭象注曰：「信哉斯言。斯言雖信，而猶不可亡聖者，猶天下之知未能都亡，故須聖道以鎮之也。」

33　絶聖棄智，大盜乃止〔一〕；擿玉毁珠，小盜不起〔二〕；焚符破璽，而民樸鄙〔三〕；剖斗折衡，而民不争〔四〕。

〔一〕郭象注曰：「去其所資，則未施禁而自止也。」成玄英疏曰：「棄絶聖知，天下之物各守其分，則盜自息。」

〔二〕郭象注曰：「賤其所寶，則不加刑而自息也。」成玄英疏曰：「藏玉於山，藏珠於川，不貴珠寶，豈有盜濫？」天海案：「擿」，意林諸本皆作「摘」，此據集釋改。釋文曰：「擿，義與擲同。崔云：猶投棄之也。」

〔三〕郭象注曰：「除矯詐之所賴者，則無以行其姦巧。」成玄英疏曰：「符璽者，表誠信也，矯詐之徒賴而用之，故焚燒毀破，可以反樸還淳而歸鄙野矣。」

〔四〕「剖」，集釋作「掊」。郭象注曰：「夫小平乃大不平之所用也。」成玄英疏曰：「斗衡者，所以量多少、稱輕重也。既遭斗竊，翻爲盜資，掊擊破壞，合於古人之智守，故無忿爭。」

34 喜怒相疑〔一〕，愚智相欺，善否相非，誕信相譏〔二〕，而天下衰矣〔三〕。

〔一〕此句上集釋有「於是乎」三字。成玄英疏曰：「喜是怒非，更相疑貳。」

〔二〕成玄英疏曰：「飾智驚愚，互爲欺侮；善與不善，彼此相非；誕虛信實，自相譏誚。」天海案：誕信：荒誕與真實。

〔三〕郭象注曰：「莫能齊於自得。」成玄英疏曰：「相仍糾紛，宇宙衰也。」天海案：衰：音崔，逐漸衰落。

35 至道之精，杳杳冥冥〔一〕；至道之極，昏昏默默〔二〕。

〔一〕「至道」上，集釋有「來，吾語女至道」六字；「杳杳」，集釋作「窈窈」，音義同。杳杳冥冥：深遠幽暗貌。

〔二〕郭象注曰：「窈冥昏默，皆了無也。」成玄英疏曰：「至道精微，心靈不測，故寄窈冥深遠，昏默玄絕。」天海案：昏昏默默：形容虛無寂靜。此條見外篇在宥，文略異。原爲黃帝向廣成子請教治身之道、廣成子答黃帝之語。

36 慎汝內，全真也〔一〕。閉汝外，守其分也〔二〕。多智爲敗。智無涯，故敗也〔三〕。

〔一〕「汝」，集釋作「女」，下文與此同。郭象原注作「全其真也」，成玄英疏曰：「忘心全漠也。」

〔二〕成玄英疏曰：「絶視聽，守分也。」

〔三〕郭象原注作「知無崖，故敗」。成玄英疏曰：「不慎智慮，心神既困，耳目竭於外，何不敗哉？」

37　世俗之人，皆喜人之同乎己，而惡人之異於己也〔一〕。大人之教〔二〕，若形之於影，聲之於響〔三〕，有問而應之，盡其所懷〔四〕。

〔一〕成玄英疏曰：「染習之人，迷執日久，同己喜懽，異己嫌惡也。」

〔二〕成玄英疏曰：「大人，聖人也。」天海案：此上之文與此下四句，散見於今本前後兩處，馬總録之併爲一條。

〔三〕郭象注曰：「百姓之心，形聲也；大人之教，影響也。大人之於天下何心哉，猶影響之隨形聲耳。」

〔四〕郭象注曰：「使物之所懷，各得自盡也。」成玄英疏曰：「聖人心隨物感，感又稱機，盡物懷抱。」

38　子貢教漢陰爲圃者作桔槔〔一〕。圃者忿然作色而笑〔二〕，曰：「夫有機械者必有機事，有機事者必有機心〔三〕。機心存乎胸中，則純白不備〔四〕；純白不備，則神生不定；神生不定，則道不載〔五〕。吾非不知，羞而不爲〔六〕。」

〔一〕此句集釋無，原作「子貢南遊於楚，反於晉，過漢陰，見一丈人方將爲圃畦」云云。漢陰：漢水之南。桔槔：井上汲水的工具。

〔二〕「圃」上，集釋有「爲」字。

〔三〕「夫」上，集釋有「吾聞之吾師」五字。機械：靈巧的器具，引機而發的器械。此亦暗指機關、巧詐。機事：機巧的事。機心：智巧機變的心計。

〔四〕此語又見淮南子原道：「故機械之心藏於胸中，則純白不粹，神德不全。」純白：純粹潔白。

〔五〕神生：精神、本性。生，通「性」。此二句集釋作「神生不定者，則道之所不載」。載：裝載，容納。

〔六〕郭象注曰：「夫用時之所用者，乃純備也。斯人欲修純備，而抱一守古，失其旨也。」成玄英疏曰：「夫有機關之器者，必有機動之務；有機動之務者，必有機變之心；機變存乎胸，則純粹素白不圓備矣。」

39 事求可〔一〕，功求成。用力少，見功多者，聖人之道也〔二〕。

〔一〕此句上集釋原有「吾聞之夫子」五字。

〔二〕郭象注曰：「聖人之道，即用百姓之心耳。」成玄英疏曰：「夫事以適時爲可，功以能遂爲成，故力少而見功多者，則是適時能遂之機。譏子貢述昔時所聞，以爲聖人之道。」天海案：集釋無「也」字。此條見外篇天地。原爲子貢答弟子語前半節，莊子本意是要譏諷儒家的這種所謂「聖人之道」，但馬總以意節之，有失莊子本旨。

40 三人行而一人惑，所適者猶可致也〔一〕，惑者少也。二人惑則勞而不至，惑者多也〔二〕。

〔一〕惑：困惑，迷路。適：往，去。致：同「至」，到達。

〔二〕「多」，集釋作「勝」。

41 視而可見者，形與色〔一〕；聽而可聞者，名與聲〔二〕。悲夫，世人以形色名聲爲足以得彼之情。夫形色名聲，果不足以得彼之情也〔三〕。則知者不言，言者不知，而世豈識之哉〔四〕？

〔一〕集釋「視」上有「故」字，「色」下有「也」字。

〔二〕集釋「聲」下有「也」字。

〔三〕郭象注曰：「得彼情，唯忘言遺書者耳。」

〔四〕以上三句，道藏本、四庫本皆無。二「知」字，同「智」。郭象注曰：「此絶學去知之意也。」成玄英疏曰：「知道者忘言，貴德者不知。而聾俗愚迷，豈能識悟？唯當達者，方體之矣。」

42 夫播糠眯目〔一〕，則天地四方易位矣。蚊虻噆膚，則通夕不寢〔二〕。外物加之雖小，而傷性已大也。

〔一〕此句上集釋有「老聃曰」三字。播，通「簸」；糠，集釋作「穅」，音義同。

〔二〕「通夕」，集釋作「通昔」，音義同。「寢」，集釋作「寐」。

43 鵠不日浴而白，烏不日黔而黑〔一〕。自然已各足矣〔二〕。

〔一〕成玄英疏曰：「染緇曰黔。黔，黑也。」天海案：鵠：天鵝。日浴：每天沐浴。烏：烏鴉。日黔：每天染黑。

〔二〕郭象原注作「自然各已足」。

44 平易恬憺〔一〕，則憂患不能入，邪氣不能襲〔二〕，故其德全而神不虧矣〔三〕。

〔一〕「憺」，集釋作「惔」。恬憺：安靜閑適。

〔二〕郭象注曰：「泯然與正理俱往。」成玄英疏曰：「心既恬惔，迹又平易，唯心與迹一種無爲。故殷憂患累，不能入其靈臺；邪氣妖氛，不能襲其藏府。襲，猶入也，互其文也。」

〔三〕郭象注曰：「夫不平不惔者，豈唯傷其形哉？神德並傷於内也。」天海案：「矣」字，集釋無。

45 不爲福先，不爲禍始，感而後應，無所倡也〔一〕。迫而後動，會至乃動〔二〕。不得已而後起〔三〕。故無天災，無物累〔四〕，無人非，無鬼責〔五〕，其生若浮，其死若休〔六〕。

〔一〕「倡」，郭象注原作「唱」，音義同；道藏本亦作「唱」。成玄英疏曰：「夫善爲福先，惡爲禍始。既善惡雙遣，亦福禍兩忘。感而後應，豈爲先始者也？」

〔二〕成玄英疏曰：「迫，至也，逼也。動，應也。和而不唱，赴機而遇。」

〔三〕郭象注曰：「任理而起，吾不得已也。」成玄英疏曰：「已，止也。機感通至，事不得止，而後起應，非預謀。」天海案：此句下集釋尚有「去知與故，循天之理」八字。

〔四〕郭象注曰：「災生於違天，累生於逆物。」成玄英疏曰：「合天，故無災也。順物，故無累也。」天海案：物累：爲外物羈絆、束縛。

〔五〕郭象注曰：「與人同者，衆必是焉。同於自得，故無責。」成玄英疏曰：「同人，故無非也。」

〔六〕郭象注曰：「汎然無所惜也。」成玄英疏曰：「夫聖人動静無心，死生一貫，故其生也，如浮漚之暫起，變化俄然；其死也，若疲勞休息，曾無繫戀也。」天海案：浮：浮漚，水面上的泡沫。

46 喜怒者，道之過〔一〕；好惡者，德之失〔二〕。一而不變，静之至也。静而一者，不可變也〔三〕。不與物交，淡之至也〔四〕。物自來耳〔五〕，無交物之情。形勞而不休則弊，精用而不已則勞〔六〕。

〔一〕成玄英疏曰：「稱心則喜，乖情則怒，喜怒不忘，是道之罪過。」

〔二〕成玄英疏曰：「無好爲好，無惡爲惡，此之忘心，是德之愆咎也。」

〔三〕成玄英疏曰：「抱真一之玄道，混囂塵而不變，自非至静，孰能如斯？」

〔四〕「淡」，集釋作「惔」。

〔五〕「耳」下，郭象原注有「至惔者」三字。

〔六〕此句下，集釋尚有「勞則竭」三字。其下郭象注曰：「物皆有當，不可失也。」

47 野語有之曰：「衆人重利，廉士重名，賢士尚志，聖人貴精〔一〕。」

〔一〕「賢士」，集釋作「賢人」，郭象注曰：「與神爲一，非守神也。不遠其精，非貴精也。然其迹則貴守之也。」

48 附之以文〔一〕，益之以博。文滅質，博溺心〔二〕。

〔一〕此句之上，集釋原有「心與心識。知，而不足以定天下，然後」數語，馬總節録此文，斷章取義。附：附着，添附。文：文飾。

〔二〕郭象注曰：「文博者，心質之飾也。」天海案：溺：淹没。此指困惑、沉溺。

49 古之所謂得志者，非軒冕之謂也〔一〕。今之所謂得志者，軒冕之謂也〔二〕。軒冕之在身，非性命也。物之儻來，寄也〔三〕。寄之，其來不可禦，其去不可止〔四〕。故不爲軒冕肆志，不爲窮約趨俗〔五〕。

〔一〕此句下，集釋有「謂其无以益其樂而已矣」一句。軒冕：古代卿大夫的車輿冠服。此指代爵位與俸禄。

〔二〕成玄英疏曰：「今世之人，澆浮者衆，貪羡榮位，待此適心，是以戴冕乘軒，用爲得志也。」

〔三〕集釋「軒冕」下無「之」字，「寄」下有「者」字。成玄英疏曰：「儻者，意外忽來者耳。軒冕榮華，身外之物。物之儻來，非我性命，暫寄而已，豈可長久也？」

〔四〕「禦」，集釋作「圉」，音義同。郭象注曰：「在外物耳，得失之非我也。」

〔五〕郭象注曰：「澹然自若，不覺寄之在身；曠然自得，不覺窮之在身。」天海案：肆志：縱情快意。窮約：窮困潦倒。趨俗：迎合世俗。

50 井蛙不可以語於海者，拘於墟也〔一〕；夏蟲不可以語於冰者，篤於時也〔二〕；曲士不可以語於道者，束於教也〔三〕。

〔一〕「井蛙」上，集釋有「北海若曰」四字；「墟」，集釋作「虛」。

〔二〕夏蟲：生長在夏天，不能過冬的昆蟲。篤：固守。此指局限。

〔三〕曲士：鄉野之人。釋文曰：「司馬云：鄉曲之士也。」此指見識淺薄之人。此句下郭象注曰：「夫物之所生而安者，趣各有極。」

51 自細視大者不盡，自大視細者不明〔一〕。

〔一〕「自細」上，集釋有「北海若曰」四字。不盡：不完全。不明：不清楚。此句下郭象注曰：「目之所見有常極，不能無窮也。」

52 騏驥、驊騮〔一〕，一日而馳千里，捕鼠不如狸狌〔二〕，言殊伎也〔三〕。鴟鵂夜撮蚤〔四〕，察毫末，晝出瞋目，而不見丘山，言殊性也〔五〕。

〔一〕成玄英疏曰：「騏驥、驊騮，並古之良馬也。」

〔二〕成玄英疏曰：「狸狌，野貓也。」天海案：狸狌：似狐而小，短而肥，俗稱黃鼠狼。

〔三〕「伎」，集釋作「技」，音義同。

〔四〕「鴟鴞」，集釋作「鴟鵂」，即貓頭鷹。撮：抓取。

〔五〕郭象注曰：「就其殊而任之，則萬物莫不當也。」

53 道無終始，物有死生〔一〕。

〔一〕郭象注曰：「死生者，無窮之變耳，非終始也。」

54 莊子釣於濮水〔一〕，楚王使大夫二人往，先焉〔二〕，曰：「願以境内累矣〔三〕。」莊子持竿不顧，曰：「吾聞楚有神龜〔四〕，死已三千歲矣，王巾笥而藏之廟堂之上〔五〕。此龜者，寧其死爲留骨而貴乎，寧其生而曳尾塗中乎〔六〕？」

〔一〕濮水：古黄河濟水支流，原在今河南濮陽縣境内，今已湮没。

〔二〕釋文曰：「楚王，司馬云：威王也。」楚王：此指楚威王，名商，公元前三三九年至前三二九年在位。先焉：事先致意。釋文曰：「先，謂宣其言也。」

〔三〕成玄英疏曰：「先述其意，願以國境之内委託賢人。王事殷繁，不無憂累之也。」天海案：此句爲古人禮聘時的委婉敬辭。境内：國境之内。累：拖累，指委以國事。

〔四〕神龜：古代認爲龜神異長壽，其甲可卜吉凶，故稱神龜。

〔五〕巾笥：用巾覆蓋的箱篋。釋文曰：「李云：藏之以笥，覆之以巾。」

〔六〕曳尾：拖着尾巴。塗：通「途」，泥路。

55 惠子曰〔一〕：「子非魚，安知魚之樂耶〔二〕？」莊子曰：「子非我，安知我不知魚之樂耶〔三〕？」惠子曰：「我非子，固不知子矣；子固非魚也，子之不知魚之樂，全矣〔四〕。」

〔一〕惠子：即惠施，戰國時宋人，名家代表人物之一。他主張「合同異」之説，認爲事物的差別、對立是相對的，誇大其同一性而流於詭辯。漢志名家有惠子一篇，今佚。

〔二〕「耶」字，集釋無。成玄英疏曰：「惠施不體物性，妄起質疑。」

〔三〕此句集釋亦無「耶」字。郭象注曰：「欲以起明相非而不可以相知之義耳。子非我，尚可以知我之非魚，則我非魚，亦可以知魚之樂也。」

〔四〕郭象注曰：「捨其本，言而給辯，以難也。」天海案：此句道藏本脱「矣」字。全矣：全在於此。

56 奚爲奚據？奚避奚處？奚就奚去？奚樂奚患〔一〕？擇此八者，莫足以活身。唯無擇而任其所遇，乃全也〔二〕。

〔一〕「患」，道藏本、集釋皆作「惡」。

〔二〕「全」，道藏本誤作「舍」。「也」，集釋作「耳」。此下成玄英疏曰：「奚，何也。今欲行至樂之道以活身者，當何所爲造，何所依據，何所避諱，何所安處，何所從就，何所捨去，何所歡樂，何所嫌惡，而合至樂之道乎？此假設疑問，下自曠顯。」黃以周案：據、處、去、惡相韻。「惡」，各本作「患」，周校本作「惡」。廖本脱此條。

57 髑髏曰〔一〕：「死，無君於上，無臣於下，亦無四時之事，從然以天地爲春秋〔二〕，雖南面王樂，不能過也〔三〕。」莊子不信，曰：「吾使司命，復生汝骨肉、肌膚〔四〕，反汝父母、妻子、閭里、知識，子欲之乎〔五〕？」髑髏曰〔六〕：「吾安能棄南面王樂，而復爲人間之勞乎〔七〕？」

〔一〕髑髏：死人的頭骨，即骷髏。

〔二〕從然：從容自得、瀟灑飄逸貌。釋文：「從然，從容也。」

〔三〕成玄英疏曰：「夫死者魂氣升於天，骨肉歸乎土，既無四時炎涼之事，寧有君臣上下之累乎？從容不復死生，故與二儀同其年壽。雖南面稱孤，王侯之樂，亦不能過也。」

〔四〕此句集釋作「復生子形，爲子骨肉肌膚」。司命：主管生命之神。

〔五〕上句「汝」字，集釋作「子」。反：同「返」，歸還。閭里：鄉里，此指鄉親。知識：此指故交、熟悉的人。成玄英疏曰：「莊子不信髑髏之言，更説生人之事，欲使司命之鬼復骨肉、反妻子、歸閭里，頗欲之乎。」

〔六〕此句集釋作「髑髏深矉蹙額曰」。

〔七〕郭象注曰：「舊説云莊子樂死惡生，斯説謬矣，若然，何謂齊乎？所謂齊者，生時安生，死時安死，生死之情既齊，則無爲當生而憂死耳。此莊子之旨也。」

58 夫畏途者〔一〕，十殺一人，則父子兄弟相戒也，必盛卒徒而後出焉，不亦智乎〔二〕！故人之所畏者〔三〕。袵席之上，飲食之間，而不知戒者〔四〕，過也。十殺一人，人大畏之。至於色欲之害，而莫肯畏之，斯愚民也〔五〕。

〔一〕釋文曰：「司馬云：阻險道，可畏懼者也。」

〔二〕「後」下，集釋有「敢」字。盛：增多，加强。卒徒：士兵、隨從。成玄英疏曰：「夫路有劫賊，險難可畏，十人同行，一人被殺，則親情相戒，不敢輕行，强盛卒伍，多結徒伴，斟量平安，然後敢去。豈不知全身遠害乎？」

〔三〕故：同「固」，集釋無。「所」下，集釋有「取」字。

〔四〕「知」下，集釋有「爲之」二字。袵席：卧席。此隱指床上淫樂之事。

〔五〕此所録注文與郭象原注略異。郭象原注作「十殺一耳，便大畏之。至於色欲之害，動皆之死地，而莫不冒之，斯過之甚也」。

59 莊子行於山中，見大木枝葉茂盛，伐木者止其旁而不取〔一〕。問其故，曰：「無所可用。」莊子曰：「此木以不材得終其天年〔二〕。」出山，舍故人之家〔三〕。故人命豎子殺鴈〔四〕。豎子曰〔五〕：「其一能鳴，其一不能鳴，請奚殺？」主人曰：「殺不鳴者〔六〕。」明日，弟子問莊子，曰：「山中之木以不材得終，主人之雁以不材死，先生將何處焉〔七〕？」莊子曰〔八〕：「周將處夫材與不材之間〔九〕，似之而非也，故未免乎異〔一〇〕。」

〔一〕「茂盛」，集釋作「盛茂」。「取」下集釋有「也」字。

〔二〕成玄英疏曰：「不材無用，故終其天年也。」

〔三〕此二句廖本作「夫子出山，舍故人之家」，集釋作「夫子出於山，舍於故人之家」。此處原有聚珍本館臣案語，云：「『出山』上，原書有『夫』字，釋文：『夫者，夫子，謂莊子也。』藏本有『夫子』字。」

〔四〕「故人」下，廖本有「喜」字。此句集釋作「故人喜，命豎子殺鴈而烹之」。豎子請曰」，其下成玄英疏曰：「門人呼莊子爲夫子也。豎子，童僕也。」鴈：即今之鵝。説文曰：「鵝，鴈也；鴈，鵝也。」

〔五〕「子」下，集釋有「請」字。

〔六〕「不」下，集釋有「能」字。

〔七〕「終」下，廖本有「天命」二字。此三句集釋作「昨日山中之木以不材得終其天年，今主人之鴈以不材死，先生將何處」。正文末句，廖本無「先生」二字。

〔八〕「曰」上，集釋有「笑」字。

〔九〕此句下，集釋尚有「材與不材之間」六字。

〔一〇〕郭象注曰：「設將處此耳。以此未免於累，竟不處。」「故未免乎異」，廖本作「不免乎累」。天海案：「異」，集釋作「累」。

60　直木先伐，甘泉先竭〔一〕。

〔一〕郭象注：「才之害也。」成玄英疏：「直木有材，先遭斫伐；甘井來飲，其流先竭。人衒才智，其義亦然。」

61　鳥莫知於鷾鴯〔一〕。其畏人也，襲諸人間〔二〕。未有自疏外於人而人存之者〔三〕。畏人而入於人間〔四〕，此鳥所以稱智也〔五〕。

〔一〕成玄英疏曰：「鷾鴯，燕也。實，食也，智能遠害全身，鳥中無過燕子。」釋文曰：「或云：鷾鴯，燕也。」

〔二〕「襲」上，集釋有「而」字。成玄英疏曰：「襲，入也。」

〔三〕「者」下，郭象原注有「也」字。

〔四〕「間」，郭象原注作「舍」。

〔五〕「鳥」下，郭象原注有「之」字，其下成玄英疏曰：「燕子畏懼於人，而依附人住。人人舍宅，寄作窠巢，是故人愛而狎之，故得免害。」

62　舜讓天下於子州支伯〔一〕。子州支伯曰：「余適有幽憂之病〔二〕，方且治之，未暇治天下也〔三〕。」

〔一〕成玄英疏曰：「舜之事迹，具在内篇，支伯猶支父也。」俞樾曰：「漢書古今人表有子州支父，無支伯，則支父、支伯是一人也。」天海案：子州支伯：姓子，名州，字支伯，傳説爲唐堯時懷道隱居之人。

〔二〕幽憂：深重的憂勞。一説指病沉重頑固。

〔三〕聚學軒本周廣業注曰：「考外篇山木後尚有田子方、知北遊二篇，雜篇起庚桑楚至寓言五篇，此並不録，當有亡闕。」

63 春耕種，足以勞動〔一〕；秋收斂，足以休息〔二〕。

〔一〕「足」上，集釋有「形」字。

〔二〕此句集釋作「身足以休食」。

64 能尊生者，雖富貴〔一〕，不以養傷身；雖貧賤，不以利累形〔二〕。

〔一〕「能」，道藏本作「然」。尊生：看重生命。「富貴」，集釋作「貴富」。

〔二〕釋文曰：「王云：富貴有養，而不以味養傷身；貧賤無利，而不以求利累形也。」累形：束縛形軀。聚珍本館臣案曰：「此下舊訛作王孫子。」天海案：此説非也，從上文第六十二條開始，舊訛作王孫子。

65 帝王之功，聖人之餘事也，非所以完身養生也。今世俗之君子，多危身棄生以殉物，豈不悲哉〔二〕？有人於此，以隨侯之珠彈千仞之雀〔三〕，世必笑之，是何也？其以所用者重、所要者輕也〔三〕。夫生者，豈特隨侯珠之重哉〔四〕？

〔一〕此句下集釋有「凡聖人之動作也，必察其所以之與其所以爲」二句。殉物：追求身外之物。

〔二〕上句集釋作「今且有人於此」。隨侯之珠：傳説春秋時隨國濮水中出寶珠，隨侯救治過受傷的靈蛇，其蛇銜珠報恩，故稱此珠爲隨侯之珠。

〔三〕「其以」，集釋作「則其」；「所要」上，集釋有「而」字。

〔四〕成玄英疏曰：「夫雀高千仞，以珠彈之，所求者輕，所用者重，傷生殉物，其義亦然也。」

66　列禦寇不受鄭子陽遺粟〔一〕，曰：「君非自知我也，以人之言而遺我粟。至其罪我也，又恐以人之言，吾所以不受也〔二〕。」

〔一〕此句集釋無，或馬總以意節録之。列禦寇：即列子，見前列子題解。鄭子陽：鄭繻公時國相，字子陽。俞樾曰：「子陽事見吕覽適威篇、淮南子氾論訓及史記鄭世家。」

〔二〕「恐」，集釋作「且」；「吾」上，集釋有「此」字。

67　子貢問原憲：「先生何病也〔一〕？」原憲應之曰：「吾聞無財之謂貧〔二〕，學而不能行之謂病。今憲貧也，非病也。」子貢退有愧色〔三〕。

〔一〕此二句集釋作「子貢曰：嘻，先生何病」。原憲：字子思，又稱原思，春秋時魯人，一説爲宋人，孔子弟子。傳説他安貧樂道，蓬户、褐衣、蔬食，不減其樂。

〔二〕此句集釋作「憲聞之，无財謂之貧」。

〔三〕此句集釋作「子貢逡巡而有愧色」，成玄英疏曰：「嘻，笑聲也。逡巡，卻退貌也。以儉繫奢，故懷慙愧之色也。」

68 知足者，不以利自累〔一〕；審自得者，失之而不懼；行修於内者，無位而不怍〔二〕。

〔一〕「累」下，集釋有「也」字。自累：束縛自己。累，通「縲」，捆人的繩索。

〔二〕成玄英疏曰：「怍，羞也。夫自得之士，不以得喪駭心，内修之人，豈復羞慙無位？」天海案：此條見雜篇讓王，原爲孔丘對顏回語。

69 窮於道之謂窮〔一〕。抱仁義之道〔二〕，而遭亂世之患，何窮之有〔三〕？

〔一〕此句上集釋有「孔子曰：是何言也。君子通於道之謂通」數語。

〔二〕「抱」上，集釋有「今丘」二字。抱：懷抱，堅守。

〔三〕上句「而」字，集釋作「以」；下句集釋作「其何窮之爲」。此條見雜篇讓王，原爲孔丘困於陳、蔡時對子路、子貢語。

70 智者謀之〔一〕，武者遂之，仁者居之，古之道也〔二〕。

〔一〕此句之上，集釋有「湯又讓瞀光曰」六字。之：此指代天下政權，下與此同。

〔二〕遂：成功奪取。居：佔據，掌握。此條見雜篇讓王，原爲商湯讓天下與瞀光時語。

71 廢上〔一〕，非義也；殺民，非仁也。人比其難〔二〕，我享其利，非廉也〔三〕。

〔一〕此句上集釋有「瞀光辭曰」四字，與上條爲同一段對話。上：在上位的君王，此指夏桀。

〔二〕「比」，集釋與聚學軒本皆作「犯」。

〔三〕成玄英疏曰：「享，受也。廢上，謂放桀也。殺民，謂征戰也。犯其難，謂遭誅戮也。我享其利，謂受禄也。」天海案：此條見雜篇讓王，原爲瞀光答商湯語。

72 摇唇鼓舌，擅生是非〔一〕。

〔一〕摇唇鼓舌：形容賣弄口才，大發議論。此條見雜篇盗跖，原爲盗跖面斥孔丘之語。

73 好面譽人者，亦好背而毁之也〔一〕。

〔一〕此二句上集釋有「且吾聞之」四字。末句「之」下無「也」字。面譽：當面奉承人。毁：詆毁，誹謗。此條見雜篇盗跖，亦爲盗跖面斥孔丘之語。

74 湯放其主，武王殺紂〔一〕。自是之後，以强凌弱，以衆暴寡。湯、武以來，皆亂人之徒也〔二〕。

〔一〕上句下成玄英疏曰：「放桀於南巢也。」湯：一名成湯、商湯，商代開國君主，滅夏建商，放逐夏桀於南巢。主：此指夏桀。下句下成玄英疏曰：「朝歌之戰。」

〔二〕成玄英疏曰：「征伐篡弒，湯武最甚。」亂人：犯上作亂之人。此條見雜篇盜跖，亦爲盜跖面斥孔丘之語。

75　人之情〔一〕，目欲視色，耳欲聽聲，口欲察味，志氣欲盈〔二〕。人上壽百歲，中壽八十，下壽六十，除病瘦死〔三〕。

〔一〕「人」上，集釋有「今吾告子以」五字。

〔二〕成玄英疏曰：「夫目視耳聽，口察志盈，率性而動，稟之造物，豈矯情而爲之哉？分内爲之，道在其中矣。」

〔三〕此句集釋作「除病瘦、死喪、憂患」。王念孫曰：「瘦，當爲『瘐』字之誤也。瘐，亦病也。『病瘐』爲一類，『死喪』爲一類，『憂患』爲一類。」天海案：此説是。此條見雜編盜跖，亦爲盜跖對孔丘語。

76　我悲人之自喪也〔一〕，吾又悲乎悲人者〔二〕，吾又悲乎悲人之悲也〔三〕。

〔一〕「也」，集釋作「者」。成玄英疏曰：「喪，猶亡失也。子綦悲歎世人捨己慕佗，喪失其道。」

〔二〕成玄英疏曰：「夫道無得喪而物有悲樂，故悲人之自喪者，亦可悲也。」

〔三〕「也」，集釋作「者」，其下尚有「其後而日遠矣」六字。此條見雜篇徐無鬼，文略同。然意林各本皆無此條，僅見於説郛本，現補録之。

一一三　鶡冠子三卷

鶡冠子，戰國時楚人，隱居深山，以鶡羽爲冠，故有此號。鶡冠子一書，漢志道家著録一篇，隋、唐志均作三卷。其大旨本源於老子道德經，其學説雜用刑名、陰陽，其文博辯宏肆。劉勰文心雕龍稱：「鶡冠綿綿，亟發深言。」

今存鶡冠子三卷十九篇，有北宋陸佃注。意林總目載三卷，列莊子之後，存目無文，聚珍本館臣案曰：「書闕，舊不標目，今依録補之。」然文亦未録。説郛本録意林鶡冠子二條；清人周廣業輯有鶡冠子逸文一條，刻在聚學軒本附録中；清人李遇孫照宋本補刻鶡冠子缺文二條；四部叢刊本俱收在卷五之後、卷六之前。爲統一體例，現以説郛本爲主，去除重複，移録於此。

1　烏鵲之巢，可俯而窺〔一〕；麋鹿之居，可招而係〔二〕，此在上者慈心〔三〕。

〔一〕「窺」下，鶡冠子四部叢刊本有「也」字。

〔二〕「之居」，鶡冠子四部叢刊本作「羣居」。「可招而係」，説郛本作「可係而招」，鶡冠子四部叢刊本作

「可從而係也」，陸佃注曰：「鳥鵲性猜懼，麋鹿性驚決。故此主言之。」

〔三〕此句説郛本作「此在上者有慈心」，鶡冠子四部叢刊本無此句。説郛本録意林有此條，所見意林他本皆無。

2 扁鵲兄弟三人並善醫〔一〕。魏文侯問曰：「子三人其孰最善〔二〕？」扁鵲曰：「長兄視神，故名不出家〔三〕；仲兄親毫毛，故名不出閭〔四〕；扁鵲鍼人血脈，投人毒藥，故名聞諸侯〔五〕。」

〔一〕陸佃注曰：「扁鵲，勃海郡人，姓秦氏，名越人。」天海案：此句治要與鶡冠子四部叢刊本無，另作「煖曰：王獨不聞魏文侯之問扁鵲耶」。周廣業所輯逸文作「鶡冠子云：扁鵲兄弟三人並醫」；李遇孫補刻本無「鶡冠子」三字。漢志有扁鵲内經九卷，外經十二卷，今皆不傳。事見史記。

〔二〕此二句鶡冠子四部叢刊本、治要作「子昆弟三人，其孰最善爲醫」，周廣業輯逸文作「魏文侯問曰：孰最善」。魏文侯：名斯，戰國時魏國國君，公元前四四五年至前三九六年在位。

〔三〕説郛本脱「名」字，此據治要、周氏輯逸文補。「視神」，周廣業輯逸文作「神眎」。此二句鶡冠子四部刊本、治要作「長兄於病視神，未有形而除之，故名不出於家」。天海案：視神：治病人的精神。視：此指醫治。家：卿大夫采邑、封地。

〔四〕此二句鶡冠子四部叢刊本治要作「中兄治病，其在毫毛，故名不出於閭」，周廣業輯逸文作「仲兄神毫毛，故名不出門」。天海案：毫毛：毛髮，此指人的表皮、外表之病。閭：古代以二十五户爲一閭，此指鄉里。

〔五〕「扁鵲」，周廣業輯逸文作「臣」。毒藥：用毒藥治病，以毒攻毒。此三句治要作「若扁鵲者，針血脈，投毒藥，割肌膚，而出聞於諸侯」；「割肌膚」，鶡冠子四部叢刊本作「副肌膚閭」，餘皆與治要同。陸佃注曰：「其所能愈粗，其所聞愈遠。」天海案：此條「扁鵲曰」至「出閭」，李遇孫補刻本無。此據鶡冠子四部叢刊本世賢篇、治要、說郛本及周廣業輯逸文等補之。

二四　王孫子一卷

王孫子，複姓王孫，或戰國時人，生平事未詳。漢志儒家有王孫子一篇，注曰：「一曰巧心。」文心雕龍序志開篇即稱「昔涓子琴心，王孫巧心，心哉美矣，故用之焉」，或巧心又爲王孫子書名。隋志載孫卿子下附注：「梁有王孫子一卷，亡。」藝文類聚引作王孫子新書，北堂書鈔引數條，太平御覽亦引王孫書二事。

聚珍本館臣案曰：「書闕，諸本誤以莊子雜篇繫其下，今正之。」道藏本誤將莊子「舜讓天下」以後十四條録入王孫子目下。是書今已不存，現將四部叢刊本卷五所附清人李遇孫補刻王孫子缺文一條移此，並與說郛本、聚學軒本周廣業意林附編所輯參校。馬國翰玉函山房輯佚書亦有輯本，可參閱。

1　衛公重裘累茵，見負薪者而屢哭之〔一〕。問曰：「何故？」對曰：「雪下衣薄，故哭之〔二〕。」衛公顔色大懼，乃開府出金〔三〕，發倉粟以賑貧窮〔四〕。「吾恐鄰國貪，養賢以勝吾也〔五〕」。

〔一〕此二句御覽引作「昔衛君重裘累茵而坐，見路有負薪而哭者」，周廣業意林附編引同御覽。衛公：此或指衛靈公，名元，公元前五三四至前四九三年在位。

〔二〕「故哭之」，御覽引作「是以哭之」，説郛本作「故哭」，李遇孫補刻本作「故失薪」，此據周廣業意林附編作「故哭之」。

〔三〕此二句御覽引作「於是衛君懼見於顔色，曰：爲君而不知民，孰以我爲君？於是開府金」，周廣業意林附編引同御覽。「乃開府出金」，李遇孫補刻本無「出」字。

〔四〕「發」，周廣業意林附編、李遇孫補刻本皆作「出」，此從説郛本。

〔五〕此二句周廣業意林附編無，説郛本與李遇孫補刻本有。但此二句與此條文意不相屬，考御覽所引「趙簡子獵於晉陽之山」條，有「吾恐鄰國養賢以獵吾也」句，疑錯録於此。

二五　申子三卷

申子，名不害，戰國時鄭國京人。韓昭侯時用申不害爲相，内修政教，外應諸侯，十五年間國治兵强。事見史記本傳。

申子之學説，本於黄、老而主刑名。政治上主張循名責實，崇上抑下，以刑齊之。史記載其「著書二篇，號曰申子」，漢志法家載申子六篇，注曰：「名不害，京人，相韓昭侯，終其身，諸侯不敢侵韓。」隋志法家載商君書五卷，注曰：「梁有申子三卷，韓相申不害撰，亡。」此書今已不存，其説散見於各書中。清人嚴可均、黄以周、馬國翰等人皆有輯本，可參閲。

意林所録申子僅五條，今以類聚、治要、初學記、長短經、御覽諸書所引參校之。

劉向云：「申子名不害，河東人，鄭時賤臣，挾術以干韓昭侯〔一〕，秦兵不敢至。學本黄老，急刻無恩，非霸王之事〔二〕。」

〔一〕「挾術」，道藏本、廖本、四庫本皆作「學術」。干：干謁。韓昭侯：戰國時韓國國君，公元前三六三年至前三三三年在位。

〔二〕此條非申子正文，或馬總録劉向所著申子書録，故不編入正文序號。

1　三寸之篋運而天下定〔一〕，六寸之基正而天下治〔二〕。

〔一〕此句御覽引作「明君治國，三寸之機運而天下定」。此作「三寸之篋」，篋爲小竹箱，於此文意不明，疑爲「筴」字之訛。「筴」同「策」，爲古代用以計算的籌子。運策即運籌，史記高祖本紀：「運籌帷幄之中，決勝千里之外，吾不如子房。」

〔二〕「六寸之基」，御覽引作「方寸之謀」，句下尚有「一言正而天下定，一言倚而天下靡」二句。「六」或「方」之形誤。方寸，指人的心。御覽所引爲是。此條所録，類聚亦引，文略異。

2 妒妻不難破家，亂臣不難破國〔一〕。一妻擅夫，衆妻皆亂；一臣專君〔二〕，羣臣皆蔽。

〔一〕此二句治要、長短經引在下文「羣臣皆蔽」句下。「妻」，治要作「婦」，下文「妻」字亦同。

〔二〕擅夫：獨佔丈夫寵愛。專君：獨佔君王寵信。

3 智均不相使，力均不相勝〔一〕。

〔一〕尹文子有「兩智不能相使，兩貴不能相臨」之語，文意同此。相使：相互驅使。相勝：彼此制勝。御覽引此，文同。

4 鼓不預五音，而爲五音主〔一〕。

〔一〕不預：即「不與」，不在其中。五音：指我國古代音樂的五個音階，即宮、商、角、徵、羽。主：爲主，主宰。論衡定賢曰：「鼓無當於五音，五音非鼓不和。」或本於此文。治要、初學記、長短經亦引此文，略同。

5 百世有聖人猶隨踵，千里有賢人是比肩〔一〕。

〔一〕「隨踵」下，戰國策有「而至」二字，御覽有「而生」二字。「比肩」下，類聚有「而至也」三字，御覽有「而立也」三字。

二六　慎子十二卷

名到，學本黄、老。滕輔注。

慎子，名到，戰國時趙人，約當齊宣王、齊閔王時，與鄒衍、淳于髡、接予、環淵等人同爲齊國稷下學士。其著作大部分已散失，其説大抵以齊萬物爲首，循自然而立法，但法令的推行，要依仗統治者的權勢。事見史記。

慎子一書，史記曰十二篇，漢志法家載四十二篇，注曰：「名到，先申、韓，申、韓稱之。」隋志作十卷，兩唐志亦作十卷，注曰：「慎到撰，滕輔注。」滕輔是晉太學博士，意林所據應是此本，然此書今已不存。今存本乃明人捃拾雜録而成，而後收入四庫全書中。清人錢熙祚據羣書治書所録補爲七篇，是爲今存慎子通行之本，意林所録慎子十三條皆在其中，可參閲。

1　小人食於力，君子食於道〔一〕。

〔一〕諸子鴻藻引此稱出慎子隆治篇；御覽引此，文同。此條見錢熙祚本逸文中。

2　詩，往志也；書，往誥也；春秋，往事也〔一〕。

〔一〕此條見經義考引，在錢熙祚本逸文中。

3　愛赤子不慢其保〔一〕，絶險者不慢其御〔二〕。

〔一〕此句治要作「愛赤子者不慢於保」。赤子：嬰兒。慢：怠慢。保：保姆。

〔二〕此句治要作「絶險歷遠者不慢於御」。絶險：越過險路。御：車夫。錢熙祚本威德篇有此文，與治要文同。

4 措鈞石，使禹察之，不能識也〔一〕；懸於權衡，則毫髮辨矣〔二〕。

〔一〕措：安置，擺放。鈞：古以三十斤爲鈞。石：古以四鈞爲石。上二句御覽作「使禹察錙銖之重，則不識也」。識：辨别，區别。

〔二〕「毫髮」，道藏本作「釐髮」。此句御覽引作「則氂髮之微識矣」。

5 兩貴不相事，兩賤不相使〔一〕。

〔一〕此條見錢熙祚本逸文中，文同。又見荀子王制：「夫兩貴之不能相事，兩賤之不能相使，是天數也。」説郛本此條與下二條併爲一條。

6 家富則疏族聚，家貧則兄弟離〔一〕。非不相愛，利不足相容也〔二〕。

〔一〕「疏族」，説郛本作「宗族」。疏族：疏遠的族人。聚學軒本周廣業注曰：「二句選注、御覽皆引作鶡冠子，然今鶡冠子無此文。」

〔二〕「足」字，説郛本無。此條見錢熙祚本逸文引，文同。

7 不聰不明，不能爲王〔一〕；不瞽不聾，不能爲公。海與山争水，海必得之〔二〕。

〔一〕御覽引此文，首句上有「諺云」二字；此與下二「爲」字，所見意林他本皆無。

〔二〕錢熙祚本逸文引此條，與御覽所引文略同。

8 有權衡者，不可欺以輕重；有尺寸者，不可差以長短；有法度者，不可巧以詐僞〔一〕。

〔一〕此文與管子明法所述略同，參見本書卷一管子第十二條。御覽與錢熙祚本逸文引此，文同。

9 一兔走，百人追之〔一〕。積兔於市〔二〕，過而不顧。非不欲兔，分定不可争也〔三〕。

〔一〕上句後漢書袁紹傳注引作「一兔走街」，御覽所引亦有「街」字；「百人追之」，説郛本、道藏本、四庫本皆無「之」字，御覽所引有。此句下後漢書袁紹傳注引尚有「貪人具存，人莫之非者，以兔爲未定分也」三句。

〔二〕「於市」，後漢書袁紹傳注引作「滿市」，錢熙祚本逸文與之同。

〔三〕此句後漢書袁紹傳注引作「分定之後，雖鄙不争」。吕氏春秋慎勢、後漢書袁紹傳注、御覽與錢熙祚本並引此文，皆詳於此。

10 孝子不生慈父之家，忠臣不生聖君之下〔一〕。六親不和有孝慈，國家昏亂有忠臣〔二〕。

〔一〕此二句下治要分別録有注文「六親不和有孝慈也」；「國家昏亂有貞臣也」。

〔三〕聚學刊本周廣業注曰：「此二句出老子，且旦庵所無。」聚珍本館臣案曰：「二句出老子，長短經反經篇引之，入注中。」天海案：此二句爲原注，説郛本録作正文，聚學軒本從之。「孝慈」，説郛本作「孝子」。錢熙祚本知忠篇有此條，但無注文。

11 匠人成棺，不憎人死〔一〕，利之所在，忘其醜也〔二〕。

〔一〕此二句御覽引作「匠人成棺槨，而無憎於人」。

〔二〕上句御覽引作「利在人死也」，未引下句。醜：羞恥，慚愧。錢熙祚本逸文引此，文同。

12 廊廟之材，非一木之枝〔一〕；狐白之裘，非一狐之腋〔二〕。

〔一〕「廊」上，治要有「故」字。廊廟：此泛指朝廷宫殿。「非」上，治要有「蓋」字，「枝」下有「也」字。

〔二〕上句「狐」字，錢熙祚本作「粹」。狐白之裘：用狐狸腋下白色皮毛製成的皮裘，極爲珍貴。聚學刊本周廣業注曰：「選注『腋』作『皮』，下云：治亂存亡，榮辱之施，非一人之力。」天海案：下句治要引作「蓋非一狐之皮也」。文選注、御覽、錢熙祚本知忠篇皆有此文，略異。

13 藏甲之國，必有兵遁〔一〕，有意者必先作具〔二〕。市人可驅而戰，安國之兵，不由忿起〔三〕。

〔一〕藏甲：貯藏武器裝備。兵遁：軍隊隱藏。廣雅釋詁曰：「遁，隱也。」

〔二〕此爲馬總録慎子原注。具：準備。

〔三〕錢熙祚本慎子逸文引此，文同。

二七　燕丹子三卷

燕丹，姓姬名丹，生年不詳，死於公元前二二六年。戰國時燕王喜太子，故又稱燕太子丹。曾被迫入秦做人質，後逃歸，募荆軻刺殺秦王。事未成，秦發兵擊燕，逼燕王喜斬丹以獻。事見戰國策燕策、史記刺客列傳。

燕丹子一書，漢志未著録，始載於隋志小説家，一卷，不題撰者姓名。舊唐志小説家録作三卷，題燕太子撰。

意林所録五條，皆見於清人孫星衍所輯燕丹子傳中，其中荆軻刺秦條與戰國策、史記所載略異。此條所録長達五百餘字，在意林全書中僅此一例。明人胡應麟稱燕丹子爲「古今小説雜傳之祖」，實不爲過。今人程毅中有點校本，王天海有燕丹子全譯。

1　丹者，燕王喜之子〔一〕，身質於秦始皇之世〔二〕。

〔一〕史記刺客列傳索隱：「劉向云：丹，燕王喜之子。」燕王喜：戰國時燕惠王曾孫，名喜，太子丹之父，在位三十三年，爲秦所虐苦。太子丹刺秦王未成，秦師伐燕，逼其斬丹以獻，三年後燕滅於秦。

〔二〕此句戰國策燕策與孫星衍輯本皆作「燕太子丹質于秦」，永樂大典作「燕丹子質于秦」。天海案：太子丹約在秦王政十年入質于秦，秦王政二十年太子丹派荆軻刺秦王，秦王政二十一年太子丹被殺，秦王政二十六年始稱「始皇」。藝文類聚引燕丹子亦作「燕太子丹質於秦，秦王遇之無禮」。此條見孫星衍輯本上卷，僅作「燕太子丹質於秦」。聚珍本館臣案曰：「此下當有闕文。」

2 丈夫恥於受辱，貞女羞於節虧〔一〕。

〔一〕此二句孫星衍輯本作「丹聞丈夫所恥，恥受辱以生於世也；貞女所羞，羞見劫以虧其節也」。

3 田光云〔一〕：「血勇，怒而面赤〔二〕；脈勇，怒而面青〔三〕；骨勇，怒而面白〔四〕。光知荆軻者，神勇也，怒而不變〔五〕。」

〔一〕「田光云」三字，説郛本無，道藏本、四庫本録在下文「怒而面白」句下。田光：戰國時燕人，爲人足智多謀，向太子丹舉薦荆軻，後自刎以激荆軻刺秦。

〔二〕此二句孫星衍輯本作「夏扶，血勇之人，怒而面赤」。

〔三〕此二句孫星衍輯本作「宋意，脈勇之人，怒而面青」。

〔四〕此二句孫星衍輯本作「武陽，骨勇之人，怒而面白」。此句下之文，説郛本無。

〔五〕此三句孫星衍輯本作「光所知荆軻，神勇之人，怒而色不變」。荆軻：生年不詳，死於公元前二二七年。戰國時衛人，稱荆卿，又名慶卿。後爲燕太子丹賓客，拜上卿，受命刺秦王，未中，被殺。史記有傳。天海案：此條見戰國策燕策三、孫星衍輯本中卷，文略異。又見於史記刺客列傳正義、太平御覽。

4 荆軻之燕，謂太子曰〔一〕：「光揚太子高行厲天〔二〕，美聲盈耳。軻出衛都，望燕路，歷險不以勤，望遠不以遐〔三〕。今太子禮之以舊故之恩，接之以新人之敬，所以不復讓者，信知己故也〔四〕。」

〔一〕「荆軻之燕」下，孫星衍輯本另有數句，言太子丹親自駕車迎接荆軻，並設宴款待。「謂太子曰」，孫星衍輯本作「軻言曰」。

〔二〕「揚」，原作「揣」，於義不屬，此據道藏本改。此句孫星衍輯本作「田光褒揚太子仁愛之風，説太子不世之器，高行厲天」。厲天：至天。莊子大宗師「且汝夢爲鳥而厲乎天」，成玄英疏：「厲，至也。」厲，通「戾」。詩小雅采芑：「其飛戾天。」毛傳：「戾，至也。」

〔三〕二「不以」下，孫星衍輯本皆有「爲」字。

〔四〕此句孫星衍輯本作「士信於知己也」。信：通「伸」。此條見孫星衍輯本下卷，文略異。

5 軻曰：「太子若以燕當秦，猶以羊捕狼〔一〕。」軻乃請樊於期，曰〔二〕：「將軍得罪於秦，父母妻子皆見焚〔三〕，軻爲將軍痛之。今願得將軍之首，與燕督亢地圖進之，秦王必喜，喜必見軻〔四〕。軻因左手把其袖，右手揕丁鴆切。其胸〔五〕，數以負燕之罪，責以將軍之讎〔六〕。」於期執刀自刎〔七〕，頭墜背後，兩目不瞑。太子聞之，伏尸而哭〔八〕。函盛於期首與燕督亢地圖以獻秦〔九〕。武陽爲副，軻不擇日而發〔一〇〕。太子、賓客皆素衣冠送之易水之上，軻起爲壽〔一二〕，歌曰：「風蕭蕭兮易水寒，壯士一去兮不復還。」高漸離擊筑，宋意和之〔一三〕，爲壯聲，則髮怒衝冠〔一三〕；作哀歌〔一四〕，則士皆流涕。二人皆升車，終已不顧也〔一五〕。

〔一〕此二句孫星衍輯本作「太子率燕國之衆而當之，猶使羊將狼、使狼追虎耳」。

〔二〕此二句孫星衍輯本作「於是軻潛見樊於期，曰」。樊於期：戰國時秦將，避罪逃燕，秦王政曾懸賞千金購其頭。事見史記刺客列傳。

〔三〕「將軍」之上，孫星衍輯本有「聞」字；「焚」下，孫星衍輯本有「燒」字；句下孫星衍輯本尚有「求將軍邑萬户，金千斤」二句。

〔四〕此以上數句戰國策燕策作「願得將軍之首以獻秦，秦王必喜而善見臣」。督亢：地名，戰國時爲燕國膏腴之地，在今河北涿縣東。

〔五〕此二句戰國策燕策作「臣左手把其袖，而右手揕抗其胸」。揕：音震，擊刺。

〔六〕此二句戰國策燕策作「然則將軍之仇報，而燕國見陵之恥除矣。將軍豈有意乎」；其下孫星衍輯本有「而燕國見陵雪，將軍積忿之怒除矣」二句。

〔七〕此句孫星衍輯本作「於期起，扼腕執刀曰：『是於期日夜所欲，而今聞命矣。』於是自剄」。

〔八〕此二句孫星衍輯本作「太子聞之，自駕馳往。伏於期屍而哭，悲不自勝，良久，無奈何」。

〔九〕「盛」上，孫星衍輯本有「遂」字。

〔一〇〕此句孫星衍輯本作「荆軻入秦，不擇日而發」。武陽：史記刺客列傳：「秦舞陽，燕國勇士，年十三能殺人，人不敢忤視。」後隨荆軻入秦，爲副使。

〔一一〕此二句孫星衍輯本作「太子與智謀者皆素衣冠送之於易水之上，荆軻起爲壽」。易水：水名，源於今河北易縣，今已乾涸。

〔一二〕高漸離：戰國時燕人，與荆軻友善。軻刺秦王未遂身死，漸離改姓名，爲人幫工。秦王喜其善擊筑，刺瞎雙眼，乃使擊筑。漸離預置鉛塊於筑内，擊秦王不中，被殺。筑：古代絃樂器。宋意：戰國時燕人，善歌唱，太子丹門客。天海案：「宋意」，文選引作「宋如意」，陶潛詠荆軻、初學記均作「宋意」。

〔一三〕此二句戰國策燕策作「復爲忼慨羽聲，士皆瞋目，髮盡上指冠」。

〔一四〕此句孫星衍輯本作「爲哀聲」。

〔一五〕此二句戰國策燕策作「於是荆軻遂就車而去，終已不顧」。此段原與下文共爲一條，爲便於讀者檢閱，據文意分爲二段，不增加編號。

軻至咸陽，秦王大喜，陛戟見荆軻〔一〕。軻捧樊於期首柙並地圖，以次進〔二〕。羣臣皆呼萬歲，秦武陽大恐，荆軻顧笑武陽〔三〕，前謝曰：「北蕃蠻夷之鄙人〔四〕，未見天子，願陛下少假借之，使得畢事於前〔五〕。」秦王曰：「軻起，督亢圖進之〔六〕。」荆軻發圖〔七〕，圖窮而匕首見。因左手把秦王袖，右手揕其胸〔八〕，數之曰：「從我計則生，不從則死〔九〕。」秦王曰：「乞聽琴聲而死〔一〇〕。」召姬人鼓琴。琴聲曰：「羅縠單衣，可掣而絶；八尺屏風，可超而越；轆轤之劍，可負而拔。」軻不解音，秦王從琴聲，負劍拔之〔一一〕。秦王斷軻兩手〔一二〕，軻因倚柱而笑，箕踞而駡，曰：「吾爲豎子所欺，事不濟也〔一三〕。」

〔一〕此三句孫星衍輯本作「入秦，至咸陽，因中庶子蒙白得見秦王，秦王喜。百官陪位，陛戟數百，見燕使者」。咸陽：戰國時秦國都城，故址在今陝西咸陽市東北二十里處。陛戟：臺階上有武士持戟警衛。

〔二〕此二句孫星衍輯本作「軻奉於期首，武陽奉地圖，鐘鼓並發」。

〔三〕上句戰國策燕策作「秦武陽色變振恐」；孫星衍輯本無「秦」字，其下尚有「兩足不能相過，面如死灰色，秦王怪之」三句；下句孫星衍輯本無「笑」字。

〔四〕此二句戰國策燕策作「前爲謝曰：北蠻夷之鄙人」。

〔五〕此三句戰國策燕策作「未嘗見天子，故振慴。願大王少假借之，使畢使於前」。假借：寬容。畢事：完成出使的任務。

〔六〕此三句戰國策燕策作「秦王謂軻曰：起，取武陽所持圖」。

〔七〕此句戰國策燕策作「軻既取圖，奉之，發圖」，孫星衍輯本作「秦王發圖」。

〔八〕此二句戰國策燕策作「因左手把秦王之袖，而右手持匕首揕抗之」，孫星衍輯本作「軻左手把秦王袖，右手揕其胸」。

〔九〕「我」，孫星衍輯本作「吾」。此二句上，孫星衍輯本尚有荆軻數落斥責秦王罪行數語，文繁不引。

〔一〇〕此句上孫星衍輯本有「今日之事，從子計耳」二句。

〔一一〕此句下孫星衍輯本有「於是奮袖，超屏風而走。軻拔匕首擲之，決秦王耳，入銅柱，火出」數句。

〔一二〕此句孫星衍輯本作「然秦王還斷軻兩手」。

〔一三〕此二句戰國策燕策作「事所以不成者，乃欲以生劫之，必得約契以報太子也」，孫星衍輯本作「吾坐輕易，爲豎子所欺。燕國之不報，我事之不立哉」。

二八　鬼谷子五卷

樂氏注，名壹〔一〕。

鬼谷子，楚人，籍貫姓名皆不詳，或説姓王，名詡，因隱居鬼谷中，自號「鬼谷子」。傳説鬼谷子爲戰國時縱横家之祖，蘇秦、張儀曾師之。

鬼谷子一書，漢志不見載，隋志縱横家始載有皇甫謐、樂壹注各三卷。考史記蘇秦列傳已載蘇秦師鬼谷先生事，而説苑善言亦引鬼谷子語。由此可知，鬼谷子一書或出於秦、漢之際，撰者不可考。

今存鬼谷子總計二十三篇，實存二十一篇。是書所載，皆縱横捭闔、揣摩權謀之術，其文辭亦奇變詭譎，非後世所能爲。意林録文九條，前七條今存，後二條不見載。現以明萬曆刊本參校之。

總按：其序云〔二〕：「周時有豪士隱者居鬼谷，自號鬼谷先生〔三〕，無鄉里、族姓、名字。」此蘇秦作書記之也〔四〕。鬼之言遠，猶司馬相如假無是公云爾〔五〕。

〔一〕此爲意林原注。樂壹：據鬼谷子序「梁有陶弘景注三卷，又有樂壹注三卷」，知樂壹爲南朝梁人，其事未詳。「壹」，隋志原作「一」，兩唐志皆作「臺」，或因「一」之大寫爲「壹」而形近致誤，故後遂訛作「臺」。底本原作「臺」，明萬曆本鬼谷子已改作「壹」，故從之。今本有鬼谷子序，乃照録長孫無忌所撰隋志縱横家叙文，實非鬼谷子原序。

〔二〕馬總直接加按者，意林全書僅此一例。「其序云」，道藏本、四庫本作「其書云」。

〔三〕鬼谷：地名。史記蘇秦列傳「東事師於齊，而習之於鬼谷先生」，司馬貞索隱曰：「鬼谷，地名也。扶風池陽、潁川陽城並有鬼谷墟，蓋是其人所居，因爲號。」「隱者居鬼谷」，文選注引作「隱於鬼谷者」。文選注曰：「自號鬼谷子，言其自遠也。然鬼谷之名，隱者通號也。」

〔四〕漢志縱横家有蘇子三十一篇，此序或見於蘇子中所記。蘇秦：戰國時東周洛陽人。初遊説秦惠王吞併天下，不被用。後師事鬼谷子，發憤苦讀，習揣摩、縱横、捭闔之術。後遊説六國合縱抗秦，佩六國相印，爲縱約之長。後被張儀連横術所破。蘇秦至齊爲客卿，因與齊大夫争寵被刺死。事見史記。

〔五〕此或爲馬總所録樂壹原注。司馬相如（公元前一七九年至前一一八年）：西漢人，字長卿，擅長文章辭賦。漢武帝時，因獻賦任命爲郎，後交通邛、筰有功。著作以子虛、上林、大人等賦著稱。其賦文詞華麗雕琢，爲漢大賦代表作。史記、漢書皆有傳。無是公：亦作「亡是公」，乃司馬相如子虛賦中假託之人名。天海案：馬總此按語又見於高似孫子略，文同。四庫總目提要稱：「玉海引中興書目曰：周時高士，無鄉里、族姓、名字，以其所隱，自號鬼谷先生。蘇秦、張儀事之，授以捭闔至符言等十有二篇。」因此條爲馬總按語，故不列入正文序號。

1　自古及今〔一〕，其道一也。變化無窮，各有所歸。或陰或陽，或柔或剛，或開或閉〔二〕，或弛或張。是以聖人守司其門户〔三〕，審察其先後。

〔一〕「及」，明萬曆刊本作「至」。

〔二〕「閉」，底本誤作「閑」，據明萬曆刊本改。

〔三〕上句「是以」，明萬曆刊本作「是故」；「守」上，明萬曆刊本有「一」字。門户：此喻事物變化的原由、關鍵；又以口舌比作心之門户。

2　口者，心之門户，智謀皆從之出〔一〕。

〔一〕此條明萬曆刊本作「口者，心之門户也；心者，神之主也；志意喜欲，思慮智謀，此皆由門户出入」。

3　或遥聞而相思，或前進而不御〔一〕。

〔一〕此二句明萬曆刊本作「日進前而不御，遥聞聲而相思」。

4　世無常貴，事無常師〔一〕。

〔一〕「貴」，道藏本、四庫本作「責」，疑形誤。天海案：此條見明萬曆刊本忤合，高似孫子略亦引此二句。

5 抱薪赴火，燥者先燃〔一〕；平地注水，濕者先濡〔二〕，此類相應也〔三〕。

〔一〕赴火：明萬曆刊本作「趨火」。「先燃」上，説郛本有「必」字。聚學軒本周廣業注曰：「王楙野客叢書謂賈誼『積薪厝火』語出於此，似不若晏子『抱薪爇火，燥者先著』二句爲古。」

〔二〕「先濡」上，説郛本有「必」字。濡：浸潤。此上四句北堂書鈔亦引。

〔三〕此句明萬曆刊本作「此物類相應」。荀子勸學曰：「施薪若一，火就燥也；平地若一，水就濕也；草木疇生，禽獸羣焉，物各從其類也。」荀子大略曰：「均薪施火，火就燥；平地注水，水就濕，夫類之相從也。」又見鄧析子轉辭篇，文略異。

6 智者不用其所短，而用愚人之所長也〔一〕；不用其所拙，而用愚人之所工也〔二〕。

〔一〕此與下文二「也」字，明萬曆刊本俱無。

〔二〕「工」，聚學軒本作「巧」。御覽引此作量權篇。

7 牆壞於有隙，木毀於有節〔一〕。

〔一〕二「有」字，明萬曆刊本皆作「其」。此條見明萬曆刊本謀篇，文同。御覽引此作謀慮篇。

8　人動我静，人言我聽〔一〕。能固能去，在我而問。知性則寡累，知命則不憂。憂累去則心平，心平而仁義著矣〔二〕。

〔一〕此二句與下文「知性」、「知命」二句，高似孫子略亦引之。

〔二〕此條不見於明萬曆刊本鬼谷子。

9　以德養民，猶草木之得時；以仁化人，猶天生草木，以雨潤澤之〔一〕。

〔一〕此條不見於明萬曆刊本鬼谷子。

二九　尹文子二卷

劉歆注〔一〕。

尹文，戰國時齊國隱士，生卒年不詳。莊子天下篇將其與宋鈃並稱，吕覽高誘注曰：「尹文，齊人，作名書一篇，在公孫龍前，公孫龍稱之。」

尹文子一書，漢志名家作一篇，隋志、舊唐志俱作二卷，新唐志作一卷。治要録此書，有上篇大道、下篇聖人；今傳本尹文子分爲大道上下兩篇。原序稱是書原多脱誤，三國魏黄初末由山陽仲長氏撰定爲上下兩篇。前人考稱，此仲長氏或非漢獻帝末年之仲長統，或漢、魏之際人託名作此序。聚學軒本周廣業注曰：「容齋隨筆謂尹文子僅五千言。以今本計之，實六千五百六十字，合意林所載。『兩智』以下四條又增百餘字。再考藝文巧藝部引云『以智力求者，喻如弈，弈進退取與、攻劫放舍在我者也』，又云『博盡關塞之宜，得周通之路，而不能制齒之大小，在遇者也』。書鈔引云『鐘鼓之聲，怒而擊之則武，憂而擊之則恐，喜而擊之則樂。其意變，其音亦變。意誠感之達於金石，而況於人乎』。荀子注引云『禹之勞，十年不窺其家，手不爪，脛不生毛』，又曰『舜、禹眸子是謂重明』。御覽『中黄伯余左執太行之獲，右執雕虎』云云數條，亦今本所無，計其字，又百餘，則六千六百六十字尚非定本。」

因爲尹文子内容淆雜，故四庫全書將其列入雜家。意林録尹文子十二條，現以羣書治要、清汪繼培輯校本、錢熙祚校本參校之。

序云：「文子出於周之尹氏〔二〕，齊宣王時居稷下〔三〕。余黄初末始到京師，繆熙伯以此書見示〔四〕，聊定之〔五〕。」

〔一〕此三字爲底本注文，意林明刊諸本作「劉歆注尹文子」，清鮑廷博疑「尹文子」三字爲衍文。其下聚珍本館臣案曰：「歆奏七略，不聞注尹文子，疑有訛。」周廣業認爲劉歆未曾注尹文子，「劉歆注」三字亦有訛。顔師古注漢志，尹文子目下引劉向語，意林或誤「向」爲「歆」；或將「劉向序」誤爲「劉歆注」，亦未可知。劉歆：西漢劉向之子，字子駿，後改名秀，字穎叔。河平中，與父劉向總校羣書。向死，歆爲中壘校尉，繼父業整理六藝羣書，編成七略，爲經籍目録學做出了貢獻。王莽時，任國師，後參與謀殺王莽，事敗自殺。漢書有傳。

〔二〕此句錢熙祚校本原序作「尹文子者，蓋出於周之尹氏」。尹氏：少昊之子，封於尹城，因以爲氏，子孫世爲周卿士，食采於尹。見通志氏族略以邑爲氏。

〔三〕稷下：古地名，在齊國都城臨淄稷門。齊宣王喜文學遊説之士，於稷門設館，招鄒衍等七十六人，賜第，爲上大夫，不治事而議論。顏師古注漢志「尹文子一篇」：「劉向云：與宋鈃俱遊稷下。」

〔四〕黄初：魏文帝曹丕年號，即公元二二〇年至公元二二六年。繆熙伯：名襲，漢末魏初人，生平事未詳。據魏志劉劭傳及注稱：繆熙伯爲仲長統友人，曾爲統撰昌言表。「統延康元年（二二〇年）卒，時年四十餘」。

〔五〕此句錢熙祚校本原序作「聊試條次，撰定爲上下篇」。句下聚珍本館臣注曰：「此仲長統序文。」又案稱：「統卒於漢獻帝延康元年，則安得於魏黄初末定此書？恐序出僞託。」天海案：此序文見於錢熙祚校本原序首尾二處，文略異，或馬總以意節録。

1　名有三科：一曰命物之名，方圓黑白是也〔一〕；二曰毁譽之名，善惡貴賤是也；三曰況謂之名，賢愚愛憎是也〔二〕。

〔一〕命物：給事物形狀、性質、顏色等命名。「黑白」，道藏本、四庫本作「白黑」。

〔二〕況謂：比況和評説。聚學軒本周廣業注曰：「釋文引無『愛憎』二字，荀子注引有。」

2　法有四呈〔一〕：一曰不變之法，君臣上下是也；二曰齊等之法〔二〕，能鄙同異是也；三曰理衆之法〔三〕，慶賞刑罰是也；四曰平準之法，律度權量是也〔四〕。

〔一〕汪繼培注曰：「程之省，説文云：程，品也。」天海案：錢熙祚校本此句在「名有三科」句下。呈：同「程」，程式，等級。

〔二〕「齊等」，錢熙祚校本作「齊俗」，此指區別等次。

〔三〕「理衆」，錢熙祚校本作「治衆」，意林避唐諱而改，指治理衆人。

〔四〕汪繼培注曰：「按漢時大司農屬官有平準令，其名蓋本於此。」天海案：平準之法是古代官府轉輸物資、平抑物價的法令。平準：計量的標準。律度：指製作器物的標準、長短的尺度，如分、寸、尺、丈等。權量：重量和容量。

3 有理而無益於治者，君子不言；有能而無益於事者，君子不爲〔一〕。

〔一〕「不言」、「不爲」，治要與錢熙祚校本皆作「弗言」、「弗爲」。

4 工倕不貴獨巧，貴與衆共巧〔一〕。今世之人，行欲獨賢，事欲獨能，辯欲出羣，勇欲絶衆。

〔一〕上句道藏本作「倕不貴獨工」，治要作「所貴工倕之巧，不貴其獨巧」，錢熙祚校本無「所」字，餘同治要。工倕：相傳爲堯時的巧匠，名倕，亦稱工倕。下句治要作「貴其與衆共巧也」，錢熙祚校本「其」下有「能」字；容齋續筆引此文，「其」下亦有「能」字。

5 田駢曰〔一〕：「天下之士，莫肯處其門庭，臣其妻子〔二〕，必遊宦諸侯之朝，名利引之也〔三〕。」

〔一〕田駢：戰國時齊人，齊宣王時稷下學士。莊子天下篇彭蒙、田駢、慎到三人並稱。經典釋文：「田駢，齊人也，遊稷下，著書十五篇。」聚學軒本周廣業注曰：「釋文引慎子云：名榮。」

〔二〕門庭：此指家中。臣：使妻子兒女爲臣，猶治理。

〔三〕「朝」下，錢熙祚校本有「者」字。「名」字，錢熙祚校本無。遊宦：以遊學求官。

6　彭蒙曰〔一〕：「雉兔在野，衆皆逐之〔二〕，分未定也。雞豕滿市，莫有志者，分定故也〔三〕。」

〔一〕彭蒙：生平未詳，與田駢同爲稷下學士，彭蒙或爲田駢之師。莊子天下篇：「田駢學於彭蒙。」成玄英莊子疏曰：「彭、田、慎，皆齊之隱士，俱遊稷下，各著書數篇。」

〔二〕「皆」，錢熙祚校本作「人」。

〔三〕此條見錢熙祚校本大道上篇，慎子亦有類似之文。

7　兩智不能相使，兩貴不能相臨，兩辯不能相屈〔一〕，力均勢敵故也。

〔一〕「使」，御覽引作「救」。相使：彼此驅使。荀子王制曰：「夫兩貴之不能相事，兩賤之不能相使，是天數也。」與此義同。相臨：彼此制約。臨：統管，治理。「辯」，説郛本作「辨」。相屈：彼此屈服。

8 專用聰明則功不成，專用晦昧則事必悖〔一〕。一明一晦，衆之所載〔二〕。

〔一〕聰明：耳聰目明，此指智慧聰明。晦昧：昏暗，不明，此指糊塗愚昧，或指採用陰謀手段。悖：謬誤，錯亂。

〔二〕「載」，同「戴」，擁戴。釋名釋姿容：「載，戴也，戴之於頭也。」

9 禄薄者不可與經亂〔一〕，賞輕者不可與入難，處上者不可不慎也〔二〕。

〔一〕禄薄：俸禄少。經亂：經歷動亂。

〔二〕此句治要、錢熙祚校本皆作「處上者所宜慎者也」。處上者：指處上位的君主。此條文或本管子法法：「爵不尊、禄不重者，不與圖難犯危。」

10 尹文子見宣王，宣王不言而歎〔一〕。尹文子曰：「何歎？」王曰：「吾歎國中寡賢。」尹文子曰：「國中悉賢，誰處王下？誰爲王使〔二〕？」

〔一〕「宣王」，錢熙祚校本逸文作「齊宣王」，下句作「宣王歎國寡賢」。

〔二〕此上二「誰」字，錢熙祚校本逸文皆作「孰」。此條見錢熙祚校本逸文引類聚與御覽。

11 人有字長子曰「盜」，少子曰「毆」。盜出行，其父在後追而呼之曰：「盜，盜。」吏聞，因而縛之〔一〕。其父呼毆喻吏，遽而聲不轉〔二〕，但言「毆，毆」，吏因而毆之，幾至於死〔三〕。

〔一〕「而」字，錢熙祚校本無。

〔二〕喻：解説明白。遽而聲不轉：因急促説話，語音轉不過彎。

〔三〕此二句錢熙祚校本作「吏因毆之，幾殪」。此條見錢熙祚校本大道下篇，文略異。

三〇　公孫尼子一卷〔一〕

「公孫尼子」原作「公孫文子」，考之古籍書目，未見有公孫文子一書。明胡應麟少室山房筆叢卷三搜羅先秦、兩漢間子書，有七種稱公孫子的，但未見公孫文子。清周廣業援引諸書爲據，認爲「文子」乃「尼子」之誤，且高似孫子略目載梁子鈔目亦作公孫尼子一卷，故「文子」蓋「尼子」之誤。聚學軒本、四部叢刊本皆認爲當作公孫尼子，今據改。聚學軒本周廣業注曰：「御覽引公孫尼子，分見人事部、骨肉等門，天中記引全文，陳禹謨説儲引『多食甘者』六句，並三出意。又御覽食部引公孫尼子曰『太古之人飲露，食草木實，聖人爲火食，號燧人，飲食以通血氣』，此言飲食之始，類附於此。」又注曰：「是書早佚，賴意林得傳數條。明以來又訛爲文子，胡氏雖嘗致疑，亦未能辨。然遍稽羣籍，從未聞公孫文子，況馬氏所録，其半尚有御覽可覈，烏忍使聖門緒論久湮於不知誰何乎？再考是篇，除樂記已入小戴列在正經外，初學記引『屈倒貊冠』、『殷紂爲肉圃』二條。文選注『家人役物而忘情』；路史注『舜牧羊於潢陽之野，堯舉之以爲天子』；御覽『道爲智者設，賢爲聖者用』；又『君子怒則説之以智，喜則收之以正』；又『孔子有病，哀公使醫視之，醫曰：子居處飲食何如？孔子曰：某春居葛室，夏居密陽，秋不風，冬不煬，飲食不饋，飲酒不勤。醫曰：是良藥也』，共五條，雖一鱗片羽，均堪寶貴。至小戴緇衣，劉瓛以爲公孫尼子作，當亦在二十八篇之内，今無可考矣。」

公孫尼，生平事未詳。一説字子石，孔子弟子。漢志儒家載公孫尼子二十八篇，雜家又載公孫尼一篇。隋志儒家有公孫尼子一卷，兩唐志載同隋志。公孫尼子書或亡於唐、宋之際，意林所録六條，見於史記樂書四條，見於太平御覽二條，足見其寶貴。

1 心者，衆智之要，物皆求於心〔二〕。

〔一〕此目下，聚珍本館臣案曰：「文」當作「尼」，王應麟漢藝文志考證、洪邁容齋續筆及太平御覽、初學記、隋書音樂志所援引可據。

〔二〕求：尋求，推究。御覽、淵鑒類函引公孫尼子有此文。

2 修心而不知命，猶無室而歸〔一〕。

〔一〕「心」，聚學軒本作「身」。明徐元太喻林引此條，文同。

3 君子行善必有報，小人行不善必有報〔一〕。

〔一〕「不善」下，聚學軒本有「亦」字。

4 樂者，先王所以飾喜也；軍旅者，先王所以飾怒也〔一〕。

〔一〕飾：表現，表達。荀子樂論曰：「且樂者，先王之所以飾喜也；軍旅斧鉞者，先王之所以飾怒也。」史記樂書載此文，正義曰：「此樂化章第四段也。」又曰：「樂記者，公孫尼子撰次也。」

5 舟從流於河而無維檝，求安不可得也〔一〕。

〔一〕從流：猶縱流，任意泛流。說郛本有此條，文同。

6 人有三百六十節，當天之數〔一〕；形體有骨肉，如地之厚〔二〕；有孔竅血脈，如川谷也〔三〕。多食甘者，有益於肉而骨不利；多食苦者，有益於骨而筋不利〔四〕；多食辛者，有益於筋而氣不利。

〔一〕節：骨節，關節。當：相當。天之數：一年三百六十天之數。

〔二〕此句與下句二「如」字，御覽皆引作「當」。厚：厚能載物。

〔三〕此句下，御覽有「血氣者，風雨也」六字。孔竅：此指人身上的口耳眼鼻等。

〔四〕「有益於骨」四字，御覽無。

三一　陸賈新語二卷　太中大夫陸賈也。

陸賈，約出生於前二四〇年至前一七〇年，其先爲楚人。劉邦起事時，以陸賈有口才，善辯論，常派他出使諸侯各國，擢爲太中大夫。高祖死後，呂后擅權。陸賈説丞相陳平深結太尉周勃，誅諸呂，立漢文帝劉恒。後陸賈再次出使南越，勸説趙佗廢去帝號，重新恢復其臣屬關係。陸賈著新語十二篇，史記、漢書皆有傳，隋、唐志皆作二卷。此書至宋末時已非完帙，但今存明弘治十五年錢福序本仍有十二篇，故清王謨跋文認爲此本爲元、明以來裒集而成。意林明刊本標目皆作「新書」，或因此下晁錯、賈誼書名而誤。意林録新語共八條，皆見於今本中。現以明弘治間錢福序本參校之。

1 陽出雷電，陰成雪霜〔一〕。

〔一〕「出」，錢本作「生」。説郛本此條與下條併爲一條。

2 善言古者，合之於今；能述遠者〔一〕，考之於近。道爲智者設〔二〕，馬爲御者良，賢爲聖者用，辯爲智者通〔三〕。

〔一〕述：錢本作「術」，省視之意。禮記祭義：「結諸心，形諸色，而術省之。」疏：「術，述，省視也。」

〔二〕「設」，錢本作「議」。

〔三〕此條散見於錢本術事，文略異。

3 秦以刑罰爲巢，故有覆巢破卵之患。

4 文公種米，曾子枷羊〔一〕。智者所短，不如愚者所長〔二〕。

〔一〕「種米」，淮南子作「樹米」，高誘注曰：「晉文公樹米而欲生之。」「枷」，説郛本、道藏本、四庫本皆作「牧」，錢本作「駕」，藝文類聚作「枷」。此條下聚珍本館臣案曰：「枷，原書作『駕』。淮南子注『連枷所以備之』，舊訛『牧』。今從藝文類聚。」聚學軒本周廣業注語略同此。

〔二〕二「者」字下，錢本皆有「之」字；且二句錢本在「文公種米」句上。

5　近河之地濕，近山之木長〔一〕。山出雲而丘阜生氣，四瀆東流而百川無西〔二〕。

〔一〕此句錢本作「近山之土燥」，句下尚有「以類相及也」五字。

〔二〕上句錢本作「故山川出雲雨，丘阜生氣」；「生」下，錢本有注曰「缺一字」。下句「無西」，錢本作「無不從」。四瀆：古時長江、淮河、黄河、濟水皆獨流入海，故稱「四瀆」。

6　衆口毁譽，浮石沈木〔一〕。羣邪相抑〔二〕，以直爲曲。

〔一〕「毁」上，錢本有「之」字。句下周廣業注曰：「變亂物性。」

〔二〕「相」，錢本作「所」。

7　犬不夜吠，雞不夜鳴〔一〕，家若無聲，官府若無事〔二〕，亭落若無人〔三〕，閭里不訟，耆老不愁，君子之治也〔四〕。

〔一〕「雞」，錢本作「烏」。

〔二〕此二句治要作「寂然無聲，官府若無人」，錢本作「寂然若無聲，官府若無吏」。

〔三〕「人」，治要作「吏」，錢本作「民」。亭落：此指村落。漢書：「秦制十里一亭。」廣雅：「落，居也。」

〔四〕上句錢本作「閭里不訟於巷」。閭里：古代二十五家爲閭，二十五閭爲里。此泛指鄉里、民間。次句治要作「耆老甘味於堂」，錢本作「老幼不愁於庭」。耆老：六十歲稱耆，七十歲稱老。末句錢本作「是以君子之爲治也」，且在「寂然若無聲」句上。君子：此指有道明君。

8 玉斗酌酒，金椀刻鏤，所以誇小人，非厚己也〔一〕。

〔一〕「金椀」，治要作「金罍」；末句治要作「所以誇小人之目者也」。後三句錢本作「酌金銀刻鏤，可以誇小人，非所以厚於己而濟於事也」。

三二　晁錯新書三卷

晁錯（公元前二〇〇年至前一五四年），一作「朝錯」。西漢潁川人。漢文帝時爲太常掌故，又遷爲太子家令，時號「智囊」。景帝時，先任内史，後任御史大夫，力主削藩以加强中央集權。後吴、楚七國起兵叛亂，漢景帝用袁盎之計，斬晁錯而亂兵不息。事見史記、漢書本傳。

漢志法家著録「晁錯三十一篇」，隋志法家韓子下注稱：「梁有朝氏新書三卷，漢御史大夫錯撰，亡。」舊唐志作三卷，宋史志書目皆不見載，是書或亡於唐、宋之際。

意林録四條，觀之可知晁氏政治上崇尚術數，重兵勸農；思想上以儒家之德爲其形，以法家刑賞爲其實。史志雖列晁錯於法家，但他實際上是外儒内法、德主刑輔的政治家。

1 高皇帝不用同姓爲親〔一〕，故能以誅暴亂。令之所加，莫不從；兵之所誅，莫不服〔二〕。

〔一〕高皇帝：此指漢高祖劉邦。不用：不以。

〔二〕此與下三條，均見馬國翰輯晁氏新書雜篇，文略同。

2 呂后專制，社稷不傾若髮〔一〕。漢書云「如帶」，公羊云「如綫」〔二〕。

〔一〕呂后：名雉，劉邦之妻，單父人。漢惠帝死後，臨朝稱制，主政柄八年，排斥劉邦舊臣，立諸呂爲王。呂雉死，周勃、陳平等盡滅諸呂，擁立文帝，恢復劉氏政權。若髮：如懸於髮絲。

〔二〕此二句意林諸本皆作正文。聚珍本館臣案曰：「『漢書云如帶』十字疑是小注。」聚學軒本周廣業認爲「公羊句終費解」。天海案：漢書爲東漢班固所撰，晁錯新書不當引其文；公羊氏注春秋與呂氏事無涉，故此疑爲馬總自撰注文，或傳鈔時誤作正文，清馬國翰玉函山房輯佚書已將此十字改爲小字注文，今從之。

3 善爲政者，士實於朝野，牛馬實於陸，鳥獸實於林；上及飛鳥，下及蟲魚〔一〕；載之如地，包之如海。陛下之地，東西盡冠蓋之民〔二〕，南北極寒暑之和，匈奴不得當一縣〔三〕。

〔一〕此二句漢書本傳作「德上及飛鳥，下及水蟲」。

〔二〕陛下：此或指漢景帝。冠蓋：禮服與車乘，此指代仕宦、豪富之人。

〔三〕賈誼治安策亦有此語。當：抵，相當。此條或爲晁錯奏漢景帝之言。

4 號令不時，命曰傷天；焚林斬木不時〔一〕，命曰傷地；斷獄立刑不當，命曰傷人〔二〕。

〔一〕首句「不時」，指不合時事；此句「不時」，指不按時令。

〔二〕此條或爲晁錯奏漢景帝之言。

三三　賈誼新書八卷

賈誼（公元前二〇一年至前一六九年），漢初洛陽人，以年十八能屬文稱於郡中。漢文帝召爲博士，又遷爲太中大夫。後出爲長沙王太傅，又遷梁王太傅。因梁王墜馬死，悔怨自責，憂懼而亡，年僅三十三歲。世稱賈太傅、賈長沙或賈生。其著述今存賈子十卷、集四卷。史記、漢書皆有傳。

賈誼論著，漢志載賈子五十八篇，隋志作十卷，舊唐志作九卷，新唐志作賈誼新書十卷。今存十卷五十八篇，乃盧文弨據兩宋本、明刊本合校之，其中闕文二篇。四庫簡目稱：「多取賈誼本傳之文，割裂章段，顛倒次序，又加以標題而成，實非原本。」意林録七條，散見於今本各篇。現以盧文弨校本參校之。

1 寒者利裋褐，飢者甘糟糠〔一〕。秦二世立，天下莫不引領而觀其政〔二〕。是故勞民易爲政也〔三〕。

〔一〕「寒」上，盧校本有「夫」字。「飢」上，盧校本有「而」字。此二句盧校本與「勞民」句相連，在「秦二世立」句下。利：愛也。裋褐：短小的粗布衣服。

〔二〕「秦二世立」上，盧校本有「今」字。秦二世：公元前二一〇年，秦始皇病死於沙丘，宦官趙高脅迫左相李斯矯詔立其少子胡亥，即位後稱秦二世。在位三年後，趙高迫其自殺。「政」，盧校本作「亡」。盧文弨案曰：「潭本從史記作『莫不引領而觀其政』，然於上文卻少收煞，今故從建本作『亡』。意林引作『政』，當亦因史記改。」

〔三〕「政」，廖本、聚學軒本皆作「治」。此句盧校本作「此言勞民之易爲仁也」。勞民：撫慰人民。易井：「君子以勞民相勸。」

2 主之與臣，若日與星；貴之與賤，若白與黑〔一〕；如身之使臂，臂之使指。天子如堂，羣臣如陛，衆庶如地。若經制不定，猶渡江無維檝也〔二〕，中流遇風波，船必覆矣〔三〕。

〔一〕前二句盧校本服疑篇作「於是主之與臣，若日之與星」；後二句盧校本數寧篇作「尊卑貴賤，明若白黑」。

〔二〕此句盧校本俗激篇作「是猶渡江河無維楫」。經制：治國的制度。維檝：纜繩和船槳。

〔三〕上句盧校本作「中流而遇風波也」。此條所録，散見於盧校本服疑、數寧、五美、階級、俗激五篇中，文略異。聚學軒本周廣業注認爲：「此集五篇語，使以類從。」

3 採銅者，棄其田疇；家鑄者，損其農事〔一〕。

〔一〕家鑄：私人家中鑄錢。西漢初年，國家允許私人採銅鑄錢。

4 建武、函谷、臨晉三關，以備山東諸侯也〔一〕。不如定地勢，使無可備〔二〕，天下一通也〔三〕。

〔一〕上句盧校本作「所謂建武關、函谷、臨晉關者」。三關：秦時南有武關，秦昭王詐楚懷王處，又稱建武關；有函谷關，因關在谷中得名，地在今河南靈寶東北；東北方向有臨晉關，地在今陝西大荔縣東。下句盧校本作「大抵爲備山東諸侯也」。山東：古稱崤山以東的中原地區。

〔二〕上句盧校本作「豈若定地勢」，下句作「使無可備之患」。

〔三〕此句盧校本作「因行兼愛無私之道，罷關一通天下」。一通：即「一統」。

5 與正人居，不能無正人也〔一〕，猶生長於楚，不能無楚語〔二〕。

〔一〕此二句盧校本作「習與正人居之，不能無正也」。

〔二〕此二句盧校本作「猶生長於楚之不能不楚言也」。

6　志有四興〔一〕：朝廷之志清以嚴，祭祀之志思以和，軍旅之志精以厲〔二〕，喪紀之志憂以愁〔三〕。言有四術：敬以正，朝廷之言；和以序，祭祀之言；併聲氣，軍旅之言；悲不足，喪紀之言〔四〕。

〔一〕「興」，説郛本作「具」，聚學軒本作「與」。四興：四種表現。

〔二〕「清以嚴」、「思以和」、「精以厲」，盧校本分别作「淵然清以嚴」、「愉然思以和」、「怫然慍然精以厲」。清以嚴：清正而嚴肅。思以和：緬懷而祥和。精以厲：精鋭而振奮。管子七法：「兵弱而士不厲。」

〔三〕「憂以愁」，盧校本「愁」作「湫」；此三字上，盧校本有「繆然憖然」四字。喪紀：喪事。禮記文王世子：「喪紀以服之輕重爲序。」注：「紀猶事也。」

〔四〕「四術」以下之文，盧校本作「言敬以和，朝廷之言也；文言以序，祭祀之言也；屏氣折聲，軍旅之言也；言若不足，喪紀之言也」。

7　翟王使使至楚，楚王誇使者以章華之臺〔一〕。臺甚高，三休乃至〔二〕。楚王曰：「翟國亦有此臺乎？」對曰〔三〕：「翟王茅茨不翦，綵椽不刻〔四〕，猶以爲作之者勞，居之者佚〔五〕。」楚王大作〔六〕。

〔一〕上句治要作「翟王使者之楚」，下句作「楚王欲誇之，故饗客于章華之臺上」，盧校本亦同。翟王：即

「狄王」，我國古代北方狄族首領。章華臺：春秋時楚靈王所造，故地在今湖北監利縣西北。

〔二〕此二句治要、盧校本皆作「上者三休，而乃至其上」。三休：休歇多次。

〔三〕「對曰」，治要作「使者對曰」，盧校本作「使者曰」。

〔四〕「茅茨不翦」，治要作「蒷茸弗剪」，盧校本作「翟王之自爲室也，堂高三尺，壤陛三壘，茆茨弗翦」。「綵椽不刻」，治要與盧校本作「采椽不刮」。韓非子五蠹：「堯之王天下也，茅茨不翦，采椽不斫。」史記李斯列傳：「堯之王天下也，堂高三尺，采椽不斫。」索隱：「采，木名，即今之櫟木也。」綵椽不刻：屋椽不加砍削。綵：同「采」，即柞木。刻：砍削。

〔五〕此二句治要與盧校本皆作「且翟王猶以作之者大苦，居之者大逸，翟國惡見此臺也」。佚：通「逸」，安逸。

〔六〕治要作「楚王媿焉」，盧校本同治要，無「焉」字。大作：極爲慚愧。

三四　吕氏春秋二十六卷

吕不韋，戰國末年衛國人，居河南濮陽。原爲陽翟大賈，他在趙都邯鄲見到入質於趙的秦國公子異人，便助他歸國嗣位，是爲秦莊襄王。吕不韋因功拜相，封爲文信侯。莊襄王死，秦王政年幼繼位，尊不韋爲仲父，並委以國政。後因嫪毐獲罪牽連，被罷官。秦王政十二年，流放四川，途中自殺身亡。

漢志載吕氏春秋二十六篇，注曰：「秦相吕不韋輯智略士作。」隋、唐志皆作二十六卷。説郛本意林則作二十二卷，或筆誤所致。今傳呂氏春秋爲二十六卷，漢高誘注，清人畢沅有新校本，近人許維遹有集釋本，皆稱精審，可資參閱。意林録呂氏春秋共四十九條，皆見於今本中。現以畢沅校本、許維遹集釋本及治要所載參校之。

1　靡曼皓齒，鄭、衛之音，伐命之斧〔一〕；肥肉厚酒，爛腸之食〔二〕。

〔一〕高誘注：「靡曼，細理弱肌，美色也；皓齒，詩所謂齒如瓠犀者也。」鄭、衛之音：春秋時鄭、衛兩國的民間俗樂。儒家因論語衛靈公有「鄭聲淫」之語，便指斥鄭、衛之音爲淫靡的音樂。命：即「性」。畢本孟春紀本生篇正作「性」。天海案：首二句下畢本有「務以自樂，命之曰」二句，且在「爛腸之食」句下。

〔二〕上句下畢本有「務以自强，命之曰」二句；下句高誘注曰：「老子曰：五味適口，使口爽傷，故謂之爛腸之食也。」

2　雷則掩耳，電則掩目〔一〕。耳聞所惡，不如不聞；目見所惡，不如無見〔二〕。

〔一〕此二句畢本原在「不如無見」句下。

〔二〕此與上二「如」字，畢本作「若」。

3　强令之笑則不樂，强令之哭則不悲〔一〕。不由中心也〔二〕。

〔一〕此上二「則」字，治要、畢本皆無。

〔二〕治要引注文作「皆無其中心也」；御覽與底本文字同，引作正文。畢本引高誘注曰：「無其中心，故不樂不悲。」

4 流水不腐，户樞不蠹〔一〕，動也。形氣亦然〔二〕。

〔一〕畢本引高誘注曰：「腐，臭敗也。」「蠹」，畢本作「螻」，或傳寫之誤。

〔二〕形氣：人的形體和元氣。

5 水泉東流，日夜不休。上不竭，下不滿〔一〕。

〔一〕高誘注曰：「水從上流而東，不竭盡也。下至海，受而不滿溢也。」聚珍本館臣案曰：「『滿』當作『漏』。」

6 耳有所聞，不學而不如聾〔一〕；目有所見，不學而不如盲〔二〕。

〔一〕此二句畢本作「使其耳可以聞，不學，其聞不若聾」。

〔二〕此二句畢本作「使其目可以見，不學，其見不若盲」。畢沅引梁仲子曰：「或馬氏以意節之。」

7 戎人生乎楚，楚人生乎戎〔一〕，則楚人戎言，戎人楚言〔二〕。亡國之主，則可化成賢主也〔三〕。

〔一〕上二「生」字，畢本皆作「長」。戎：我國古代西部少數民族。禮記王制：「西方曰戎。」下句畢本作

「使楚人長乎戎」，且與上句互乙。

〔二〕「言」下畢本有「矣」字。

〔三〕此二句畢本作「由是觀之，吾未知亡國之主不可以爲賢主也」。

8　櫻桃爲鳥所含，故曰含桃〔一〕。

〔一〕上句「櫻桃」下，道藏本、四庫本有「之」字。天海案：此條非畢本正文。畢本仲夏紀第五正文爲「羞以含桃，先薦寢廟」，下有高誘注曰：「羞，進；含桃，鶯桃。鶯鳥所含食，故言含桃。」初學記引高注曰：「含桃，櫻桃。爲鳥所含，故曰含桃。」聚珍本館臣案曰：「此係『羞以含桃』下高誘注文。」據此可知，此條爲高氏注文，意林誤録入正文；又知唐本高誘注與畢本或多有不同，惜唐本不存。

9　勇，凶德〔一〕；兵，凶器〔二〕。

〔一〕畢本作「勇，天下之凶德也」。凶德：違背仁義的惡行。

〔二〕畢本作「凡兵，天下之凶器也」，且與上句互乙。高誘注曰：「兵者，戰鬥有負敗；勇者，凌傲有死亡，故皆謂之凶。」此條又見國語越語下「夫勇者，逆德也；兵者，凶器也」，文近似。

10　今有利劍，刺則不中〔一〕，擊則不及，與惡劍無異也〔二〕。

〔一〕此二句畢本作「今有利劍於此，以刺則不中」。

〔二〕上句道藏本、四庫本作「刺則不及」，且無上句「刺則不中」四字；下句畢本作「與惡劍無擇」。

11 水出於山而歸於海〔一〕，非惡山而欲海，高下使然也〔二〕。

〔一〕「歸」，畢本作「走」，高誘注曰：「走，歸也。」

〔二〕「非」上，畢本有「水」字；「使」下，畢本有「之」字。

12 人謂兔絲無根〔一〕，其根不連屬耳，茯苓是也〔二〕。磁石召針皆相引，猶聖人南面而立〔三〕，則天下莫不延頸〔四〕。

〔一〕「人」下，畢本有「或」字。兔絲：即菟絲，一名女羅，子可入藥。淮南子説山：「千年之松，下有茯苓，上有兔絲。」

〔二〕上句畢本作「兔絲非無根也，其根不屬也」；許維遹認爲「屬」下之「也」乃「地」字之誤。連屬：連接，連續。淮南子説山：「茯苓掘，菟絲死。」茯苓：菌類植物，别名松腴。寄生於山林松樹之根，塊球狀，可入藥。菟絲子又常寄生於茯苓上，故有此説。

〔三〕上句畢本作「慈石召鐵，或引之也」。下句畢本無「猶」字。召：通「招」，引，聚。聖人：此指聖明的君王。

〔四〕此句畢本作「而天下皆延頸而舉踵矣」，語又見莊子胠篋：「今遂至使民延頸舉踵曰。」延頸：伸長脖子，形容殷切盼望。

13 周文王使人相地，得枯骨，令吏衣冠葬之〔一〕。天下聞之，曰：「文王賢矣，澤及於枯骨〔二〕。」

〔一〕「相」，聚珍本館臣案曰：「疑『抇』字之訛，即古『掘』字。」御覽亦引作「抇」，畢本同。相地：勘察地形。「得枯骨」，畢本作「得死人之骸」。下句畢本作「遂令吏以衣冠更葬之」。

〔二〕此句畢本作「澤及髊骨」，高誘注曰：「骨有肉曰髊，無曰枯。」

14 齊人好勇者，其一人居東郭〔一〕，一人居西郭，卒然相遇〔二〕，飲酒曰：「酒須肉乎〔三〕。」各抽刀自割相啖，遂至於死〔四〕。

〔一〕上句「人」字，畢本作「之」；下句「一人」上，畢本有「其」字。

〔二〕「卒然」，道藏本、四庫本作「幸而」。此句畢本作「卒然相遇於途曰」。卒然：同「猝然」，突然。

〔三〕此句畢本無，另有數句，意略同而文異，文繁不引。

〔四〕此二句畢本作「因抽刀而相啖，至死而止」，其下尚有「勇若此，不若無勇」二句。

15 石可破，不可奪堅〔一〕；丹可磨，不可奪赤〔二〕，性受於天也。

〔一〕此二句畢本作「石可破也，而不可奪堅」。奪堅：改變堅硬的性質。

〔二〕畢本「磨」下有「也」字，「不」上有「而」字。高誘注曰：「磨，猶化也。」奪赤：改變朱紅的顔色。

16 魯有醜者，其父出見美者商咄〔一〕，反而告其鄰曰：「商咄不如吾子也〔二〕。」是至美不如至惡，愛子不知其醜也〔三〕。

〔一〕「醜」，畢本作「惡」，高誘注曰：「惡，醜也。」下句畢本作「其父出而見商咄」。商咄：即宋朝，春秋時宋國公子，仕衛爲大夫，與衛靈公夫人南子私通，事見左傳定公十四年杜預注。後常以商咄作美男子的代稱。章太炎曰：「商咄即是宋朝。宋亦稱商。朝、咄，聲轉也。」

〔二〕「也」，畢本作「矣」，句下尚有「且其子至惡也，商咄至美也」二句。

〔三〕上句畢本作「彼以至美不如至惡」；下句無，有「尤乎愛也」四字。

17 人有臭者〔一〕，其親戚、兄弟、妻妾、知識〔二〕，無能與居者。自屏於海〔三〕。海上有人悦其臭者，晝夜隨之不離也〔四〕。

〔一〕「臭」上，畢本有「大」字，梁玉繩曰：「大，一本作『犬』，蓋腋病也。」

〔二〕錢大昕曰「古人稱父母爲親戚」，並舉大戴禮、孟子爲證，文繁不引。知識：熟知、認識的人。

〔三〕「屏」，同「摒」，摒棄。自屏：自暴自棄。此句畢本作「自苦而居海上」。

〔四〕「悦」，畢本作「説」，與「悦」通。「不離也」，畢本作「晝夜隨之，而弗能去」。高誘注曰：「去，離也。」

18 趙襄子攻翟，勝，方飲而有憂色〔一〕，曰：「江河之大，不過三日〔二〕。一朝而下翟，勝兩城，亡將及我矣〔三〕。」孔子聞之曰：「憂所以昌，喜所以亡〔四〕。」

〔一〕「勝」下，畢本有「老人中人」四字，句下高誘注曰：「襄子，趙簡子之子無恤也，使辛穆子伐狄，勝之，下老人、中人城。」天海案：國語晉語九「趙襄子使新稚穆子伐狄，勝左人、中人」，知「老」爲「左」字形訛。其下畢本有「使使者來謁之」一句。趙襄子：即趙無恤，一作毋恤。趙簡子之子，春秋末年晉國大夫，他與韓、魏合謀滅智氏，三分其地，爲趙國的實際建立者。下句畢本作「襄子方食摶飯，有憂色」，其下尚有「左右曰，一朝而兩城下，此人之所以喜也。今君有憂色何」，下接「襄子曰」云云。

〔二〕「不」上，畢本有「也」字。大：發大水。高誘注曰：「大，長；三日則消也。」

〔三〕此以上三句畢本作「一朝而兩城下，亡其及我乎」，句下高誘注曰：「傳曰：知懼如此，斯不亡矣。」

〔四〕此以上二句畢本作「趙氏其昌乎，夫憂所以爲昌也，而喜所以爲亡也」。天海案：孔子死於公元前四七九年，左傳載趙襄子公元前四七五年立，史記載趙襄子公元前四五七年繼位，孔子皆不在世，此或爲趙簡子之事。

19 管仲爲魯所縛，檻車載之〔一〕，使役人送於齊，皆謳歌而引車〔二〕。管仲恐魯悔而止之，又欲速至齊國〔三〕，謂役人曰：「我爲汝唱，汝和我也〔四〕。」役人不倦，取道甚速〔五〕。管仲可謂能因矣。因役人用勢欲走，乃爲歌唱，勸令走也〔六〕。

〔一〕此二句畢本作「管子得於魯，魯束縛而檻之」。管仲：見本書卷一管子題解。檻車：有木欄的囚車。

〔二〕此二句畢本作「使役人載而送之齊，其謳歌而引」。謳歌：唱歌。引車：拉車。

〔三〕此二句畢本作「管子恐魯之止而殺己也，欲速至齊」。

〔四〕此三句畢本作「因謂役人曰：我爲汝唱，汝爲我和」。

〔五〕「役人」句上，畢本有「其所唱適宜走」一句。取道：趕路。取，通「趨」，疾走。

〔六〕此爲意林原注，高誘注文作「因役人用勢欲走，而爲唱歌，歡之令走也」，畢沅認爲高注「『歡之』，疑當作『勸之』」。

20 有道之士，貴以近知遠，以今知古，以所見知所不見〔一〕。故審堂下之陰，而知日月之行〔二〕；見瓶水之冰，知天下之寒〔三〕；嘗一臠之肉，知一鑊之味〔四〕。

〔一〕「以所見」，畢本作「以益所見」。

〔二〕「行」下，畢本有「陰陽之變」四字。

〔三〕「知」上，畢本有「而」字，其下有「魚鱉之藏也」五字。

〔四〕臠：畢本作「脟」，盧文弨曰：「脟與臠同。」末句下畢本尚有「一鼎之調」四字。

21 有人方且過江，引嬰兒欲投於水〔一〕。人問其故，對曰：「其父善游〔二〕。」其父雖善游，其子未必能邪〔三〕。楚國之政，有似如此〔四〕。

〔一〕此二句畢本作「有過於江上者，見人方引嬰兒而欲投之江中，嬰兒啼」。引：拉，手牽。嬰兒：此指小孩。

〔二〕此二句畢本作「曰：此其父善游」。

〔三〕此句畢本作「其子豈遽善游哉」，句下尚有「此任物，亦必悖矣」二句。

〔四〕此二句畢本作「荆國之爲政，有似於此」，高誘注曰：「似此悖也。」聚學軒本周廣業注曰：「喻楚守成法而不知變。」

22 周公旦云〔一〕：「不如吾者，吾不與處〔二〕；與我齊者，吾不與處，無益我也〔三〕。」

〔一〕「周公旦云」之「公」字原無，且在下條句首，此據畢本正之。周公旦：姬姓，周武王之弟，名旦，亦稱叔旦。因采邑在周（今陝西岐山東北），稱爲周公。曾助武王滅商建周，封於魯。武王死後，成王年幼繼位，由他攝政。後平定武庚之亂，建成周洛邑。相傳周代的禮樂制度都由周公制定。

〔二〕此句之下，畢本有「累我者也」四字。

〔三〕此句「我」下，畢本有「者」字，高誘注曰：「齊，等也。等則不能勝己，故曰無益我者也。」

23 越石父曰〔一〕：「君子屈於不知己而伸於知己〔二〕。」

〔一〕此四字原作「周旦云」，畢本作「越石父曰」。考晏子春秋、史記管晏列傳、新序節士等，皆作越石父語，故移「周旦云」至上條句首，據畢本作「越石父曰」。越石父：春秋時齊國賢士，在牢獄中，晏子救之而不謝。因久不見用而請辭，後被晏子延爲上客。

〔二〕此句畢本作「吾聞君子屈乎不己知者而伸乎己知者」。考之晏子春秋雜上、新序節士，皆作「知己」，史記管晏列傳亦作「知己」，故知作「知己」近是。

24 穴深一尋，則人臂不及，智亦有不至者〔一〕。

〔一〕此上之文，畢本作「穴深尋，則人之臂必不能及矣，智亦有所不至」，高誘注曰：「八尺曰尋。」

25 樂羊伐中山，歸而有責功之色〔一〕，魏文侯以謗書兩篋示之〔二〕。樂羊北面再拜曰〔三〕：「一寸之書亦亡，何須兩篋〔四〕。」

〔一〕此二句畢本作「魏攻中山，樂羊將，已得中山，還反報文侯，有責功之色」。樂羊：也作「樂陽」，戰國時魏將，封於靈壽。樂羊伐中山事，戰國策、淮南子、説苑皆有載。中山：周諸侯小國名，戰國時被趙武靈王所滅。責功：求功，邀功。畢沅曰：「盧文弨云：疑是負功。」説苑復恩作「喜功」。

〔二〕此句與畢本文異，文繁不引。魏文侯：參見前鶡冠子第二條注。謗書：誹謗、攻擊的信函。

〔三〕此句畢本作「將軍還走，北面再拜曰」。

〔四〕此二句畢本作「中山之不取也，奚宜二篋哉，一寸而亡矣」。「亡」同「無」，道藏本、四庫本作「止」。畢沅曰：「秦策作『謗書一册』。」

26 人驥俱走，則人不勝驥〔一〕；居於車上，則驥不勝人〔二〕。猶人主爭官事，與驥俱走無異也〔三〕。

〔一〕上句畢本「人」下有「與」字，治要作「今與驥俱走」；下句末畢本有「矣」字。

〔二〕此二句畢本作「居於車上而任驥，則驥不勝人矣」。

〔三〕上句治要作「人主好人官」，其下有小字注曰：「好爲臣之官事。」此二句畢本作「人主好治人官之事，則是與驥俱走也」，其下高誘注曰：「言君好爲人臣之官事，是謂與驥俱走，無以勝之也。」

27 目之見也藉於照，心之智也藉於理〔一〕。

〔一〕「照」，畢本作「昭」，高誘注曰：「昭，明也。非明，目無所見，故藉明以見物。」「智」，畢本作「知」，音義同。高誘注曰：「處物斷義，非理不決，故藉理以決物。」

28 無骨之蟲〔一〕，不可令知冰。春生秋死，不知冬冰〔二〕。

〔一〕此句畢本作「無骨者」。

〔二〕畢本高誘原注作「亡國之主，不知去貪暴施仁惠，若無骨之蟲，春生秋死，不知冬寒之有冰雪」。

29 十里之間，耳不能聞〔一〕；帷牆之外，目不能見〔二〕；三畝之間，心不能知〔三〕。而欲東至開悟，南撫多鶪〔四〕，西服壽靡，北懷儋耳〔五〕，何以得哉〔六〕？四極之國名。

〔一〕「耳」上，畢本有「而」字。

〔二〕「目」上，畢本有「而」字。

〔三〕「間」，畢本作「宮」，即房屋；「心」上，畢本有「而」字。三畝：古人以三畝指代住宅。

〔四〕上句畢本作「其以東至開梧」。開梧：傳説中最東方小國。高誘注曰：「東極之國。」「多鶡」，畢本作「多鷃」。聚珍本館臣案曰：「原作『顒』。」多鷃：傳説中最南方小國。高誘注曰：「南極之國。」

〔五〕上句高誘注曰：「西極之國。靡亦作麻。」壽靡：一作「壽麻」，傳説中最西方小國。見山海經大荒西經。下句高誘注曰：「北極之國。」儋耳：道藏本、四庫本作「弭耳」，傳説中最北方小國。見山海經大荒北經：「有儋耳之國，任姓。」

〔六〕此句畢本作「若之何哉」。

30 管夷吾、百里奚，霸王之船驥〔一〕，絶江者託於船，致遠者託於驥〔二〕。

〔一〕此二句畢本與治要皆作「伊尹、吕尚、管夷吾、百里奚，此霸王者之船驥也」，且在下二句之後。管夷吾：即管仲，見本書卷一管子題解。百里奚：春秋時秦穆公賢相。原爲虞國大夫，晉滅虞，虜奚，以爲秦穆公夫人陪嫁之臣。奚以爲恥，逃至宛，被楚人所執。秦穆公聞其賢，用五羖羊皮將其贖回，後委以國政，助秦穆公成霸業。

〔二〕此條又見説苑尊賢、治要引。

31 楚王問詹何治國之道，對曰〔一〕：「何聞治身，不聞治國〔二〕。國之本在身也〔三〕。」詹何，隱者〔四〕。

〔一〕此上畢本作「楚王問爲國於詹子，詹子對曰」。詹何：古代善術數的人，相傳他在室内聞牛鳴而知牛的形態。又見韓非子解老。

〔二〕高誘注曰：「身治國亂，未之有也，故曰爲身。」畢沅曰：「爲，訓治也。」天海案：此二句中兩「治」字，治要與畢本皆作「爲」。

〔三〕此句畢本作「詹子豈以國可無爲哉？以爲爲國之本在於爲身」。

〔四〕此馬總録高誘注文，畢本原在「楚王問爲國於詹子」下。

32 管仲曰：「君子有三色〔一〕：懽然喜樂者，鐘鼓之色；愀然清净者，縗絰之色；沸然充盈者，兵革之色〔二〕。」

〔一〕此二句畢本作「對曰：臣聞君子有三色」。

〔二〕此以上畢本作「顯然喜樂者，鐘鼓之色也；湫然清净者，衰絰之色也；艴然充盈手足矜者，兵革之色也」。沸然：惱怒貌。天海案：此條見畢本審應覽重言，文略異。原爲齊桓公與管仲謀伐莒事，管仲詢問東郭牙，東郭牙回答管仲之語，並非管仲之言。此或馬總誤録。韓詩外傳卷四、説苑權謀、論衡知實皆載此，事略同而文小異。

33 洧水大，有富人溺者〔一〕。有人得富者尸，請贖而求金甚多；富人黨以告鄧析〔二〕。析曰：「但安之，必無買此者〔三〕。」得尸者患其不贖，又告鄧析〔四〕。析曰：「但安之，必無人更賣〔五〕，義必無不贖〔六〕。」

〔一〕此二句畢本作「洧水甚大，鄭之富人有溺者」。洧水：水名，即今雙洎河。發源於河南登封縣，東流至新鄭縣，會溱水爲雙洎河，入於賈魯河。

〔二〕上句畢本作「人得其死者，富人請贖之，其人求金甚多」。畢沅曰：「死，與尸同。」下句畢本作「以告鄧析」。

〔三〕此以上畢本作「鄧析曰：安之，人必莫之賣矣」。

〔四〕此二句畢本作「得死者患之，以告鄧析」。

〔五〕此以上畢本作「鄧析又答之曰：安之，此必無所更買矣」。

〔六〕畢沅曰：「『義必無不贖』五字，疑是注。」聚珍本館臣案曰：「原書無末句，疑是注文。」天海案：義：此指道義，説郛本、道藏本、四庫本皆作「又」。

34 言不欺心，言所以喻心〔一〕。言心相離，則不祥也〔二〕。

〔一〕此二句畢本作「言不欺心，則近之矣。凡言者以諭心也」。

〔二〕此二句畢本作「言心相離，而上無以參之，則下多所言非所行也，所行非所言也，言行相詭，不祥莫大焉」。

35 以繩墨取木，則宫室不成〔一〕。材難得也〔二〕。

〔一〕此二句畢本作「故以繩墨取木，則宫室不成矣」，高誘注曰：「正材難得，故宫室不成也。」

〔二〕此馬總以意節録高誘注文。

36 引其紀，萬目起；引其綱，萬目張〔一〕。治民如此也〔二〕。

〔一〕此以上畢本作「壹引其紀，萬目皆起；壹引其綱，萬目皆張」。

〔二〕畢本無此句，疑是馬總注文。

37 決積水於千仞之溪，誰能當者〔一〕。

〔一〕高誘注曰：「七尺曰仞。」天海案：「決」上畢本有「若」字。下句畢本作「其誰能當之」。説郛本録此條在「洧水大」條之上。

38 戎夷去齊往魯，天大寒〔一〕，與弟子一人宿於郭外。寒轉甚〔二〕，謂其弟子曰：「可以衣活我〔三〕。我，國士也，天下所惜。子，不肖也，不足惜也〔四〕。」弟子曰：「不肖人安能與國士衣乎〔五〕？」戎夷歎息〔六〕，乃解衣與弟子，戎夷至夜半而死，弟子乃活〔七〕。

〔一〕此二句畢本作「戎夷違齊如魯，天大寒而後門」，高誘注曰：「違，去，去齊至魯也。後門，日夕門已閉也。」戎夷：人名。漢書古今人表作「視夷」，顔師古認爲即「式夷」，梁玉繩認爲「戎」乃「式」之訛字。

〔二〕「轉」，畢本作「愈」。

〔三〕此句畢本作「子與我衣，我活也；我與子衣，子活也」。

〔四〕此以上畢本作「我，國士也，爲天下惜死；子，不肖人也，不足愛也」，高誘注曰：「惜，愛也；愛，亦惜也。」

〔五〕此句畢本作「夫不肖人也，又惡能與國士之衣哉」。

〔六〕此句畢本作「戎夷太息歎曰：嗟乎，道其不濟夫」，高誘注曰：「死之，道其不濟也。」

〔七〕上二句畢本作「解衣與弟子，夜半而死」；末句「乃」字，畢本作「遂」。

39 晏子遭崔杼之患，援綏而乘〔一〕。其僕將馳，晏子曰：「安之〔二〕，疾不必生，徐不必死。鹿生於山，命懸於廚。今晏命有所懸矣〔三〕。」

〔一〕此以上畢本作「崔杼曰：此賢者不可殺也，罷兵而去。晏子援綏而乘」。此或馬總以意節録之。晏子：即晏嬰。參見本書卷一晏子題解。崔杼：春秋時齊國大夫，娶美女棠姜，齊莊公與姜私通，崔杼怒而殺莊公，立景公，自爲相，後崔杼被慶封殺死。崔杼殺莊公立景公，事在左傳魯襄公二十五年，本文背景即指此事。援綏：手拉車繩。綏：登車時手拉的繩索。

〔二〕此以上畢本作「晏子撫其僕之手曰：安之，毋失節」。

〔三〕此句畢本作「今嬰之命有所懸矣」。此條又見晏子雜上、韓詩外傳卷二、新序義勇，事略同而文異。

40 以龍致雨，以形逐影，類同則相召〔一〕，氣同則相合，聲比則相應〔二〕，故鼓宫宫應，鼓角角動〔三〕。

〔一〕高誘注曰："龍，水物也，故致雨。影出於形，形行日中，則影隨之，故曰以形逐影。召，致也。"上二句畢本在本條"鼓角角動"句下，末句"則"字畢本無。

〔二〕高誘注曰："合，會也，和也。"天海案：此二句中二"相"字，畢本無。

〔三〕此二句畢本作"故鼓宮而宮應，鼓角而角動"，高誘注曰："鼓大宮小宮應，擊大角小角動。"天海案：道藏本、四庫本作"故鼓宮商應"，而無末句。

41　王德不通〔一〕，民欲不達，此國之鬱也〔二〕。樹鬱則蠹，水鬱則污〔三〕，國鬱則萬災聚矣〔四〕。

〔一〕"王德"，治要作"主德"，聚學軒本從之；畢本作"生德"，畢沅案曰："生德，疑主德。"

〔二〕高誘注曰："鬱，滯不通也。"此上三句畢本在"樹鬱"句下。

〔三〕高誘注曰："蠹，蝎，木中之蟲也。水淺不流，污也。"此二句"則"字下，畢本皆有"爲"字，且上句在"水鬱"句下。樹鬱：此指樹木氣機不暢，生長遲緩。

〔四〕此句畢本作"國鬱處久，則百惡並起而萬災叢至矣"。

42　天爲高矣，日月星辰〔一〕，雲氣雨露，未嘗休也〔二〕；地爲大矣，水泉草木，毛羽裸鱗〔三〕，未嘗息也。

〔一〕"日"上，畢本有"而"字。"頭"，畢本作"首"。

〔二〕「休也」，畢本作「休矣」，高誘注曰：「休，止也。」

〔三〕「水」上，畢本有「而」字；「裸鱗」二字，道藏本、四庫本無。毛羽：指飛禽走獸。裸：指蹄角裸顯的牛馬羊鹿之類。鱗：指龍蛇魚及帶甲的動物。

43 冠所以飾頭，衣所以飾身〔一〕。今人斷首以易冠，殺身以易衣〔二〕，則不知所爲矣，世之趨利似此，亦不知所爲也〔三〕。

〔一〕「頭」、「身」下，畢本均有「也」字。「頭」，畢本作「首」。

〔二〕「今人」，畢本作「今有人於此」；此句下，畢本尚有「世必惑之，是何也」二句。

〔三〕高誘注曰：「爲，謂相爲之爲。」天海案：上句之上，畢本尚有「冠所以飾首也，衣所以飾身也，殺所飾要所以飾」三句；中一句畢本作「世之走利有似於此」，句下尚有「危身傷生、刈頸斷頭以徇利」一句；末句「亦」上，畢本有「則」字。

44 黄帝之貴亦死〔一〕，堯、舜之賢亦死，孟賁之勇亦死〔二〕。

〔一〕「亦」，畢本作「而」，下二「亦」字同此。高誘注曰：「黄帝得道，仙而可貴，然終歸於死。」

〔二〕此句下，畢本尚有「人固皆死」四字。孟賁：齊國勇士，後歸秦武王。傳説他能生拔牛角，不避龍虎。孟子公孫丑、史記秦本紀皆有載。

45 相玉者患石似玉，相劍者患劍似吴干將〔一〕，賢主患辯者似通人〔二〕，亡國之主似智，亡國之臣似忠。

〔一〕上句治要、畢本皆作「玉人之所患，患石之似玉者」；下句畢本作「相劍者之所患，患劍之似吴干者」，治要所録無此句。高誘注曰：「吴干，吴之干將者也。」

〔二〕此句治要與畢本皆作「賢主之所患，患人之博聞辯言而似通者」。

46 子夏過衛，有讀史記者〔一〕，曰：「晉師三豕渡河〔二〕。」子夏曰：「非也，是己亥〔三〕。」

〔一〕上句畢本作「子夏之晉過衛」。子夏：名卜商，字夏。春秋時衛人，孔子弟子，長於文學。相傳曾講學於西河，序詩，傳易，爲魏文侯師。有子早夭，痛哭失明。事見史記仲尼弟子列傳。史記：此指古文春秋，即孔子所修春秋之原本。梁玉繩曰：「史記之名始此。」

〔二〕「渡河」，畢本作「涉河」。今本春秋及三傳皆無此文，此或古本春秋，今已不存。考今本春秋定公八年（己亥年）載：「晉士鞅帥師侵鄭，遂侵衛。」即指此渡河侵鄭、衛之事。

〔三〕「非」下，道藏本、四庫本有「者」字；「己亥」下，畢本有「也」字。考春秋左傳，此爲魯定公八年，即公元前五〇二年。此句下畢本尚有「夫『己』與『三』相近，『豕』與『亥』相似。至於晉而問之，則曰：晉師己亥涉河也」數句。

47 得十良馬，不如得一伯樂〔一〕；得十良劍，不如得一歐冶〔二〕；得地千里，不如得一賢人〔三〕。

〔一〕高誘注曰：「伯樂善得馬，得伯樂則得良馬，不但十也，故曰不若得一伯樂也。」「如」，畢本作「若」，下文二「如」字同此。伯樂：春秋時秦穆公時人，以善相馬著名。

〔二〕歐冶：又稱歐冶子。春秋時著名鑄劍師，與吴干將齊名。曾爲趙王、楚王鑄名劍多種。事見吴越春秋、越絶書。

〔三〕「賢」，畢本作「聖」。

48 夏不衣裘，非不愛裘也，煖有餘〔一〕。冬不用篓，非不愛篓也，清有餘〔二〕。

〔一〕次句畢本無「不」字；「餘」下，畢本有「也」字。

〔二〕篓：扇子，畢本作「簍」，高誘注曰：「簍，扇也。簍與箑同。」「非」下，畢本無「不」字，「餘」下有「也」字。高誘注曰：「清，寒。」

49 火燭一隅，則半室無光〔一〕；骨節早成，身必不長〔二〕。吕不韋，始皇時相國〔三〕，乃集儒士爲十二紀、八覽、六論〔四〕，曝於咸陽市〔五〕。有能增損一字與千金，無敢易者〔六〕。十二紀之禮此不抄〔七〕。

〔一〕「半室」，畢本作「室偏」，高誘注曰：「偏，半也。」

〔二〕此句之上，畢本尚有「空竅哭歷」四字。高誘注曰：「長，大也。」

〔三〕畢本高誘序文作「太子正立，是爲秦始皇帝，尊不韋爲相國」。

〔四〕高誘序文作「乃集儒書，使著其所聞爲十二紀、八覽、六論訓解各十萬餘言」。天海案：「儒書」，諸校家皆以爲誤，作「儒士」是。十二紀：以一年十二月先後爲次而立名。八覽：分爲有始、孝行、慎大、先識、審分、審應、離俗、恃君。六論：分爲開春、慎行、貴直、不苟、似順、士容。以上共計二十六卷，一百六十篇，十萬餘言。畢本高誘序文稱「十七萬三千五十四言」。

〔五〕畢本高誘序文作「曝之咸陽市門」。

〔六〕此二句高誘序文作「懸千金其上，有能增損一字者與千金，時人無能增損者」。

〔七〕此句應爲馬總自注之文，與高誘原序無涉。此以上雖爲意林注文，但實與本條正文内容無關，可視爲馬總鈔録吕氏春秋後參考高誘序文所寫的跋文。

三五　淮南子二十二卷

淮南子一書，爲漢淮南王劉安召集門客方士集體撰寫，後由他統稿編定。劉安（公元前一七九年至前一二二年），漢高祖劉邦之孫，漢文帝十六年，襲父爵封爲淮南王。元狩元年，有人告劉安謀反，下獄後自殺。事見漢書本傳。

漢志雜家載：「淮南内二十一篇，淮南外三十三篇。」此書原名鴻烈，經劉向校定後稱淮南。隋志始稱淮南子，録二十一篇，即漢志所謂内篇。意林仍子鈔作二十二卷，此或將高誘原序合計在内。淮南子在漢代曾有多人作注，今僅存高誘注文。意林鈔録淮南子一百零五條，所録條文之多，僅次於抱朴子，可見淮南子一書在唐代的影響。今以清乾隆時莊逵吉校本參校。

1 以湯沃沸〔一〕，亂乃愈甚，猶鞭噬狗，捶踶馬〔二〕，而欲教之，雖伊尹、造父不能化〔三〕。故體道者逸而不窮，任數者勞而無功〔四〕。

〔一〕「以」字上，莊本有「若」字。沃沸：止沸。沃：澆。

〔二〕「猶」，莊本作「是故」；「狗」，道藏本誤作「天」，聚學軒本作「犬」。鞭噬狗：鞭打咬人的狗。捶踶馬：鞭打踢人的馬。捶：通「箠」，指鞭打。「踶」，道藏本誤作「提」。「捶踶馬」，莊本作「策蹏馬」。

〔三〕「不」，莊本作「弗」。造父：周時善御者。傳説曾取駿馬獻周穆王，王賜造父以趙城，由此爲趙氏之始。

〔四〕此二句説郛本無。上句意林明刊本皆無。體道：履行正道。此二句見文子道原：「體道者佚而不窮，任數者勞而無功。」任數：依靠算計，運用權謀。

2 色者，白立而五色成〔一〕；道者，一立而萬物成〔二〕。

〔一〕「成」字下，莊本有「矣」字。高誘注曰：「白者所在以染之，故五色可成也。」五色：指青黄赤白黑五種顔色。

〔三〕「成」，莊本作「生矣」。一：事物的原始狀態。道：此指自然規律、事理。老子：「道生一，一生二，二生三，三生萬物。」

3 聾者學歌，無以自樂〔一〕。夫内心不開而强學問，如聾者效歌〔二〕，出於口，越而散矣〔三〕。

〔一〕此二句莊本作「此何以異於聾者之歌也，效人爲之，而無以自樂也」。

〔二〕「學問」二字，道藏本、四庫本無；上句莊本作「夫内不開於中而强學問者，不入於耳，而不著於心」；下句莊本無。效歌：學人唱歌。

〔三〕上句莊本作「聲出於口」；下句「越」上莊本有「則」字，高誘注曰：「散去耳不聞也。」

4 冰迎春則釋爲水，水向冬則凝爲冰〔一〕。

〔一〕此二句莊本作「夫水向冬則凝而爲冰，冰迎春則泮而爲水」。

5 以道爲竿，以德爲綸，禮樂爲鉤，仁義爲餌，投之江，浮之海，萬物皆得〔一〕。

〔一〕上文二「之」字下，莊本皆有「於」字；末句莊本作「萬物紛紛，孰非其有」。

6 歷陽之都，一夕成湖〔一〕。歷陽，淮南縣也。有一人告歷陽母曰：「見城門有血，則有走無顧。」此後門吏故污血於門限，母便上北山，縣果陷水中，母遂化作石也〔二〕。

〔一〕此二句莊本作「夫歷陽之都，一夕反而爲湖」。歷陽：秦置縣，屬九江郡，縣南有歷水，故名。在今安徽和縣境内。此指淮南王劉安封地内的屬縣。都：邑，縣城。

〔二〕此以上爲意林注文，高誘原注曰：「歷陽，淮南國之縣名，今屬江都。昔有老嫗常行仁義，有二諸生過之，謂曰：此國當没爲湖。謂嫗視東城門閫有血便走上北山，勿顧也。自此，嫗便往視門閫。閽者問之，嫗對曰如是。其暮，門吏故殺雞，血塗門閫。明旦，老嫗早往，視門見血，便上北山。國没爲湖，與門吏言其事，適一宿耳。一夕，旦而爲湖也，勇怯同命，無遺脱也。」意林本注與莊本高誘注文不同，文簡略而異，或馬總以意節之。

7 越舼蜀艇，不能無水而浮〔一〕；烏號弓，溪子弩〔二〕，不能無弦而射。

〔一〕「舼」，莊本作「舲」，高誘注曰：「舲，小船也；蜀艇，一版之舟。」舼：音窮，一種身長艙深的小船。艇：輕便小船。此二句莊本原在「無弦而射」句下。

〔二〕此二句莊本作「烏號之弓，谿子之弩」。戰國策韓策一：「天下之强弓勁弩，皆自韓出。谿子、少府、時力、距來，皆射六百步之外。」烏號弓：良弓名。又見淮南子原道訓高誘注曰：「烏號，柘桑，其材堅勁，烏跱其上，及其將飛，枝必撓下，勁能復起，巢烏隨之，烏不敢飛，號呼其上。伐其枝以爲弓，因曰烏號之弓也。」溪子弩：强弓名。高誘注曰：「谿子，爲弩所出國名也。或曰谿，蠻夷也，以柘桑爲弩，因曰谿子之弩也。一曰谿子陽，鄭國善爲弩匠，因以爲名也。」

8 人主誅暴則多飄風，法苛則多蟲螟〔一〕，殺不辜則多赤地，令不時則多淫雨〔二〕。

〔一〕莊本上句作「人主之情，上通於天，故誅暴則多飄風」，下句「法苛」作「枉法令」。高誘注曰：「暴，虐也。飄風，迅也。食心曰螟，穀之災也。」飄風：旋風，狂風。蟲螟：蝗蟲。

〔二〕莊本上句「多」作「國」，下句「時」作「收」，高誘注曰：「干時之令不收納，則久雨爲災。」

9 南方有不死之草，北方有不釋之冰〔一〕。

〔一〕莊本高誘注曰：「南方温，故草有不死者；北方寒，故冰有不泮釋者。」聚學軒本周廣業注曰：「寒温異也。」

10 食水者善浮而耐寒，魚屬也〔一〕；食土者無心而惠，蚯蚓是也〔二〕；食木者多力而奰，熊羆是也〔三〕；食草者善走而愚，麋鹿是也〔四〕；食桑者有絲而蛾，蠶是也〔五〕；食肉者勇敢而悍，虎豹是也〔六〕；食氣者神明而壽，龜蛇之類〔七〕，王喬、赤松是也〔八〕；食穀者智慧而夭，人是也〔九〕。

〔一〕「浮而耐寒」，莊本作「善遊能寒」；「魚屬也」三字莊本無，高誘注文作「魚鱉鷺鳶之屬是也」。

〔二〕「惠」，莊本作「慧」，二字可通，即靈慧。「蚯蚓是也」，高誘原注作「蚯蚓之屬是也」。

〔三〕此「奰」字以下十一字，意林明鈔本皆脱。奰：音必，壯大。玉篇大部：「奰，壯也。」「熊羆是也」，高誘原注作「熊羆之屬是也」。

〔四〕「麇鹿是也」，高誘原注作「麇鹿之屬是也」。

〔五〕「蠶是也」，道藏本作「蠶屬也」。「桑」，莊本作「葉」。

〔六〕「虎豹是也」，高誘原注作「虎豹鷹鸇之屬是也」。

〔七〕「黿蛇之類」，莊本正文、注文皆無。

〔八〕此六字，高誘原注作「仙人松、喬之屬是也」。王喬：傳説中仙人王子喬。傳説爲周靈王太子晉，事見逸周書太子晉，又見列仙傳。赤松：傳説中仙人赤松子。神農時爲雨師，能入火不燒，隨風雨上下。

〔九〕「人是也」，莊本正文、注文皆無。夭：身體和順，精神舒暢。論語述而：「子之燕居，申申如也，夭夭如也。」此條見莊本卷四墬形訓，文略異，且與高誘注文混雜不分。

11 晝生者類父，莫生者似母〔一〕。

〔一〕莫：通「暮」，莊本作「夜」，聚學軒本從之。

12 勇士一人，爲三軍雄〔一〕。

〔一〕「勇士」，莊本作「勇武」。高誘注曰：「武士也。江、淮間謂士爲武。」莊逵吉曰：「意林引作『勇士一人』，是徑改『武』爲『士』，非異本也。」

13 聖人若鏡，不將不迎，應而不藏〔一〕。

〔一〕首句莊本作「故聖若鏡」。將：高誘注曰：「送也。」末句高誘注曰：「應，猶隨也。謂鏡隨人形好醜，不自藏匿者也。」

14 乞火不若取燧，寄汲不如鑿井〔一〕。譬羿請不死之藥於西王母，姮娥竊而食之〔二〕，不知不死之藥所由生也。

〔一〕「乞火」上，莊本有「是故」二字；「不如」，莊本作「不若」；二句原在本條「所由生也」句下。寄汲：借别人水井打水。

〔二〕「譬」下，莊本有「若」字。「竊而食之」，莊本作「竊以奔月」。高誘注曰：「姮娥，羿妻。羿請不死之藥於西王母，未及服之，姮娥盗食之，得仙奔入月中，爲月精。」

15 生有七尺之形，死爲一棺之土〔一〕，安知喜憎利害耶〔二〕？

〔一〕上句莊本作「吾生也有七尺之形」，下句作「吾死也有一棺之土」。

〔二〕此句莊本作「吾又安知所喜憎利害其間者乎」，高誘注曰：「不知喜生之利，不知憎死之害，守其正性也。」

16 天地雖大，可以矩表知之〔一〕；星月之行，可以律曆知之〔二〕。

〔一〕上句莊本作「天地之大」。「矩表」，道藏本、四庫本皆作「短長」；「知之」，莊本作「識也」。矩表：矩，有刻度的尺子；表，古代測日影時的標杆。

〔三〕此句莊本作「可以曆推得也」，高誘注曰：「曆，術也；推，求也。」律曆：樂律與曆法，此專指曆法。

17 倉頡作字，天雨粟，鬼夜哭〔一〕。倉頡，黄帝史臣也。造文字則詐僞生，故鬼哭也〔二〕。

〔一〕首句莊本作「昔者蒼頡作書」，次句「天」字上有「而」字。倉頡：又作「蒼頡」，傳説爲漢字創造人，史記據世本説是黄帝時史官。

〔二〕此爲馬總縮略高注所作注文，高誘原注曰：「蒼頡始視鳥跡之文，造書契則詐僞萌生，詐僞萌生則去本趨末，棄耕作之業，而務錐刀之利。天知其將餓，故爲雨粟。鬼恐爲書文所劾，故夜哭也。鬼或作兔，兔恐見取毫作筆，害及其軀，故夜哭。」

18 今執政者薄德增刑，有似執彈而欲來鳥〔一〕，揮棁而欲狎犬〔二〕。揮棁，挾杖也〔三〕。

〔一〕上句莊本作「執政有司不務反道，矯拂其本而事修其末，削薄其德，曾累其刑，而欲以爲治」，下句「有似」二字作「無以異於」，「而」下無「欲」字。薄德：使德行減少。執彈：握着彈弓。

〔二〕「揮」，道藏本作「柙」，四庫本與莊本作「捭」，聚學軒本作「押」。揮棁：揮動木棒。狎犬：戲弄狗。

〔三〕此注文莊本無，或爲馬總原注。聚學軒本周廣業案稱「此許注」，然孫馮翼校勘許慎淮南子注亦未見此注文。

19 假輿馬者，足不勞而致千里〔一〕；乘舟檝者，不假游而絶江海〔二〕。譬智不任己才力〔三〕。

〔一〕高誘注曰：「假，或作駕。」假：憑藉，利用。輿馬：車馬。

〔二〕此句「假」字，莊本作「能」。絶：横渡。高誘注曰：「絶，猶過也。」荀子勸學篇：「假輿馬者，非利足也，而致千里；假舟檝者，非能水也，而絶江河。」

〔三〕此句莊本作「而不任己之才者也」，且在「假輿馬者」句上。天海案：此條底本原在下文第二十五「天下之物」條下，據道藏本、四庫本移此。

20　木擊折軸，水戾破舟，不怨木石而罪巧拙〔一〕，何也，智有不周〔二〕。

〔一〕「軸」，車軸，莊本作「轊」，指車軸頭。戾：勁疾，猛烈。「拙」下，莊本有「者」字。高誘注曰：「罪御者、刺舟者之巧拙也。」罪：怪罪。巧拙：此指駕馭車船者技藝的好壞。

〔二〕此二句莊本無，另作「知故不載焉」，其下高誘注曰：「言木石無巧詐，故不怨也。」天海案：此條又見於鄧析子無厚篇。

21　債少者易償，職寡者易守〔一〕。

〔一〕「債」，莊本作「責」，二字可通；「責」字上，莊本尚有「夫」字。守：治理，管理，此指盡職。

22　文王智而好問，故聖；武王勇而好問，故勝〔一〕。

〔一〕高誘注曰：「好問，欲與人同其功。勝殷也。」

23 力勝其任，則舉之者不重〔一〕；智能其事，則爲之者不難〔二〕。

〔一〕任：負擔，負荷。「重」下，莊本有「也」字。

〔二〕上句莊本作「能稱其事」；下句「難」下，莊本有「也」字。

24 風疾而波興，木茂而鳥集，相生之勢也〔一〕。

〔一〕「風疾」，莊本作「夫疾風」；「勢」，莊本作「氣」。相生：互相促成。

25 天下之物，莫凶於溪毒，良醫藏之〔一〕，有所用也。草莽猶不可棄，況復人乎〔二〕。

溪毒，附子也。

〔一〕「溪毒」，莊本作「雞毒」，高誘注曰：「雞頭，烏頭也。」烏頭：中藥名，亦名土附子、烏喙、奚毒，其莖、葉、根均有毒。治要引此正作「奚毒」，注曰「附子」。今考烏頭別名稱「芡」，芡又稱「雞頭」，莊本或據此稱之爲「雞毒」。末句莊本作「然而良醫橐而藏之」，治要所引與之同。

〔二〕此二句莊本作「是故林莽之材，猶無可棄者，而況人乎」，治要作「是故竹木草莽之材，猶有不棄者，而又況人乎」。草莽：泛指荒野。

26 十圍之木，能持千鈞之屋〔一〕；五寸之楗，能制開闔之門〔二〕。非材有巨細，所居要耳〔三〕。使孔、墨爲天下，天下盡儒墨，得其要也〔四〕。

〔一〕「十圍」上，莊本有「是故」二字；「持」上，莊本無「能」字。十圍：形容極粗大。一圍長度，說法不一，有三寸、五寸、八寸之説，亦有徑尺、兩手合抱之説。千鈞：形容物體極重。古代三十斤爲一鈞。

〔二〕「楗」，莊本作「鍵」，關閉門的門閂。「制」上莊本無「能」字。

〔三〕此二句莊本作「豈其材之巨小足哉，所居要也」。

〔四〕此上之文，莊本作「孔丘、墨翟，修先聖之術，通六藝之論，口道其言，身行其志，慕義從風，而爲之服役者不過數十人，使居天子之位，則天下徧爲儒墨矣」。

27　聖人之道，若中衢置鐏〔一〕，過者斟酌。雖多少不同，而各得其宜也〔二〕。衢，六通；鐏，酒鐏。

〔一〕此句莊本作「猶中衢而致尊邪」，高誘注曰：「道六通謂之衢；尊，酒器也。」莊逵吉案曰：「六通應作四通，字之誤也。」中衢：四通八達的道路交匯處。鐏：酒缸或酒甕。

〔二〕上句莊本無「雖」字；下句作「各得其所宜」。天海案：此條與上條底本原作一條，此據莊本分作二條。

28　慈父愛子，聖王養民〔一〕，若火自熱，若冰自寒，性使然也〔二〕。及其用力，賴其功，如失火舟中矣〔三〕。同心救火也〔四〕。

〔一〕「父」下，莊本有「之」字，句下尚有「非爲報也，不可內解於心」二句；「王」下，莊本有「之」字，句下尚有「非求用也，性不能已」二句。

〔二〕上二句莊本作「若火之自熱，冰之自寒」。「性使然也」，莊本作「夫有何修焉」。

〔三〕上三句莊本作「及恃其力、賴其功者，若失火舟中」。

〔四〕此爲馬總節録高注，高誘注原作「言舟中之人，同心救火，不相爲賜也」。此條見今本卷十繆稱訓，因馬總以意節録，文意似不全。

29 車無三寸轄，則不可馳〔一〕；户無五寸楗，則不可閉〔二〕，故君子所須要也〔三〕。

〔一〕此二句莊本作「故終年爲車，無三寸之轄，不可以驅馳」。轄：固定車軸與車輪位置、插入軸端孔穴的銷釘。

〔二〕此二句莊本作「匠人斫户，無一尺之楗，不可以閉藏」。

〔三〕此句莊本無，另作「故君子行思乎其所結」，高誘注曰：「結，要終也。」

30 三月嬰兒，未知利害〔一〕，而慈母愛焉，情也〔二〕。

〔一〕「害」下，莊本有「也」字。

〔二〕此二句莊本作「而慈母之愛諭焉者，情也」。天海案：道藏本録此條在上文「慈父愛子」條上。

31 治國者若設網，引其綱，萬目張〔一〕。

〔一〕此文莊本作「成國之道，譬若設網者，引其綱而萬目開矣」。此語又見吕氏春秋離俗覽：「用民有紀有綱，壹引其紀，萬目皆起；壹引其綱，萬目皆張。」

32　治國者若張琴瑟，大絃絙，小絃絶〔一〕。絙，音綻，急也。

〔一〕首句莊本作「治國譬若張瑟」。琴瑟：琴與瑟同時彈奏，比喻事物和諧。「絙」，原作「組」，聚學軒本與之同，道藏本、四庫本皆作「絙」，此據改。「大絃絙」下，高誘注曰：「絙，急也。」「小絃絶」，莊本作「則小絃絶矣」。絶：斷。此句下底本與聚學軒本皆有此小字注文，不知何據；道藏本、四庫本皆無。又案：底本録此條原在下文「虎豹以文」條下，現據道藏本移此。

33　多欲虧義，多憂害智，多懼妨勇〔一〕。

〔一〕首句「多」上，莊本有「人」字，高誘注曰：「欲則貪，貪損義。」次句高誘注曰：「貪憂閉塞，故害智也。」末句「妨」字，莊本作「害」。

34　虎豹以文彩來射，猨狖以捷來刺〔一〕，故子路以勇死，萇弘以智困〔二〕。

〔一〕此二句莊本作「虎豹之文來射，猨狖之捷來措」，高誘注曰：「措，刺也。」四庫本脱「來」字。來射：招來獵人射殺。刺：捉取。猨狖（音右）：泛指猿猴。

〔二〕「萇弘」，道藏本誤作「長幼」，四庫本則作「武仲」，不知何據。子路以勇死：高誘注曰：「死衛侯輒之難。」萇弘以智困：高誘注曰：「欲以術輔周，周人殺之。」子路：參見本書卷一孟子第七條注。萇弘：春秋時周敬王大夫，因幫助晉國指責周王，被殺。

35 吹灰而欲無眯，涉水而欲無濡，不可得也。

36 廣廈宏屋，連闥通房，人所安也〔一〕，鳥入之而憂。深林藂薄〔二〕，人入之而畏，鳥入之則安〔三〕。深溪峭岸，峻木尋枝，猨狖所樂，人則慄也〔四〕。

〔一〕宏屋，莊本作「闊屋」；「人」下有「之」字。

〔二〕藂薄：草木叢生的地方，莊本作「叢薄」。「深」上莊本有「高山險阻」一句。「薄」下莊本有「虎豹之所樂也」一句。

〔三〕此句莊本無。

〔四〕峻木：高聳的樹木。尋枝：粗長的樹枝。末二句莊本作「猨狖之所樂也，人上之而慄」。

37 翻棊丸於地，圓者走澤〔一〕，方者處高。

〔一〕「棊」，同「棋」，又作「碁」，道藏本、四庫本誤作「基」；莊本作「譬若播棊丸於地」。棊丸：棋子。澤：此指低窪之處。

38 戴哀者，聞歌而泣；戴樂者，見哭則笑〔一〕。强戚者，雖哭不哀；强歡者，雖笑不樂〔二〕。

〔一〕此四句莊本作「夫載哀者，聞歌聲而泣；載樂者，見哭者而笑」。戴哀：行哀，舉哀。戴，通「載」。

〔二〕此四句莊本作「故强哭者，雖病不哀；强親者，雖笑不和」。强戚：强作悲傷。

39 芻狗土龍始成，則衣以綺繡〔一〕；及其用畢，則棄之土壤〔二〕。芻狗，事以謝過；土龍，事以請雨。

〔一〕此二句莊本作「譬若芻狗土龍之始成，文以青黄，絹以綺繡」，高誘注曰：「芻狗，束芻爲狗，以謝過求福；土龍，以請雨。」芻狗：古代用草紮成狗，供祭祀之用。土龍：用泥土塑成的龍，供求雨時用。綺繡：華麗的彩繡，聚學軒本作「文繡」。

〔二〕此二句莊本作「及其已用之後，則壤土草薊而已」；莊逵吉案曰：「薊，太平御覽作『芥』。芥，正字；薊，奇字。」

40 稟道通物，所爲各異，得道一也〔一〕。猶屠牛而烹其肉，或甘劑萬方，本一牛也〔二〕；伐豫章，或爲棺槨，或爲梁柱，亦一木也〔三〕。

〔一〕「所爲各異」，道藏本、四庫本皆作「名異」；此三句莊本作「所爲者各異，而所道者一也。夫稟道以通物者」。稟道通物：承受正道，通曉物理。

〔二〕上句「猶」字，莊本作「今」；次句作「或以爲酸，或以爲甘，煎熬燎炙，齊味萬方」；末句作「其本一牛之體」。甘劑：甘美的滋味。劑：調味。此以上之文，道藏本誤録作小字注文，並與上條注文「事以請雨」連屬。

〔三〕「伐豫章」，莊本作「伐楩枏豫樟而剖梨之」。豫章：大樟樹。「梁柱」，莊本作「柱梁」；末句作「然一木之樸也」。

41 蕭條者，形之君〔一〕；寂寞者，音之主〔二〕。

〔一〕「蕭」上，莊本有「故」字，高誘注曰：「蕭條，深静也。」

〔二〕「寂」上，莊本有「而」字，高誘注曰：「微音生於寂寞。」

42 客有見子賤，子賤曰〔一〕：「客獨有三過〔二〕：望我而笑，是慢也〔三〕；交淺而言深，是患也〔四〕；語不稱師，是反也〔五〕。」賓答曰〔六〕：「望君而笑，公也〔七〕；語不稱師，通也〔八〕；交淺而言深，忠也〔九〕。」客一體耳，或以爲君子，或以爲小人，此視之異也〔一〇〕。

〔一〕此二句莊本作「故賓有見人於宓子者，宓子曰」，高誘注曰：「宓子，子賤也。」治要作「客有見人於季子者，季子曰」，注曰：「季子，子賤也。」未詳孰是。子賤：姓宓，名不齊，字子賤，春秋時魯人，孔子弟子，曾作單父宰，鳴琴不下堂而治，孔子稱之曰「君子」。

〔二〕此句莊本作「子之賓獨有三過」，治要作「子之所見客，獨有三過」。

〔三〕「慢」，輕慢無禮，治要作「僈」，注曰：「慢。」莊本作「攓」，高誘注曰：「攓，慢也。」

〔四〕「患」，憂患，莊本作「亂」，治要同；聚學軒本改作「亂」。聚珍本注稱「藏本作『亂』」，此説誤，道藏本亦作「患」。此二句治要與莊本皆在「是反也」句下。

〔五〕「師」，原作「名」，與下文不合。底本有聚珍本館臣案曰：「原作『師』。」治要與莊本皆作「談語而不稱師」，據改。「反」，莊本作「返」，或誤；治要作「反」，御覽引作「叛」。

〔六〕「賓答曰」，莊本作「賓曰」，治要作「客曰」。

〔七〕「公」上，莊本與治要有「是」字。

〔八〕上二句莊本與治要皆作「談語而不稱師，是通也」。通：融會貫通。

〔九〕「忠」，原作「志」，莊本與治要皆作「忠」，據改。天海案：此以上至「賓答曰」二十二字，道藏本、四庫本皆無。

〔一〇〕「客一體耳」，治要作「故客之容一體也」，莊本「客」作「賓」，餘同治要。一體：一身，一人。「或以爲」，道藏本作「或爲」。末句治要作「所自見之異也」，莊本「見」作「視」，餘同治要。

43　待騕褭、飛兔而駕之，則世莫有乘者〔一〕；待毛嬙、西施而配之，則終身無家矣〔二〕；待古英俊而用之，則無人矣〔三〕。騏驥千里，一日而通；駑馬十駕，旬日亦至〔四〕，猶人才不足專恃〔五〕。

〔一〕「待」上，莊本有「夫」字；下句治要與莊本皆作「則世莫乘車」。高誘注曰：「騕褭，良馬；飛兔，其子。褭、兔走蓋一日萬里也。」廣雅釋獸：「飛兔、騕褭，古之駿馬也。」

〔二〕「而配之」，莊本作「而爲妃」；治要作「待西施、絡慕而爲妃」，注曰：「西施、絡慕，古好女也。」毛嬙：古代美女名。莊子齊物論：「毛嬙麗姬，人之所美也。」釋文：「司馬云：毛嬙，古美人。一云越王美姬也。」西施：春秋時越國苧蘿人，一作先施，又稱西子。傳説由越國獻給吴王夫差，吴滅後歸范蠡，從遊五湖而去。「無家」，治要與莊本皆作「不家」。

〔三〕此二句莊本作「然非待古之英俊而人自足者，因所有而並用之」，治要作「然不待古之英俊而人自足者，因其所有，而遂用之也」。

〔四〕「騏」，底本原脱，此據莊本補。「十駕」，駕車走十天的路程，莊本作「十舍」，文意似長。「旬日亦至」，莊本作「旬亦至之」，高誘注曰：「旬，十日也。」

〔五〕此句莊本作「由是觀之，人才不足專恃」。專恃：專門依靠某一方面。

44 鳥窮則啄，獸窮則觸，人窮則詐〔一〕，峻刑嚴法不可以禁奸〔二〕。

〔一〕「啄」，莊本作「喝」，義同。窮：陷於困境。「觸」，用角頂撞，莊本作「觕」，古之「觸」字。此文又見於荀子哀公篇，乃顏淵對魯哀公所言。

〔二〕此句莊本作「故雖峭法嚴刑不能禁其奸」，且在「鳥窮」三句之上。

45 道德之論，譬如日月〔一〕，江南河北不能易其指，馳騖千里不能改其處〔二〕。

〔一〕此句莊本作「譬猶日月也」。

〔二〕「改」，莊本作「易」。

46 趣舍禮俗，猶宅之居也〔一〕，東家謂之西，西家謂之東〔二〕。

〔一〕「趣舍」，莊本作「趨舍」，音義同；「俗」，道藏本誤作「裕」；「宅」上，莊本有「室」字。

〔二〕「之西」下、「之東」下，莊本皆有「家」字。

47 扣門求火，無不與者，饒足也〔一〕。故林中不貨薪、湖上不鬻魚者，有餘也〔二〕。

〔一〕首句「火」，莊本作「水」，治要作「火水」；次句莊本作「莫弗與者」，治要作「莫不與者」；「饒足」上，莊本與治要皆有「所」字。

〔二〕「貨薪」，莊本與治要皆作「賣薪」；「魚」下，莊本與治要皆無「者」字；末句治要與莊本皆作「所有餘也」。

48 叔向云〔一〕：「不乘人之利，不迫人之險〔二〕。」

〔一〕此三字莊本作「襄子曰：吾聞之叔向曰」；「叔向云」三字，道藏本、四庫本原録在下條「墨者」句上。叔向：複姓羊舌，名肸，字叔向，春秋時晉國人，博議多聞，能以禮讓治國。鄭人鑄刑書，曾致書子産以非之。孔子稱爲「遺直」。

〔二〕上句莊本作「君子不乘人於利」，下句「之」作「於」。

49 墨者田鳩，欲見秦惠王，三年不得見〔一〕。一至楚，楚王悦之〔二〕。物固有近之而遠，遠之而近〔三〕，故大人之行不可掩以繩〔四〕。

〔一〕首句莊本作「墨者有田鳩者」，高誘注曰：「田俅，學墨子之術也。」「三年不得見」，莊本作「約車束轅，留於秦，周年不得見」。田鳩：亦作田俅，齊人，墨子弟子。呂覽興時：「墨者有田鳩，欲見秦惠王，留秦三年而不得見。」秦惠王：名駟，秦孝公之子。即位後車裂商鞅，以張儀爲相，極力擴張。

公元前三二四年更元始稱王，又稱秦惠文王，公元前三三七年至前三一一年在位。

〔二〕此二句莊本作「客有言之楚王者，往見楚王，楚王甚悦之」，其下又有「予以節，使於秦。至，因見，予之將軍之節，惠王見而悦之。出舍，喟然而歎，告從者曰：吾留秦三年不得見，不識道之可以從楚也」。天海案：莊本先説「留秦周年」，此又説「留秦三年」，未詳孰是。

〔三〕固：通「故」，莊本正作「故」。「近之而」，道藏本作「近而之」；「而近」下，莊本有「者」字。

〔四〕此句莊本作「故大人之行，不掩以繩」，高誘注曰：「掩，猶揮也。」此句道藏本作「故大丈夫行不可掩」。大人：德行高尚的人。繩：稱譽。左傳莊公十四年：「（蔡哀侯）繩息嬀，人以語楚子。」注曰：「繩，譽也。」

50 未得獸者，惟恐創少〔一〕；已得，惟恐創多〔二〕。

〔一〕此句莊本作「唯恐其創之小也」，高誘注曰：「獵禽恐不能殺，故恐其創小也。」

〔二〕此二句莊本作「已得之，唯恐傷肉之多也」。

51 古人婚禮不稱主人，必稱父母兄弟〔一〕，舜不告瞽叟而娶〔二〕，非禮；立子以長，文王舍伯邑考〔三〕，非制；禮，三十而家，文王十六而生武王，非法〔四〕。

〔一〕首句莊本作「古之制，婚禮不稱主人」，高誘注曰：「當婚者之身，不稱其名也，稱諸父兄師友。」次句莊本無，聚學軒本、聚珍本皆案曰：「句是注文，原作『諸父兄師友』。」主人：當婚者本人。

〔二〕此句莊本無「瞽叟」二字，高誘注曰：「堯知舜賢，以二女妻舜，不告父。父頑，常欲殺舜。舜知告則不得娶也。」瞽叟：舜父之别名，又作「瞽瞍」。傳説舜父是個瞎子，堯時擔任樂官。又堯典孔安國傳：「舜父有目不能别好惡，故時人謂之瞽，配字曰瞍。」

〔三〕「考」，道藏本誤作「可」。此句莊本作「立子以長，文王舍伯邑考而用武王，非制也」，高誘注曰：「伯邑考，武王之兄，廢長立聖，以庶代嫡，聖人之權耳。」伯邑考：周文王長子，相傳爲質於殷，被紂王烹殺。

〔四〕「家」，莊本作「娶」；「十六」，莊本作「十五」；「法」下，莊本有「也」字。

52 治國有常，利民爲本〔一〕；政教有經，令行爲上〔二〕。苟利於民，不必法古〔三〕；苟周於事，不必循常〔四〕。法度制令，各因其宜。變古未可非，循俗不足多〔五〕。百川異源，皆歸於海〔六〕；百家異業，皆務於治〔七〕。

〔一〕「本」，道藏本與下句「政」字互乙。「利」上，莊本有「而」字。

〔二〕「令」上，莊本有「而」字，高誘注曰：「經，常也；上，最也。」

〔三〕「苟利於民」，道藏本作「苟利其心」。法古：效法古人。

〔四〕常：常規舊制，莊本作「舊」。高誘注曰：「舊，常也。傳曰：『舊不必良。』舊，或作『咎』也。」

〔五〕上句「變」上莊本有「故」字。此句莊本作「而循俗未足多也」，高誘注曰：「循，隨也；俗，常也。」循俗：迎合世俗。多：稱讚。

〔六〕「皆」上，莊本有「而」字，高誘注曰：「以海爲宗。」

〔七〕異業：事業不同，莊本作「殊業」。「皆」上，莊本有「而」字，高誘注曰：「業，事也，以治爲要也。」

53 盲者行於道〔一〕，人謂左則左，謂右則右〔二〕，遇君子則得其平易，遇小人則陷於溝壑〔三〕。

〔一〕「盲者」上，莊本有「今夫」二字。

〔二〕此上二「謂」字下，莊本皆有「之」字。

〔三〕上句莊本作「遇君子則易道」，下句無「於」字。平易：平坦的道路。

54 東面而望，不見西牆；南向而視〔一〕，不覩北方；唯無向者，無所不通也〔二〕。

〔一〕「東」上，莊本有「故」字。「向」，聚學軒本與莊本皆作「面」。

〔二〕「也」字，道藏本無。此二句莊本作「唯無所向者，則無所不通」，高誘注曰：「無所向，則可以見四方，故曰無所不通。」

55 父溺，則攬父髮而拯之〔一〕，非敢驕侮，以救死也〔二〕。

〔一〕此上之文莊本作「孝子之事親，和顏卑體，奉帶運履。至其溺也，則捽其髮而拯」，高誘注曰：「拯，升也。出溺曰拯。」

〔二〕「救」下，莊本有「其」字。

56　至賞不費，至刑不濫〔一〕。

〔一〕至賞：適當的賞賜。至刑：適當的刑罰。高誘注曰：「賞當賞，不虚費；刑當刑，不傷善。」天海案：此二句或本於商君書賞刑：「明賞不費，明刑不戮。」

57　楚人乘船遇風〔一〕，波至而恐死，自投於水中〔二〕。非不貴生畏死，惑於畏死而反忘生也〔三〕。人之嗜慾，亦復如此〔四〕。

〔一〕此句道藏本、四庫本無「楚人」二字；治要作「有人乘船而遇大風者」，莊本作「楚人有乘船而遇大風者」。

〔二〕此二句治要作「波至而恐，自投水中」，莊本作「波至而自投於水」。

〔三〕上句治要作「非不貪生而畏死也」，莊本「死」下無「也」字。下句「畏」，治要與莊本皆作「恐」。

〔四〕此二句治要與莊本皆作「故人之嗜慾，亦猶此也」。

58　溜水足以溢壺榼，江河不能滿漏巵〔一〕。

〔一〕「溜水」，說郛本作「漏水」；「溜」，莊本作「霤」，其上尚有「今夫」二字。聚珍本館臣案曰：「藏本作『霤』。」溜水：屋簷水。壺榼：古代貯水或盛酒的器具。「江」上，莊本有「而」字；「滿」，治要與莊本皆作「實」。

59　醉者超江淮，以爲尋常之溝〔一〕；俛入城門，以爲七尺之閨，酒濁其神也〔二〕。

〔一〕「江淮」，道藏本作「赴淮」。此二句莊本作「超江淮，以爲尋常之溝也」，且在「七尺之闈」句下。

〔三〕此上之文，莊本作「醉者俛入城門，以爲七尺之閨也」。俛：同「俯」，低頭。閨：内室。濁：使昏亂，此指神志不清。此文或本於荀子解蔽：「醉者越百步之溝，以爲蹞步之澮也；俯而出城門，以爲小之閨也，酒亂其神也。」

60 馬免人於難者，死，葬之以蓋，蒙之以衾〔一〕；牛有德於人，葬之以大車〔二〕。

〔一〕後三句莊本僅作「其死也葬之」。蓋：用白茅編成的草苫，用來覆蓋；或説「蓋」爲車蓋。衾：被子。

〔二〕此二句莊本作「牛其死也，葬以大車爲薦」。德：恩惠。大車：古代大夫乘坐的牛車。詩王風大車：「大車檻檻，毳衣如菼。」鄭箋：「大車，大夫之車。」

61 用兵之道：示之以柔，乘之以剛〔一〕；示之以弱，乘之以强；若欲西者，示之以東〔二〕；使知吾所出，而不知吾所入〔三〕。若鬼無跡，若水無創〔四〕；若電之激，不可備也〔五〕。高城深池，矢石如雨；廣澤平原〔六〕，白刃交接；士卒争先者，爲其賞信罰明也〔七〕。古之善將者〔八〕，暑不張蓋，寒不被裘，所以程寒暑也〔九〕。軍通井而後飲，軍食熟而後食〔一〇〕，所以同飢渴也。合戰必立矢石所及之處，所以同安危也〔一一〕。

〔一〕「用」上，莊本有「故」字；「乘之以剛」，莊本作「而迎之以剛」。

〔二〕「乘」上，莊本有「而」字。此二句莊本作「將欲西而示之以東」。

〔三〕此二句莊本無，疑是馬總自注之文混入正文。

〔四〕「鬼」、「水」二字下，莊本皆有「之」字。

〔五〕此二句莊本作「若雷之擊，不可爲備」。

〔六〕「如雨」，莊本作「若雨」；「廣澤平原」，莊本作「平原廣澤」。

〔七〕「士卒争先者」，莊本作「而卒争先合者」；「信」下，莊本有「而」字。

〔八〕「者」，道藏本、四庫本作「也」，且將此句誤録於下文「軍通井」句上。

〔九〕此句道藏本、四庫本皆無。程：衡量的標準。荀子致仕：「程者，物之準也。」此處引申爲均平、一樣。

〔一〇〕此二句莊本作「軍食熟，然後敢食；軍井通，然後取飲」。通井：鑿通水井。

〔一一〕上句莊本作「合戰必立矢射之所及」。合戰：交戰。矢石：飛箭流石。下句莊本作「以共安危也」。

62　天下莫相憎於膠漆，膠漆相賊〔一〕；膠漆相抱，不得還其本也〔二〕。天下莫相愛於冰炭，冰炭相息〔三〕。冰得炭則解，故得歸其本也〔四〕。

〔一〕上句之下，莊本有高誘注曰：「膠漆相持不解，故曰相憎。一説膠入漆中則敗，漆入膠亦敗，以多少推之，故曰相憎。」下句莊本在「天下而莫相愛於冰炭」句下。

〔二〕此爲意林原注，未知所本。

〔三〕上句莊本作「而莫相愛於冰炭」，上與「相憎於膠漆」句相連，高誘注曰：「冰得炭則解，歸水復其性；炭得冰則保其炭，故曰相愛。」「息」下，莊本有「也」字；「息」，道藏本、四庫本皆作「思」。

〔四〕此爲意林原注，與高誘注文不盡相同，或意林另有所本。

63 蘭生幽谷，不爲莫服而不芳〔一〕；舟在江河，不爲莫乘而不浮〔二〕。

〔一〕莫服：没人佩戴。高誘注曰：「性香。」

〔二〕「江河」，莊本作「江海」。高誘注曰：「性浮。」

64 人有嫁其女者，教之曰：「慎無爲善〔一〕。」女問其故〔二〕，曰：「善尚不爲〔三〕，況不善乎。」

〔一〕此上之文，莊本作「人有嫁其子而教之曰：爾行矣，慎無爲善」。

〔二〕此句莊本作「曰：不爲善，將爲不善邪」。

〔三〕此二句莊本作「應之曰：善且由弗爲」。

65 拘囹圄者，患日長〔一〕；當死市者，患日短〔二〕。

〔一〕此句莊本作「以日爲修」。修：長也。

〔二〕此句莊本作「以日爲短」。

66 嫁女於消渴者〔一〕，夫死則言女妨〔二〕。

〔一〕消渴：中醫病名，即今糖尿病。莊本作「病消」。

〔二〕女妨：女人克夫。此句莊本作「夫死則後難復處也」，高誘注曰：「以女爲妨夫，後人不敢娶，故難復嫁處也。一説，女以天下人皆消，不肯復嫁之也。」底本有聚珍本館臣案曰：「句參注文。」

67 狐白之裘，天子被之〔一〕，爲狐計者，不如走澤〔二〕。

〔一〕「被之」下，莊本有「而坐廟堂」四字。被：服用。

〔二〕此二句莊本作「然爲狐計者，不若走於澤」，高誘注曰：「言物貴於生也。」

68 先鍼而後縷，可以成帷；先縷而後鍼，不可以成衣。

69 因媒而嫁，不因媒而成〔一〕；因人而交，不因人而親〔二〕。

〔一〕「不」上，莊本有「而」字。高誘注曰：「媒人以禮，成爲家室也。」

〔二〕二「因」字，道藏本、四庫本皆作「顧」。高誘注曰：「以德親也。」

70 君子不容非類，日月不應非氣〔一〕。

〔一〕此二句莊本作「日月不應非其氣，君子不容非其類也」，高誘注曰：「陽燧取火，方諸取水，氣相應也；非此不得，故曰不應非其氣也。」

71 被羊裘而賃顧，其事過也〔一〕；衣貂裘而負籠，甚可怪也〔二〕。

〔一〕此二句莊本作「披羊裘而賃，固其事也」。賃顧：請人作傭工。

〔二〕「貂」，道藏本、四庫本作「貉」。上句莊本無「衣」字。籠：土筐。高誘注曰：「籠，土籠也。」聚學軒本周廣業注曰：「賃顧者，役人而予之值也。羊裘本賤者之服，不當顧人，故曰其事過也。原文則謂披羊裘而爲人賃，宜也。華服而執賤役，可異矣。」

72 非禮爲禮，譬倮而追狂人〔一〕，盗而與乞者，竊簡寫法律〔二〕，蹲踞誦詩、書〔三〕。

〔一〕「爲」，道藏本、四庫本作「而」。上句莊本作「以非禮爲禮」，下句作「譬猶倮走而追狂人」。「躶」、「倮」皆同「裸」，音義同。

〔二〕上句莊本作「盗財而予乞者」；「簡」下有「而」字。簡：竹片、木片，古代書寫用。

〔三〕「踞」下，莊本有「而」字。蹲踞：蹲而不坐，輕慢隨便貌。

73 馬似鹿者千金〔一〕，天下無千金之鹿。

〔一〕「馬」下，莊本有「之」字。

74 畫孟賁之目，大而不可畏〔一〕；畫西施之面，美而不可悦〔二〕。

〔一〕「畫」，莊本作「規」。此二句莊本在「美而不可悦」句下。孟賁：古代勇士名，一作「孟説」。下句道藏本、四庫本皆作「大而不可不畏」。

〔三〕「悦」上，道藏本、四庫本皆有「不」字。

75 同污無異塗〔一〕，衆曲不容直，衆枉不容正，故人衆則食狼，狼衆則食人。

〔一〕「塗」，道藏本、四庫本作「泥」，且將此句單作一條；莊本此句作「此所謂同污而異塗者」。

76 郢人買屋棟，與之車轂〔一〕，大雖可而長不足〔二〕。

〔一〕此二句莊本作「楚人有買屋棟者，而人予車轂」。郢人：楚國郢都人。郢：楚國都城，在今湖北江陵北。車轂：本指車輪中心插軸的部分，此借指車輪。

〔二〕此句莊本作「巨雖可而修不足」，高誘注曰：「巨，大也；修不足，言其短。」

77 孕婦見兔，則子缺脣〔一〕。

〔一〕「則」，莊本作「而」。缺脣：脣裂似兔。

78 文公棄衽席，咎犯辭歸〔一〕。晉文公棄席之黑者，捐故舊也，故咎犯辭去〔二〕。

〔一〕上句莊本作「文公棄荏席後黴黑」。高誘注曰：「晉文棄其卧席之下黴黑者，咎犯感其損舊物，因曰：『臣從君周旋，臣之罪多矣，臣猶自知之，況君乎，請從此亡。』故曰辭歸。」衽席：坐席。咎犯：人名，即「舅犯」。

〔二〕此爲馬總原注，或以意節録高誘注文。

79 知天將赦而多殺人，或知天赦而多活人〔一〕。其望赦同，刑罪異也〔二〕。

〔一〕上句莊本作「或曰知其且赦也，而多殺人」，高誘注曰：「不仁。」下句莊本作「或曰知其且赦也，而多活人」，高誘注曰：「乃仁人也。」活人：使人活命。

〔二〕此二句道藏本、四庫本作「人望欲同，刑罰異也」。下句莊本作「所利害異」。道藏本此條原録作小字注文，與上條注文連在一起。

80 侏儒問天高於長人，長人曰：「吾不知也〔一〕。」曰：「爾去天近於我也。」問事當問近者〔二〕。

〔一〕此上之文莊本作「朱儒問徑天高於修人，修人曰：不知」，高誘注曰：「修人，長人也。」侏儒：亦作「朱儒」。

〔二〕此上之文莊本作「曰：『子雖不知，猶近之於我。』故凡問事，必於近者」。

81 郢人自賣其母，而語買者曰〔一〕：「此母老矣，望善飴之〔二〕。」此大不義而欲爲小義〔三〕。

〔一〕道藏本、四庫本脱「郢人」二字；「語」皆作「請」。此二句莊本作「郢人有鬻其母，爲請於買者曰」，高誘注曰：「郢，楚都；鬻，賣也。」

〔三〕飴：通「飼」，拿食物給人吃，此指奉養。此句莊本作「幸善食之而勿苦」，高誘注曰：「食，養也。」

〔三〕此句莊本作「此行大不義而欲爲小義者」。

82　佳人不同體，美人不同面，而皆悦於目；梨、橘、棗、栗不同味，皆調於口〔一〕。

〔一〕莊本録高誘注曰：「調，適。」天海案：調，適合。此句「皆」字上，莊本有「而」字；「調」，道藏本作「訓」。

83　一棊不足以見智，一絃不足以見悲〔一〕。

〔一〕上句「一」上，莊本有「行」字。下句「一」上，莊本有「彈」字。見：同「現」，顯示。

84　遺腹子不思父，無愛心也〔一〕。

〔一〕道藏本、四庫本皆脱「子」字。「思」下，莊本有「其」字。下句下底本有聚珍本館臣案曰：「原作『無貌於心也』。」莊本正如此作，高誘注曰：「不知父貌。」遺腹子：父親死後才出生的子女。

85　湯沐具而蟣蝨相弔，大廈成而鷰雀相賀〔一〕。

〔一〕「蟣」，原作「蟻」，此據莊本改。蟣蝨：虱子及卵。相弔：相互致哀。此句下高誘注曰：「廈，屋也。」

86　釣者静之，網者動之〔一〕，罩者抑之，罾者舉之〔二〕，爲道異，得魚一也〔三〕。

〔一〕此句莊本作「罛者扣舟」。罛（音餘）者：撒網的人。

〔二〕罩：捕魚的竹器，沉入水中以取魚。罾：捕魚的網，四角方形，沉入水中，魚入網後扳起，故又稱扳網。「罾」，莊本作「罣」，懸掛之網，或與「罾」類似。

〔三〕「道」，莊本作「之」；「也」字道藏本無。

87 屠者食藿羹，爲車者多步行〔一〕；陶人用缺盆，匠人居狹廬〔二〕。

〔一〕上句莊本作「屠者羹藿」，下句無「多」字。藿羹：豆葉菜湯。

〔二〕「陶人」，莊本作「陶者」；「居」，莊本作「處」。

88 田中之水流入海，附耳之語聞千里〔一〕。

〔一〕此二句莊本作「田中之潦，流入於海；附耳之言，聞於千里也」，高誘注曰：「附，近也。近耳之言，謂竊語。聞於千里，千里知之。語曰：欲人不知，莫如不爲。」

89 中夏用篓，至冬不去〔一〕；舉衣過水，至陸不下，此不知變也〔二〕。

〔一〕此二句莊本作「中夏用箑快之，至冬而不知去」。中夏：即「仲夏」，盛夏。篓：同「箑」，扇子。

〔二〕此三句莊本作「褰衣涉水，至陵而不知下，未可以應變」。

90 黶輔在頰則好，在顙則醜〔一〕；繡爲被則宜，爲冠則譏〔二〕。

〔一〕莊本高誘注曰：「黶輔，著頰上窒也。窒者在顙似梨，故醜。」聚學軒本周廣業注曰：「頰上窒也。」黶輔：臉上酒窩。顙：額頭；道藏本、四庫本皆作「顔」，或「額」字形誤。

〔二〕此二句莊本作「繡以爲裳則宜，以爲冠則譏」，高誘注曰：「詩曰『袞衣繡裳』，故曰宜。譏，譏非之也。」穢：醜陋。底本句下有聚珍本館臣案曰：「原書『穢』作『譏』，注：人非之也。」

91 山雲蒸，柱礎潤〔一〕，茯苓掘，兔絲死〔二〕。

〔一〕莊本高誘注曰：「礎，柱下石碩也。」柱礎：柱下基石。下雨前柱下石返潮。

〔二〕「掘」，原作「抽」，或誤，此據莊本改。兔絲：寄生於茯苓的一種植物，可入藥。挖掉茯苓，兔絲必死。高誘注曰：「所生者亡，故死。」

92 兔絲無根而生，蛇無足而行，魚無耳而聽，蟬無口而鳴。

93 鶴千歲極其樂〔一〕，蜉蝣朝生暮死，亦盡其樂〔二〕。

〔一〕莊本作「鶴壽千歲，以極其游」。

〔二〕「蜉蝣」，道藏本無。「生」下，莊本有「而」字；「亦」，莊本作「而」。高誘注曰：「修短各得其志。」

94 林木茂而斧斤入，質的張而弓矢集〔一〕。

〔一〕質的：射箭的標靶。莊本此二句上下互乙。文又見荀子勸學：「是故質的張而弓矢至焉，林木茂而斧斤至焉。」

95 明珠，蚌之病也，我之利也〔一〕。

〔一〕此條莊本作「明月之珠，蚌之病而我之利」，高誘注曰：「我，猶人也。」

96 舟覆乃見善游，馬奔乃見良馭〔一〕。

〔一〕「馭」，莊本作「御」。高誘注曰：「善游，故覆舟不溺；良御，馬奔車不敗，故見之。」見：同「現」，發現。馬奔：馬受驚而狂奔。道藏本、四庫本此條原録在「匠人居狹廬」條下，「林木茂」條上。

97 百星之明，不如一月之光；十牖之開，不如一户之明〔一〕。

〔一〕聚學軒本周廣業注曰：「語出文子。」

98 披蓑救火〔一〕，鑿瀆止水，乃益多也〔二〕。

〔一〕「蓑」下，莊本有「而」字。蓑：蓑衣，棕草編成，舊時雨衣。

〔二〕此二句莊本作「毁瀆而止水，乃愈益多」。

99 狂人傷人莫之怨〔一〕，嬰兒詈老莫之疾，無心也〔二〕。

〔一〕此句莊本作「狂者傷人，莫之怨也」。

〔二〕此二句道藏本、四庫本作「嬰疾無心也」；上句「疾」下，莊本有「也」字；末句莊本作「賊心忘」。天海案：忘，或爲「亡也」二字之訛，説見王念孫淮南子雜誌。詈：駡。疾：恨。道藏本、四庫本録此條在前第八十一「郢人自賣其母」條下。

100 鴻鵠在卵也，一指蔑之則破〔一〕，及其羽翅成也〔二〕，背負青天，膺摩赤霄，蒲且子不能得也〔三〕。

〔一〕「卵」，道藏本誤作「卯」。此二句莊本作「夫鴻鵠之未孚於卵也，一指篾之，則靡而無形矣」。鴻鵠：天鵝。蔑：抛棄，此指按或摁。

〔二〕此句莊本作「及至其筋骨之已就，羽翮之既成也」。

〔三〕莊本高誘注曰：「赤霄，飛雲也。」赤霄：紅色雲霄，形容極高的天空。天海案：末句莊本作「蒲且子之巧，亦弗能加也」。「哺且子」，或作「蒲且子」，楚國善射之人。亦見於列子湯問、淮南子覽冥訓、説苑談叢所記。

101 戟以攻城，鏡以照形〔一〕。宫人得戟，則以刈葵〔二〕；盲人得鏡，則以蓋巵〔三〕。

〔一〕此二句莊本作「夫戟者，所以攻城也；鏡者，所以照形也」。

〔二〕莊本高誘注曰：「宫人，宦侍也。」刈葵：割葵菜。葵：又名冬葵子，可入藥。

〔三〕「盲人」，莊本作「盲者」。巵：古代盛酒器。

102 堯八眉〔一〕。眉理八字也〔二〕。

〔一〕此句莊本作「若夫堯眉八彩」。八眉：眉毛有八種顔色。傳説堯眉有八種顔色。見春秋演孔圖。

〔二〕此馬總自注，認爲「八眉」乃眉毛形同「八」字。此雖與舊説不同，但可備一説。

103 楚人有烹狙召鄰〔一〕，鄰者以爲狗羹，食甚美〔二〕。後聞其狙，據地吐之，未始知味也〔三〕。

〔一〕此句莊本作「楚人有烹猴而召其鄰人」，高誘注曰：「召，猶請也。」狙：猴子。

〔二〕此二句莊本作「以爲狗羹也，而甘之」。

〔三〕上句莊本作「後聞其猴也」，末句作「此未始知味者也」。據地：雙手按地。「地」下莊本有「而」字。

104 邯鄲有吹者，託名李奇，人争學之〔一〕。後知其非，皆棄其曲，未始知音也〔二〕。

李奇，趙之善音者〔三〕。

〔一〕此三句莊本作「邯鄲師有出新曲者，託之李奇，諸人皆争學之」。李奇：高誘注曰：「古之名倡也。」莊逵吉案曰：「太平御覽引許慎注云：李奇，趙之善樂者也。」邯鄲：戰國時趙國都城，在今河北省。吹者：吹曲的人。

〔二〕莊本「非」下有「也」字，「皆」上有「而」字，末句作「此未始知音者也」。高誘注曰：「知非李奇所作，而皆棄之，故未始知音也。」

〔三〕此爲意林原注，道藏本、四庫本録作正文，莊本無。此條原與上條合爲一條，此據道藏本改。

105 原蠶一歲再熟〔一〕，非不利也，王法禁之，爲其殘桑〔二〕。離先稻熟，農夫耨之，不以小利傷大穫也〔三〕。稻米落地而生曰離稻〔四〕。

〔一〕「熟」，莊本作「收」。高誘注曰：「原，再也。」原蠶：二道蠶，即夏秋第二次孵化的蠶。再熟：兩熟。

〔二〕此二句莊本作「然而王法禁之者，爲其殘桑也」。

〔三〕「農」上，莊本有「而」字。高誘注曰：「稻米隨而生者爲離，與稻相似。耨之爲其少實。」離：穀子落地再長出的稻子。離比稻成熟早，但結實少，故言「小利」。

〔四〕此爲意林原注，與高誘注文略異。

意林校釋卷三

三六　鹽鐵論十卷

桓寬。並是文學與大夫相難〔一〕。

桓寬，字次公，西漢汝南（在今河南上蔡西南）人。治公羊春秋。漢宣帝時爲郎，後任廬江太守丞。漢昭帝始元六年，詔使丞相、御史大夫與所舉賢良、文學之士問民間疾苦，皆請罷鹽鐵榷酤，後只罷榷酤而鹽鐵不變。至漢宣帝時，桓寬集其所論，推衍增廣而爲一家之言，著鹽鐵論十卷六十篇。意林録二十三條，其中賢良、文學之言十四條，大夫之言九條，亦可見馬總仍傾向於儒家德主刑輔的政治主張。

鹽鐵論一書，漢志載六十篇，其後史志書目皆作十卷。四庫全書所收乃明代張之象十二卷注本，增訂四庫簡目標注續録稱該本「卷第割裂，字句訛謬」，反不如明弘治年間涂楨所刊十卷本爲佳。今據涂楨本參校之。

1　善剋者不戰，善戰者不師，善師者不陣〔二〕。

〔一〕「桓寬」二字底本無，此據説郛本、道藏本、四庫本補。此句爲馬總原注，道藏本、四庫本録作正文第一條，非是。

〔二〕「陣」，聚學軒本周廣業注曰：「原作『陳』，注：故『陣』字。」又案曰：「『善師者不陳』，本穀梁傳文。漢書刑法志引孫卿語亦作『陳』。師古注云：『戰陳之義，本以陳列爲名而音變耳。末代學者輒改從車，非也。』羅泌路史國名記據説文石經曰：『車列皐旁，所以爲陣，轉爲平聲。古無從東，後世謬車爲東，隸遂爲東。』世不知之，反以陳爲正，陣爲俗。二説似羅爲長。」天海案：不師：不用軍隊。不陣：不列陣廝殺。

2 工不出則物用乏，商不出則寶貨絶〔一〕。

〔一〕「物用乏」，涂本作「農用乖」。寶貨：貨幣，泛指金錢。

3 川源不能實漏巵，山海不能贍溪壑〔一〕。

〔一〕「源」，原作「原」，此據涂本改；「溪壑」，原作「溢欲」，此據涂本、聚學軒本改。底本句下有聚珍本館臣案曰：「『溢欲』，今本鹽鐵論作『溪壑』，道藏本亦作『溪壑』。」上句周廣業注曰：「韓非子：千金之玉巵，通而無當，漏不可盛水。」下句周廣業注曰：「國語：『叔魚生，其母視之曰：溪壑可盈，是不可饜也，必以賄死。』」

4 宅近市則家富，富在術數，不在力耕〔一〕。

〔一〕「則」，涂本作「者」；「力耕」，涂本作「勞身」。術數：權術策略。

5 善歌者，使人續其聲；善作者，使人紹其功〔一〕。

〔一〕紹：繼承，道藏本、四庫本作「治」，或誤。

6 孔子能方不能圓，故飢於黎丘〔一〕。

〔一〕黎丘：地名。一在今河南虞城縣北，一在今湖北宜城縣西，此或在河南境内。

7 茂林之下無豐草，大塊之間無美苗。

8 行遠者假於車〔一〕，濟江海者因於舟，成名者因於資〔二〕。歐冶能因國君銅鐵作金爐大鐘，而不能自作壺鼎盤盂〔三〕。

〔一〕「遠」下，治要有「道」字。此與下句或本於荀子勸學：「假輿馬者，非利足也，而致千里；假舟楫者，非能水也，而絶江河。」

〔二〕此句涂本作「故賢士之立功成名，因資而假物者也」，治要同。底本句下有聚珍本館臣案曰：「原書無此句。」

〔三〕上句「作」，涂本作「以爲」，下句作「而不能自爲一鼎盤」。歐冶：參見本書卷二吕氏春秋第四十七條注。

9 香餌非不美〔一〕，龜龍聞而深藏，鸞鳳見而高逝〔二〕。

〔一〕「美」下，涂本有「也」字。

〔二〕此句涂本作「鸞鳳見而高逝者，知其害其身也」。高逝：高飛遠去。

10 玉屑滿篋，不成其寶〔一〕。仲尼之門七十子〔二〕，去父母，捐室家，負荷而隨孔子。不耕而學，其亂愈滋，猶玉屑滿篋也〔三〕。若能安國利人，寧須文辭者哉〔四〕！

〔一〕「玉」上，涂本有「故」字。此句涂本作「不爲有寶」，且此二句在「亂乃愈滋」句下。

〔二〕此句涂本作「仲尼之門，七十子之徒」。

〔三〕上句涂本作「亂乃愈滋」，下句涂本無。

〔四〕此二句涂本作「要在安國家，利人民，不苟文繁衆辭而已」。

11 有粟而不能食〔一〕，無益於飢；覩賢而不能用〔二〕，無益於削〔三〕。

〔一〕此句涂本作「有粟不食」。

〔二〕「覩」，説郛本作「親」，道藏本、四庫本作「觀」；此句涂本作「覩賢不用」。

〔三〕「削」，道藏本、四庫本作「利」。此條涂本與上條相屬。

12 歌者不期於利聲〔一〕，而貴在中節；論者不期於麗辭，而務在事實。

〔一〕「歌」上，涂本有「大夫曰」三字。

13 公卿者，四海之儀表〔一〕，神化之丹青也。上有輔明主之任，下有隨聖化之治〔二〕。

〔一〕「儀表」，涂本倒作「表儀」。

〔二〕此句涂本作「下有遂聖化之事」。

14 諸生抱枯竹，守空言〔一〕，不知趨舍之宜、時世之變。

〔一〕此二句涂本作「諸生無能出奇計，遠圖匈奴，安邊境之策，明枯竹，守空言」。諸生：此指衆儒生，即參加鹽鐵會議的賢良、文學等人。枯竹：此喻竹簡舊書，猶今謂「死書」。

15 林中多疾風，富貴多諛言。

16 古者君子思德，小人思利〔一〕。今人堅額健舌，或以致業〔二〕。

〔一〕此二句涂本作「古者君子夙夜孳孳思其德，小人晨昏孜孜思其力」。

〔二〕「或」，道藏本、四庫本作「代」。此句涂本作「或以成業致富」。堅額健舌：厚顏利舌，指臉皮厚，又好花言巧語以騙人。

17 九層之臺傾，公輸子不能正〔一〕。大朝一邪，伊、望不能復〔二〕。

〔一〕「傾」上，涂本有「一」字。公輸子：複姓公輸，名般，又稱爲魯班。春秋時魯國著名工匠。

〔二〕大朝：强大的王朝，一説居於正統的朝廷，涂本作「本朝」。邪：通「斜」。伊、望：指商湯賢臣伊尹、周武王賢臣呂望。

18 吏道雜而不選，富者以財買官〔一〕，垂青綬，擐銀龜〔二〕，擅殺生之柄，專萬民之命。

〔一〕「雜」，涂本作「壅」。底本有聚珍本館臣案曰：「道藏本作『壅』。」選：量才授官。吏道：取用官員的途徑。「富者」，道藏本、四庫本作「富貴」；「買」作「賈」，涂本亦作「賈」。

〔三〕青綬：青色印帶，涂本作「青繩」。漢代相國、丞相、太尉賜金印紫綬；御史大夫位上卿，賜銀印青綬。見漢書百官公卿表。擐：音涓，繫。集韻：「擐，繫也。」銀龜：銀印龜形紐。

19 乘堅驅良〔一〕、列騎成行者，不知負擔步行之勞〔二〕。

〔一〕「堅」，道藏本、四庫本誤作「肩」。乘堅驅良：乘堅固的車，馳驅良馬。

〔二〕此句治要作「不知負擔步行者之勞也」，涂本同，唯「勞」作「難」。負擔：背和挑。

20 中國與邊境，猶支體與腹心也。肌膚寒於外，腹心疾於内〔一〕。内外之相勞，非相爲助也〔二〕。

〔一〕「腹心」，涂本作「腹腸」。

〔二〕此二句道藏本、四庫本無。

21 以仁義阻之，道德塞之〔一〕，賢人守之，則莫能入也〔二〕。

〔一〕此二句涂本作「誠以行義爲阻，道德爲塞」。

〔二〕上句涂本作「賢人爲兵，聖人爲守」，下句無「也」字。此條原與上條併爲一條，此據涂本分改。

22 秦法繁於秋荼，網密於凝脂〔一〕，然而上下相遁，姧僞並生〔二〕。

〔一〕「秦」上，涂本有「昔」字；「荼」原誤作「茶」，據涂本改。秋荼：荼至秋天花葉繁密，常用以形容事物繁盛。「綱」上，涂本有「而」字；道藏本「綱」作「罔」。綱：此指法網。凝脂：凝結的油脂細密無隙，常用以形容事物嚴密。

〔三〕「並生」，涂本作「萌生」。

23 廐焚，孔子問人不問馬，賤畜貴人也〔一〕。秦法盜馬者死，盜牛者刑，苛也〔二〕。

〔一〕此三句，涂本作「魯廐焚，孔子罷朝，問人不問馬，賤畜而重人也」。

〔二〕此三句，涂本作「今盜馬者罪死，盜牛者加」；「苛也」二字涂本無。

三七　説苑二十卷

劉向。

説苑作者劉向，原名更生，字子政，沛縣人。漢宣帝時任散騎諫大夫，元帝時爲中壘校尉。因反對宦官弘恭、石顯而下獄。漢成帝時，改名爲向，任光禄大夫、中壘校尉，負責校閲經傳、諸子、詩賦等典籍，寫成別録一書，爲我國分類目録之始。漢書有傳。

漢志著録劉向所序六十七篇，注曰：「新序、説苑、世説、列女傳、頌圖也。」隋志載説苑二十卷，兩唐志皆作三十卷。至宋崇文總目只載五卷，稱「説苑二十篇，今存者五卷，餘皆亡」。曾鞏校書序曰：「得十五篇於士大夫之家，與舊爲二十篇。」

意林録三十一條。今以治要、向宗魯説苑校證參校之。

1　東風則靡而西，西風則靡而東〔一〕；上之化下，如風靡草〔二〕。

〔一〕二「則」字下，向本皆有「草」字，且此二句在「猶風靡草」句下。

〔二〕「上」上，向本有「夫」字；「如」，向本作「猶」。

2　禹見罪人，下車而泣〔一〕。左右曰：「此人不恭，故得罪，君王何痛之〔二〕？」禹曰：「堯民以堯爲心〔三〕，今百姓各以其心爲心，故痛之〔四〕。」

〔一〕此二句治要與向本皆作「禹出見罪人，下車問而泣之」。

〔二〕「此人不恭，故得罪」，向本作「夫罪人不順道，故使然焉」；此三句治要作「罪人不順道使然，君王何爲痛之至於此也」。

〔三〕此句治要作「堯、舜之民皆以堯、舜之心爲心」；向本「民」作「人」，餘同治要。

〔四〕上句「各」下，治要與向本皆有「自」字；下句治要與向本皆作「是以痛之也」。越絕書無餘外傳記此事甚詳，認爲是大禹南巡蒼梧事。

3　齊景公出獵，上山見虎，下山見蛇〔一〕。問晏子曰：「此不祥耶〔二〕？」晏子曰：「有賢而不知，知而不用，用而不任，此不祥也〔三〕。山是虎之室，澤是蛇之穴，何不祥也〔四〕。」

〔一〕「下山」，向本作「下澤」。天海案：作「下澤」是，方與下文相符。

〔二〕此上二句，向本作「歸，召晏子而問之『今日寡人出獵，上山則見虎，下澤則見蛇，殆所謂之不祥也』」。

〔三〕此上四句向本作「國有三不祥，是不與焉。夫有賢而不知，一不祥；知而不用，二不祥；用而不任，三不祥。所謂不祥者，乃若此者也」。

〔四〕此三句向本作「今上山見虎，虎之室也；下澤見蛇，蛇之穴也。如虎之室，如蛇之穴，曷爲不祥也」。此條所記又見於晏子春秋內篇諫下。

4 晏子侍景公，公曰〔一〕：「朝寒，請進煖食於寡人〔二〕。」對曰：「嬰非廚養之臣，社稷之臣〔三〕。」

〔一〕上句「侍」下，向本有「於」字；下句「曰」字原脱，據晏子春秋補。

〔二〕此句向本作「請進熱食」，御覽作「請子進煖食於寡人」。

〔三〕此二句向本作「嬰非君之廚養臣也，敢辭」。廚養之臣：爲國君掌管廚房膳食的臣子。此條所記又見晏子春秋內篇雜上。

5 晉平公問師曠曰〔一〕：「吾年七十，欲學，恐晚，如何〔二〕？」師曠曰：「日暮豈不炳燭耶〔三〕？臣聞少而好學者〔四〕，如日出之陽；壯而好學者，如日中之光；老而好學者，如炳燭之明。豈不愈于暗行乎〔五〕？」公曰〔六〕：「善哉。」

〔一〕「問」下，向本有「於」字。晉平公：名彪，春秋時晉國國君，公元前五五七年至前五三二年在位。師曠：晉國樂師。楚辭章句：「師曠，聖人，字子野，生無目而善聽，晉主樂太師。」

〔二〕此上四字，向本作「恐已暮矣」。

〔三〕此句向本作「何不炳燭乎」，其下尚有平公與師曠問答語。「炳燭」，尚書大傳作「執燭」；陳本引王伯申曰：「執，當爲熱，古爇字，説苑作『炳』，乃『炳』字之訛。炳與爇同。」此説甚是。

〔四〕此句向本作「臣聞之，少而好學」；此與下文三「者」字，向本皆無。

〔五〕此句向本作「炳燭之明，孰與昧行乎」。

〔六〕「公」上，向本有「平」字。此條尚書大傳有載，或出於師曠六篇，金樓子立言亦引此文。

6 曾子衣敝而耕，魯君使人致其下邑，不受〔一〕。曰：「吾聞受人者畏人，與人者驕人。安知君能不我驕，我能不畏乎〔二〕？」遂不受〔三〕。

〔一〕此上三句，向本作「曾子衣敝衣以耕，魯君使人往致邑焉，曾子不受」，其下尚有「使者曰」數句，文繁不引。下邑：國都以外所屬城邑。

〔二〕此上四句，首句向本作「臣聞之，受人者畏人」；次句「與」，向本作「予」；後二句向本作「縱君有賜，不我驕也，我能勿畏乎」。尸子明堂引曾子曰：「取人者必畏，與人者必驕。」慎子外篇曰：「受人者常畏人，與人者常驕人。」不我驕：不向我示驕。

〔三〕此句向本作「終不受」。此條又見尸子、慎子、孔子家語。

7 夫仕者，身歸於君，禄歸於親〔一〕。

〔一〕此上三句向本作「申鳴曰：聞夫仕者，身歸於君，而禄歸於親」。此條見向本卷四立節，原記楚士人申鳴赴白公勝亂之前對其父所言。事亦見韓詩外傳卷十。

8 忠臣不仕二君，貞女不更二夫〔一〕。

〔一〕「仕」，向本作「事」。此條見向本卷四立節，原爲齊人王歜對入侵的燕將樂毅所言。事又見史記田單列傳。

9 居無垣牆，人莫之毁傷；行無防衛，人莫之暴害〔一〕，此君子之行也〔二〕。

〔一〕此上之文，向本作「居不爲垣牆，人莫能毁傷；行不從周衛，人莫能暴害」。

〔二〕此條見向本卷五貴德，原爲莊辛回答楚王之語。

10 楚莊王賜羣臣酒，燭滅，有引美人之衣者〔一〕。美人援絶其纓，告王〔二〕。王曰：「賜人酒，醉，乃顯婦人之節，吾不取也〔三〕。」乃命左右：「勿上火。凡與寡人飲者，不絶纓者不盡歡也〔四〕。」羣臣遍絶纓而後舉火〔五〕。後與晉戰〔六〕，引美人衣者，五合以報莊王〔七〕。

〔一〕「燭滅」，道藏本誤作「燭或」，治要作「華燭滅」；後二句向本作「日暮酒酣，燈燭滅，乃有人引美人之衣者」。楚莊王：姓芈，名旅，春秋時楚國國君，公元前六一三年至前五九一年在位，爲春秋五霸之一。

〔二〕「纓」上，向本與治要皆有「冠」字。援絶其纓：扯斷那人冠帽的帶子。「告王」，説郛本、向本與治要皆作「告王曰」，其下尚有「今者燭滅，有引妾衣者，妾援得其冠纓，持之，趣火來上，視絶纓者」數句。

〔三〕此上四句向本作「賜人酒，使醉失禮，奈何欲顯婦人之節而辱士乎」；「吾不取也」一句向本無，或意林另有所本。

〔四〕「勿上火」三字向本無，後二句作「今日與寡人飲，不絶冠纓者不歡」。

〔五〕此句治要作「羣臣皆絶纓而上火，盡歡而罷」，向本作「羣臣百有餘人皆絶其冠纓而上火，卒盡歡而罷」。

〔六〕此句治要與向本皆作「居二年，晉與楚戰」。

〔七〕此二句向本無，或馬總以意節録。五合：五次與敵人交戰。此條見向本卷六復恩，事又見韓詩外傳卷七。

11　陽虎得罪於衛，北見趙簡子曰〔一〕：「自今以後〔二〕，不復樹人矣。堂下之人，臣所樹者過半，今反危臣矣〔三〕。」簡子曰：「樹桃李者，夏得休息〔四〕；樹蒺藜者，秋得其刺〔五〕；今子所樹蒺藜也〔六〕。自今以後，擇人而樹之〔七〕。」

〔一〕首句治要無「於衛」二字，次句治要與向本無「趙」字。盧文弨曰：「外傳七作『魏文侯之時，子質仕而獲罪焉』。」向宗魯曰：「韓子作『陽虎去齊走趙』，於事爲合，本書『衛』字亦誤。」陽虎：字貨，春秋時魯國人，季氏家臣，事季平子，專季氏政，失敗後叛逃，先奔齊，又奔宋，後奔晉。事詳左傳，未見得罪衛國之事。趙簡子：名鞅，春秋末期晉國上卿。

〔二〕「後」，治要與向本皆作「來」。

〔三〕此上三句，向本作「夫堂上之人，臣所樹者過半矣」，治要同；末句向本無。

〔四〕「樹」上，向本有「夫」字；「息」下，向本有「秋得食焉」四字。

〔五〕「刺」下，向本有「焉」字；句下尚有「夏不得休息」五字。

〔六〕「樹」下，向本有「者」字；句下尚有「非桃李也」四字。

〔七〕「後」，向本作「來」；「樹之」下尚有「毋已樹而擇之」六字。此條所記之事又見韓非子外儲說左下、韓詩外傳卷七，文皆有異。

12 夫政者，無迎而拒，無望而許〔一〕。

〔一〕「夫政者」三字，向本無，另作「夫子曰：毋迎而距也，毋望而許也」。其下尚有數句，文繁不引。迎：同「逆」，對立。此條見向本卷七政理，原爲孔子對宓子賤言。

13 臨財莫如廉，臨官莫如平〔一〕，廉平之守莫能攻〔二〕。

〔一〕此二向今本互乙。臨財：理財。臨官：居官。

〔三〕「莫能攻」，向本作「不可攻也」。守：泛指官吏。此條見向本卷七政理，原爲孔子對子貢言。

14 國不務大，務得民心；佐不務多，務得賢俊〔一〕。

〔一〕此句「務」上，向本有「而」字。治要亦引此文。

15 齊宣王謂淳于髡曰〔一〕：「先生論寡人何好〔二〕？」對曰〔三〕：「古者所好者四，而王所好者三〔三〕。古者好馬，王亦好馬；古者好味，王亦好味〔四〕；古者好色，王亦好色；古者好士，王獨不好士〔五〕。」王曰：「國無士耳，若有，寡人亦好之〔六〕。」對曰：「驊騮騏驥本無，王求之〔七〕；豹象之胎本無，王求之〔八〕；毛嬙、西施本無，王求之〔九〕；而不求士，何也〔一〇〕？」

〔一〕上句向本作「齊宣王坐，淳于髡侍。宣王曰」；下句「論」，道藏本、四庫本作「云」。齊宣王：見本書卷一韓子第三十二條注。淳于髡：見本書卷一孟子第十四條注。

〔二〕「對曰」，向本作「淳于髡曰」，治要作「髡曰」。

〔三〕此二句治要與向本皆作「古者所好四，而王所好三焉」。其下向本尚有「宣王曰：古者所好，何與寡人所好？淳于髡曰」數句。治要則作「王曰：可得聞乎？髡曰」。

〔四〕此與上句二「味」字，道藏本、四庫本皆作「玉」。

〔五〕「獨」字，道藏本、四庫本無。

〔六〕此上之文，治要與向本皆作「宣王曰：國無士耳，有則寡人亦悦之矣」。

〔七〕此上之文，向本作「淳于髡曰：古者驊騮騏驥，今無有，王選於衆，王好馬矣」，治要所録同。

〔八〕此二句治要與向本皆作「古者有豹象之胎，今無有，王選於衆，王好味矣」。豹象之胎：取豹、象胎兒做成食物。

〔九〕此二句治要與向本皆作「古者有毛嬙、西施，今無有，王選於衆，王好色矣」。毛嬙、西施：古代二美女。參見本書卷二淮南子第四十三條注。

〔一〇〕此二句向本無。此條又見治要、長短經論士引。戰國策齊策載王斗事略同此文。

16 楊回見趙簡子曰〔一〕：「臣居鄉三逐，事君五去。聞君好士，故來〔二〕。」左右曰〔三〕：「居鄉三逐，是不容於衆也；事君五去，是不忠於上也〔四〕。」簡子曰：「美女者〔五〕，醜婦之仇也；盛德君子者，亂世所疏也；正直之行，邪枉所憎也。」遂用之作相〔六〕。

〔一〕「楊回」，向本作「楊因」，書鈔引作「因」，春秋末晉人，事略如本文。「趙簡子」，向本作「趙簡主」。

〔二〕「故來」，向本作「故走來見」，其下尚有「簡主聞之，絶食而歎，跽而行」三句。

〔三〕「左右曰」，向本作「左右進諫曰」。

〔四〕此句下向本尚有「今君有士，見過八矣」二句。

〔五〕此句向本作「子不知也，夫美女者」。

〔六〕此句向本作「遂出見之，因授以爲相，而國大治」。此條所記之事與列女傳辯通記齊國逐孤女事略同。

17 周公誡伯禽曰〔一〕：「爾無以魯驕人〔二〕。衣成則缺衽，宫成則缺隅〔三〕，示不成也，鬼神害滿也〔四〕。」

〔一〕此句向本作「周公誡之曰」，道藏本、四庫本皆無「曰」字。周公：即周公旦。參見本書卷二吕氏春秋第二十二條注。伯禽：亦稱禽父，周公長子，被封爲魯國第一代國君。

〔二〕「爾」，道藏本、四庫本皆誤作「示」。此句向本作「子其無以魯國驕士矣」。此上二句，道藏本、四庫本單作一條，録在「鬼神害滿也」句下。

〔三〕「衣成」上，向本有「是以」二字。缺衽：謂做衣服使兩襟長短不齊，示有缺陷，以啓迪人不應自滿。宫：指房屋。缺隅：牆缺角。

〔四〕此二句向本作「示不成者，天道然也」，「鬼神害滿而福謙」。此條見向本卷十敬慎，文多異。又見韓詩外傳卷三、荀子堯問、尚書大傳。

18 國有五寒，凍不預焉〔一〕：一曰政外，二曰女厲〔二〕，三曰謀泄，四曰不敬士而國敗，五曰不能治内而務外也〔三〕。

〔一〕下句向本作「而冰凍不與焉」。五寒：五種令人心寒的事。不預焉：不在其中。預：同「與」。

〔二〕上句道藏本、四庫本皆脱「外」字，下句皆脱「女」字。政外：政權旁落。女厲：女人爲禍。

〔三〕上句向本作「四曰不敬卿士而國家敗」；「士」，道藏本作「一」。務外：致力於向外擴張。此條見向本卷十敬慎，爲周大夫單快所言。

19 官不與勢期，而勢自至〔一〕；勢不與富期，而富自至；富不與貴期，而貴自至；貴不與驕期，而驕自至；驕不與罪期，而罪自至〔二〕。

〔一〕此二句向本作「君知夫官不與勢期，而勢自至乎」，下文四「至」字下，向本皆有「乎」字。期：相約，在一起。下同此。

〔二〕句下向本尚有「罪不與死期，而死自至乎」二句。此條見向本卷十敬慎，原爲魏公子牟告别秦國穰侯魏冉時説的話。又見於戰國策趙策引公子牟對應侯范雎語。

20 魯有恭士〔一〕，行年七十，其恭益甚。魯君問曰：「長年恭，可以釋也〔二〕。」對曰：「君子恭以成名，小人恭以除刑〔三〕。一言不安，尚有蹉跌〔四〕；一飯雖美，尚有哽咽；鴻飛於天，矰者得之〔五〕；虎豹雖猛，人食其肉〔六〕。譽人者少，惡人者多。得不恭乎〔七〕！」

〔一〕此句下向本尚有「名曰机汜」四字。恭士：處世恭謹的人。

〔二〕此二句向本作「机子年甚長矣，不可釋恭乎」。

〔三〕此上之文，向本作「机氾對曰：君子好恭，以成其名；小人學恭，以除其刑」。

〔四〕此二句向本作「對君之坐，豈不安哉，尚有蹉跌」。蹉跌：失足跌倒，引申爲失誤。

〔五〕此四句向本作「一食之上，豈不美哉，尚有哽噎」；「鴻鵠飛衝天，豈不高哉，矰繳尚得而加之」。矰：箭上繫絲繩，以射飛鳥，此指射鳥的箭。

〔六〕此二句向本作「虎豹爲猛，人尚食其肉，席其皮」。

〔七〕此句向本無，另有「行年七十，常恐斧質之加於氾者，何釋恭爲」三句。此條見向本卷十敬慎；初學記亦引此文。

21 歲饑民疾疫，不足患也〔一〕。大臣禄重而不極諫，近臣畏罪而不敢言〔二〕，此大患也〔三〕。

〔一〕「疾」字，道藏本、向本皆無。此二句向本原作「晉平公問叔向曰：『歲饑民疫，翟人攻我，我將若何？』對曰：『歲饑，來年而反矣；疾疫，將止矣；翟人，不足患也』」。

〔二〕上句向本作「夫大臣重禄而不極諫」；下句之下尚有「左右顧寵於小官而君不知」一句。

〔三〕此句向本作「此誠患之大者也」。此條見向本卷十一善説，原爲叔向對晉平公所言。

22 趙襄子謂子路曰〔一〕：「吾嘗問孔子曰：先生事七十君，豈無明君耶？孔子不對。何謂賢也〔二〕？」子路曰：「建天下之鳴鐘，撞之以梃，豈能發其聲乎〔三〕？」

〔一〕「謂」，向本作「見」。趙襄子：見本書卷二呂氏春秋第十八條注。

〔二〕「也」，道藏本作「耶」，義同。此以上數句向本作「嘗問先生以道，先生不對。若信不知，安得爲聖」。

〔三〕「撞」上，向本有「而」字，下句下尚有「君問先生，無乃猶以梃撞乎」二句。建：假設。梃：木杖；聚學軒本作「莛」，草莖。向宗魯説苑校證引諸説，亦認爲當作「莛」。此條見向本卷十一善説。天海案：趙襄子與孔子、子路不同時代，豈可問答？此或爲趙簡子之事。

23　善夜居者，不能早起〔一〕；盛于彼者，衰于此；長于左者，短于右〔二〕。

〔一〕此二句向本作「喜夜臥者，不能蚤起也」，且在「短於右」句下。

〔二〕「衰」上，「短」上，向本皆有「必」字。

24　一貴一賤，交情乃見；一死一生，乃知交情〔一〕。

〔一〕後二句向本在「一貴一賤」上。

25　口者，兵也〔一〕，出言不當反自傷〔二〕。

〔一〕此四字向本作「口者關也，舌者兵也」。

〔二〕「當」，原誤作「常」，意林明刊本不誤，此據改。「傷」下，向本有「也」字。

26　丹所藏者赤，漆所藏者黑，君子慎所藏也〔一〕。

〔一〕向本「赤」下有「之」字；「漆」作「烏」，下有「之」字；「藏」下無「也」字。此條見向本卷十七雜言，原爲孔子所言。

27　飛鳥愛羽，虎豹愛爪，所以輔身也〔一〕。

〔一〕「飛鳥」，向本作「孔雀」；末句作「此皆所以治身法也」。輔：輔助，引申爲保護。

28　積恩曰愛，積愛曰仁，積仁曰靈〔一〕。靈臺者，積仁也；神靈者，天之本〔二〕。

〔一〕此上三「曰」字，向本皆作「爲」。「靈」，意林他本皆作「靈臺」，疑涉下文衍「臺」字，向本此句正無「臺」字，據删。靈：即聖明，指思想品德修養的最高境界。

〔二〕「靈臺者」，向本作「靈臺之所以爲靈者」；「天之本」，向本作「天地之本，而爲萬物之始也」。靈臺：西周臺名，爲周文王所造。詩大雅有靈臺篇讚美此事。傳曰：「神之精明者稱靈，四方而高曰臺。」神靈：神異靈驗。此條見向本卷十九修文，原爲讚美周文王之語。

29　晏子爲上卿〔一〕，妾不衣帛，馬不食粟，何以華國？對曰〔二〕：「德以華國〔三〕，不聞以妾與馬。」

〔一〕此句向本作「季文子相魯」。此文所記之事又見國語魯語，原爲仲孫它與季文子問答語。周廣業認爲「當因史記『晏子相齊，食不重肉，妾不衣帛』之文而誤録也」。

〔三〕以上四句向本作「仲孫它諫曰：『子爲魯上卿，妾不衣帛，馬不食粟，人其以子爲愛，且不華國也。』

文子曰」。華國：使國家榮耀、光彩。

〔三〕此句向本作「且吾聞君子以德華國」。

30 趙簡子乘敝車瘦馬，衣羖羊之裘〔一〕。其宰曰〔二〕：「車新則安，馬肥則疾，狐裘則温，君宜改也〔三〕。」簡子曰：「君子服善則益恭，小人服善則益踞〔四〕。」

〔一〕「之」字，向本無。向宗魯曰：「渚宮舊事卷一載此事，趙簡子作孫叔敖。」羖羊：黑色公羊。

〔二〕「其」，底本原誤作「具」，此從道藏本、向本改。此句向本作「其宰進諫曰」。宰：古代奴隸主家中主管家務的家臣。

〔三〕此上三句向本作「馬肥則往來疾，狐白之裘温且輕」，末句向本無。「君宜改也」下，底本有聚珍本館臣案曰：「原書無此句。」盧文弨曰：「御覽有『君宜服之』四字。」向宗魯曰：「御覽宋本、鮑本作『君宜改之』，是也。」

〔四〕此句向本作「細人服善則益倨」。意林卷一所録墨子有「君子服美則益敬，小人服美則益驕」二句。向宗魯曰：「今本墨子佚此語，此文似出於墨子也。」

31 子貢謂子石曰：「何不學詩〔一〕？」子石曰：「父母求吾孝〔二〕，兄弟求吾悌，朋友求吾信，何暇學哉〔三〕？」子貢曰：「損吾詩，學子詩〔四〕。」

〔一〕上二句向本作「子貢問子石：子不學詩乎」。子貢：見本書卷二列子第十條注。子石：複姓公孫，名龍，字子石，春秋時楚國人，孔子弟子。

〔二〕此句之上向本有「吾暇乎哉」四字。

〔三〕此句向本作「吾暇乎哉」。

〔四〕此二句向本作「請投吾詩，以學於子」。「學子詩」，道藏本誤作「學于詩」。損吾詩：減少我學詩的時間。學子詩：學習你學詩的行爲。

三八 新序三十卷〔一〕 河平四年，都水使者、諫議大夫劉向上〔二〕。

漢書劉向傳稱：「向采傳記行事，著新序、説苑凡五十篇。」隋志、兩唐志著録新序三十卷、録一卷，崇文總目及宋志皆作十卷，今存新序亦只十卷，爲宋曾鞏校定。其體例與説苑同，大旨亦復相類，只是新序進呈在前，説苑進呈在後。新序進呈於漢成帝陽朔元年，即前二四年；説苑進呈於漢成帝鴻嘉四年，即前一十七年，見曾鞏校本，故新序在内容和體例上都不如説苑嚴整、精密。

意林舊本漏標「新序三十卷」之目，四部叢刊本據意林卷首總目補足。

意林所録新序六條，除第六「子奇治阿」條不見於今本外，餘皆見於今本。此以鐵華館刊宋本參校之。

1 曲彌高者，和彌寡〔三〕。

〔一〕此目下，聚珍本館臣案曰：「隋、唐志新序三十卷列説苑前，宋時亡二十卷，故崇文總目及宋志止十卷，今存。馬氏所録太略，當有闕佚。舊本遂以連上，不復標目，誤。」

〔二〕此非新序原文，原作大字正文，現移於目下作注文，以與全書體例統一。「上」下原有「言」字，疑爲衍文。曾鞏校本卷首作「陽朔元年二月癸卯護左都水使者、光禄大夫臣劉向上」，據此删去「言」字。此文之下，聚珍本館臣案曰：「此蓋奏上新序之文，故馬氏録以弁首，而今失之。舊以『曲彌高』二節綴其下，亦誤。」河平四年：西漢成帝年號，即前二五年。關於劉向奏上新序的時間，曾鞏校本每卷之首皆作「陽朔元年二月癸卯」，即前二四年。都水使者：秦、漢時有都水長、都水丞，主管陂地灌溉。漢太常、少府、水衡都尉、三輔均設都水官。漢武帝以都水官多，乃置左右使者各一人管轄之。據漢書劉向傳載，劉向於宣帝朝爲諫大夫，元帝時擢給事中，成帝時初任郎中，使領護三輔都水，遷光禄大夫。曾鞏校本正作「護左都水使者」。諫議大夫：當作「諫大夫」。秦時置諫大夫掌議論，屬郎中令，漢時仍之，屬光禄勳。劉向任諫大夫早在漢宣帝之初，而不在奏上新序之時。曾鞏校本作「光禄大夫」爲是。

〔三〕「和」上，宋本有「其」字。此條見宋本卷一雜事，原爲宋玉對楚襄王語。

2 水所以載舟，亦能以覆舟〔一〕。

〔一〕此二句宋本作「水則載舟，水則覆舟」，其上有「丘聞之：君者舟也，庶人者水也」數句。原本於荀子王制篇：「傳曰：君者舟也，庶人者水也，水則載舟，水則覆舟。」荀子哀公篇亦有此語。此條見宋本卷四雜事，原爲孔子對魯哀公語。又見於孔子家語五儀解。

3　楚丘先生年七十，被裘見孟嘗君。君曰〔一〕：「先生老矣，何以教寡人〔二〕？」先生曰〔三〕：「欲使追車趁馬，逐鹿搏虎，吾即死矣，何暇老耶〔四〕？若使決嫌疑，定猶豫，吾即少也〔五〕，何老之有？」孟嘗乃有愧色〔六〕。

〔一〕此上之文，宋本作「昔者，楚丘先生行年七十，披裘帶索，往見孟嘗君，欲趨不能進。孟嘗君曰」。楚丘先生：楚丘爲複姓，戰國時齊人。孟嘗君：姓田，名文，戰國時齊人，繼承其父田嬰封爵爲薛公。以好客著稱，門下有食客數千人，爲戰國四公子之一。

〔二〕此二句宋本作「春秋高矣，何以教之」。

〔三〕「先生」上，宋本有「楚丘」二字。

〔四〕趁馬：追馬。「趁」，道藏本作「趂」，俗字。此上四句宋本作「將使我追車而赴馬乎，逐麋鹿而搏豹虎乎，吾已死矣，何暇老哉」。

〔五〕此三句宋本作「決嫌疑而定猶豫乎，吾始壯矣」。嫌疑：疑惑難明的事理。

〔六〕此句宋本作「孟嘗君逡巡避席，面有愧色」。此條見宋本卷五雜事、韓詩外傳卷十。本書卷一鬻子第四條中亦有類似之語，爲周文王與鬻子問答事。

4　魏王欲築中天之臺，曰：「敢有諫者死〔一〕。」許綰負蔂操畚入〔二〕，曰：「聞王欲爲中天之臺，願效力焉〔三〕。臣聞天去地一萬五千里〔四〕，今王因而半之，應高七千五百里，基廣八千里〔五〕。盡王之地，不足以成臺址〔六〕。王宜起兵伐諸侯〔七〕，盡有其地，猶不足也；又伐西夷，乃足之矣〔八〕。須具材木、人徒稱此，然可作也〔九〕。」魏王默然，後乃罷築〔一〇〕。

〔一〕此上之文，宋本作「魏王將起中天臺，令曰：敢諫者死」。魏王：御覽引此文作「魏襄王」。魏襄王名嗣，魏惠王之子，公元前三一八年至前二九六年在位。

〔二〕許綰：戰國時魏人，生平不詳。蔂：盛土的竹筐。畚：撮土的工具，宋本作「鍤」。

〔三〕此二句宋本作「聞大王將起中天臺，臣願加一力」。

〔四〕此句宋本作「臣聞天與地相去萬五千里」。

〔五〕此二句宋本作「當起七千五百里之臺，高如是，其址須廣八千里」。

〔六〕「成」，宋本作「爲」。

〔七〕此句宋本作「王必起此臺，先以兵伐諸侯」。

〔八〕「西夷」，宋本作「四夷」；「乃足之矣」四字無。

〔九〕此上三句宋本作「材木之積，人徒之衆，倉廩之儲，數以萬億，乃可以作」。

〔一〇〕此二句宋本作「魏王默然無以應，乃罷起臺」。此條見宋本卷六刺奢。類聚、御覽亦引之。

5 有遺鄭相魚，不受，人曰〔一〕：「子嗜魚，何故不受？」對曰：「惟嗜魚，故不受〔二〕。受魚失禄，無以食魚；不受魚得禄〔三〕，終身食魚〔四〕。」

〔一〕此上之文，宋本作「昔者，有饋魚於鄭相者，鄭相不受。或謂鄭相曰」。鄭相：韓非子、韓詩外傳、淮南子記載此事，又作「魯相」。

〔二〕「惟」，道藏本作「謂」。此二句宋本作「吾以嗜魚，故不受魚」。

〔三〕此句宋本無「魚」字。

〔四〕聚學軒本周廣業注曰：「韓非、淮南作魯公孫儀事，疑公孫休。」天海案：此條見宋本卷七節士。此事又見韓非子外儲説右下、韓詩外傳卷三、淮南子道應訓、史記循吏傳。

6 子奇年十六，齊君使治阿〔一〕。既而君悔之，遣使追。追者反曰：「子奇必能治阿，共載皆白首也。夫以老者之智，以少者決之，必能治阿矣〔二〕。」子奇至阿，鑄庫兵以作耕器，出倉廩以賑貧窮，阿縣大治〔三〕。魏聞童子治邑，庫無兵，倉無粟，乃起兵擊之，阿人父率子，兄率弟，以私兵戰〔四〕，遂敗魏師。

〔一〕子奇：戰國時齊人，生平不詳。阿：戰國時齊邑，即今山東東阿。

〔二〕此上三句，前二句道藏本、四庫本誤録在本條之首，作「以老者智，少者決」；末句「阿」下，道藏本、四庫本無「矣」字。

〔三〕此二句，道藏本、四庫本無。

〔四〕私兵：私人的兵器。此條宋本新序無，或早佚。後漢書邊讓傳注、藝文類聚、文選注、古文苑左思白髮賦注引此文，稱出於説苑，然今本説苑亦無此文。

三九　法言十五卷

揚雄撰，李軌弘範注。

揚雄（前五三年至前一八年），字子云，西漢蜀郡成都人。漢成帝時，大司馬王音召爲門下史，後除給事黄門郎。王莽時爲太中大夫，校書天禄閣，因事被株連，投閣自殺，幾死。天鳳五年卒，年七十一。揚雄爲人簡易佚蕩，口吃不能劇談，著述頗多。漢書有傳。

漢書揚雄傳具列法言十三篇，篇目甚詳，與漢志合。宋晁公武稱：「雄好古學，見諸子各以其知舛駁，不與聖人同是非，頗謬於經，故人時有問雄者，常用法言應之。譔以爲十三卷，象論語，號曰法言。」意林録八條，所據晉李軌注本。李軌，字弘範，江夏人，東晉尚書郎，所注法言，或存或亡。今據諸子集成所刊宋刻李軌注本與漢魏叢書所刊宋咸注本參校之。

1　務學不如務求師〔一〕。師者，人之模範。睎顔之人，亦顔之徒〔二〕；睎驥之馬，亦驥之乘。

〔一〕李軌注曰：「求師者，就有道而正焉。」務：致力於，努力。

〔一〕宋咸注：「晞，慕也。」聚學軒本周廣業注曰：「文選李康運命論注引李軌曰：『晞，望也。言顏回嘗望孔子也。』集注云：『慕也。』」天海案：顏，此指孔子弟子顏淵，爲孔門德行最著者。此二句今本在「亦驥之乘」句下。

2 詩人之賦麗以則〔一〕，辭人之賦麗以婬〔二〕。若孔氏之門而用賦〔三〕，則賈誼升堂，相如入室矣〔四〕。

〔一〕李軌注曰：「陳威儀，布法則。」宋咸注曰：「詩人之賦，雅有典則。」

〔二〕李軌注曰：「奢侈相勝，靡麗相越，不歸於正也。」婬：通「淫」，縱逸。

〔三〕此句李注本作「如孔氏之門用賦也」。

〔四〕「升堂」「入室」，語出論語先進：「由也升堂矣，未入於室也。」司馬相如賦文勝過賈誼，故有此語。

3 四重〔一〕。何謂四重？言重則有法，行重則有德，貌重則有威，好重則有觀〔二〕。四輕。何謂四輕〔三〕？言輕則招憂，行輕則招辜，貌輕則招辱，好輕則招婬〔四〕。

〔一〕此二字李注本作「取四重，去四輕，則可謂之人」。重：珍重，重視。

〔二〕好：玩好，喜好。觀：李軌注曰：「可觀望也。」天海案：李注未安。觀，於此有鑒戒之義。左傳莊公二十三年：「書而不法，後嗣何觀？」注：「觀，鑒戒。」

〔三〕此上六字李注本作「敢問四輕，曰」。

〔四〕「婬」，同「淫」，放縱淫亂。此句下李注本有「禮多儀」三字，其下李注曰：「美其多威儀也。」

4 刀不利，筆不銛，宜加砥削〔一〕。

〔一〕銛：音先，尖鋭，鋒利。李軌注曰：「刀鈍，礪之以砥；筆秃，挺削以刀。申、韓行法，欲以救亂，如加刀砥，亦所以利也。」下句李注本作「而獨加諸砥，不亦可乎」。

5 天可度，則覆物淺矣；地可測，則載物薄矣〔一〕。

〔一〕此條李注本作「天俄而可度，則其覆物也淺矣；地俄而可測，則其載物也薄矣」。

6 説天者莫辯乎易，説地者莫辯乎書〔一〕，説體者莫辯乎禮〔二〕，説志者莫辯乎詩，説理者莫辯乎春秋〔三〕。

〔一〕「地」，李注本作「事」，據李注，作「事」是。此二句李軌注曰：「惟變所適，應四時之宜。尚書論政事也。」

〔二〕李軌注曰：「正百事之體也。」天海案：「禮」，道藏本作「詩」，誤。此句四庫本作「説禮者莫辯乎詩」，恐亦誤。體：事物的法式、規矩以及人的行爲規範。

〔三〕上句意林明刊本無，李軌注曰：「在心爲志，發言爲詩。」下句李軌注曰：「屬辭比事之義。」宋咸注曰：「明事理之是非。」

7 柳下〔一〕，東國之逐臣；夷、齊，西山之餓夫〔二〕。李仲元不屈其志，不辱其身〔三〕，不夷不惠，可否之間〔四〕。

〔一〕「柳下」，道藏本、四庫本皆作「孔子」，或誤。柳下：即柳下惠。春秋時魯國大夫展禽，名獲，字季，魯僖公時人，因食邑柳下屯，謚惠，故又稱柳下惠。他在魯任士師時三次被黜而不離故鄉。與伯夷、叔齊並稱夷、惠，是古代廉潔之士的榜樣。

〔二〕此上二句李注本作「無仲尼，則西山之餓夫與東國之絀臣惡乎聞」，且在「可否之間」句下。李軌注曰：「餓夫，夷、齊也；絀臣，柳下惠也。」可知意林舊本鈔録有誤。聚學軒本周廣業注曰：「袁宏後漢紀：太尉袁湯曰：『不值仲尼，夷、齊，西山餓夫，柳下惠，東國絀臣，致聲名不泯者，篇籍使然也。』正用此語。」東國：此指魯國，因位於中原之東，故稱。夷、齊：即伯夷、叔齊。西山：指首陽山，夷、齊二人餓死處。參見本書卷二莊子第三十條注。

〔三〕「李仲元」三字，意林明刊本皆無。此二句李注本作「李仲元者，人也，其爲人也奈何？曰：不屈其意，不累其身，是夷、惠之徒與？曰」。宋咸注曰：「李仲元，名弘。」天海案：李仲元，名弘，字仲元，西漢蜀郡人，廉讓有名，曾被召爲令，後酣飲月餘遁去。

〔四〕李軌注曰：「隨時之義，治亂若鳳。」聚學軒本周廣業注曰：「後漢李固與黃瓊書『傳曰：不夷』云云，注引鄭玄論語注云：『不爲夷、齊之清，不爲惠、連之屈。』」

8 仲尼之道猶四瀆〔一〕，經營中國，終入大海。

〔二〕「瀆」下，李注本有「也」字。四瀆：古稱長江、黄河、淮河、濟水爲四瀆，因獨流入海，故稱「瀆」。

四〇　太玄經十卷

揚雄撰，虞翻注。

太玄經，漢志著録十九篇，隋、唐志所載注本、卷次各異，然虞翻注本皆作十四卷。自宋以後，史志書目皆載作十卷。今傳本有四庫全書所收晉范望注十卷本，列子部術數類。漢書揚雄傳贊曰：「以爲經莫大於易，故作太玄；傳莫大於論語，作法言。」劉歆觀此二書，曾有「吾恐後人用覆醬瓿也」之譏。桓譚許其必傳，信驗矣。此二書今並傳於世。

意林録七條，其中三條不見於今本。其自注稱所據乃虞翻注本，今已不存。虞翻，字仲翔，三國時東吴餘姚人。少好學，有高氣。孫權時任騎都尉，常犯顔進諫，又因失酒徙交州。常聚門徒數百人，講學不倦。所注太玄經，隋志載爲十四卷，今已不存。此據晉范望注本（明萬玉堂翻宋本）參校之。

1　鷦踤於林，獺入於泉〔一〕。

〔一〕范望注曰：「此二物，時之候也。」聚珍本館臣案曰：「鷦，音焦；舊作『鷹萃』，誤。古今韻注曰：踤，音翠。」天海案：鷦：音笑，即野雞，説文作「鷦」。踤：通「萃」，聚集，正字通曰：「踤，集也，通作萃。」此二字道藏本、四庫本作「鷹萃」。「泉」，范注本作「淵」，周廣業認爲避唐諱而改。

2　鴟鳩在林〔一〕，呿彼衆禽〔二〕。

〔一〕鵩鳩：即貓頭鷹，舊時認爲是惡鳥。意林明刊本皆作「鳴鳩」。

〔二〕聚珍本館臣案曰：「司馬光集注曰：『鵩鳩，惡鳥；呟，怒也。』鵩，舊作鳴；呟，作笑，並訛。」周廣業注同此。天海案：「呟」，意林明刊本作「笑」。

3 淮南王安多華少實〔一〕。

〔一〕此條與下二條范注本皆無，底本有聚珍本館臣案曰：「此下三節，唯『出川』二句見續首，餘並無。」周廣業認爲「疑出章句或虞注」。淮南王安：即淮南子作者淮南王劉安，詳見本書卷二淮南子題解。多華少實：此指淮南子一書文采勝過樸實。

4 齊桓、晉文之霸，如日繼月。

5 孔子文足，老君玄足〔一〕。

〔一〕聚學軒本周廣業注曰：「西漢尚無老君之稱，則非揚子本文可知。」聚珍本館臣案曰：「西漢尚無老君之稱，疑非揚子本文。或出虞注，未可知也。」天海案：唐高宗乾封元年上老子尊號爲玄元皇帝，武后時改稱老君，故此條或非揚雄本文，或馬總注文闌入正文中者。玄足：充滿玄機。老君：俗稱老子爲老君或太上老君。

6 山川藪澤，萬物歸焉〔一〕。

〔一〕「歸焉」，范注本作「攸歸」。藪澤：大澤湖泊。此條與上條，聚學軒本併作一條；又見范注本卷五積篇開頭三、四句。

7　君子得位則昌，失位則良〔一〕；小人得位則橫，失位則喪〔二〕。

〔一〕范望注曰：「昌，大其治；不苟欲也。」昌：盛大。良：善，好，此指潔身自好。

〔二〕范望注曰：「同時爲形勢也；如亡其親。」橫：驕橫。喪：死了父母親。

四一　新論十七卷　桓譚。

桓譚（約公元前二三年至公元五六年），字君山，沛國相人。西漢成帝時爲郎，經歷哀帝、平帝，位亦不過郎，王莽時爲掌樂大夫。更始帝立，召拜太中大夫。東漢光武帝劉秀登位，徵待詔，極言讖之非經，出爲六安郡丞，赴任途中病死。事見後漢書本傳。

隋志儒家始載十七卷，注曰：「後漢六安郡丞桓譚撰。」兩唐志仍之。唐章懷太子李賢注引新論篇目十六，並稱東觀記曰：「光武讀之，敕言卷大，令皆別爲上下，凡二十九篇。」清人嚴可均稱：「上下篇合爲十六卷，疑復有録一卷。」故爲十七卷。然是書宋志不見録，四庫全書亦不見收，或亡佚於宋時。意林録三十五條。現以嚴可均全後漢文所輯參校之。

1　三皇以道治，五帝以德化。三王由仁義〔一〕，五霸用權智。無制令刑罰謂之皇，有制令無刑罰謂之帝。賞善誅惡，諸侯朝事〔二〕，謂之霸〔三〕。王者，往也，言其惠澤優游，天下歸往也〔四〕。王道純粹，其德如彼；霸道駁雜，其功如此。俱有天下而君萬民，垂統子孫，其實一也〔五〕。

〔一〕「五帝」上，嚴氏輯本有「而」字。由：採用。詩小雅小弁：「君子無易由言，耳屬於垣。」

〔二〕朝事：古代早晨祭祀宗廟之事，此指歸宗臣服。

〔三〕「謂之」上，嚴氏輯文據史記正義補「以信義矯世」五字，句下嚴氏注稱：「此下當説『皇』、『帝』字義，缺。」

〔四〕優游：遠而長。楚辭九章惜往日：「封介山而爲禁兮，報大德之優游。」此句下嚴可均案稱：「此下當説『霸』字義，缺。」嚴氏輯本其下尚有「五帝以上久遠，經傳無事。唯王霸二盛之義，以定古今之理焉。夫王道之治，先除人害，而足其衣食，然後教以禮義，使知好惡去就。是故大化四湊，天下安樂，此王者之術。霸功之大者，尊君卑臣，權統由一，政不二門，賞罰必信，法令著明，百官修理，威令必行，此霸者之術」一段文字。意林所録缺此段文字，文意難通。下文所言「王道純粹，其德如彼」與「霸道駁雜，其功如此」即此文所述。

〔五〕君萬民：爲萬民之君主。垂統：把帝王基業傳給後世子孫。此條見嚴氏輯桓子新論上卷王霸篇，稱採自意林、史記秦本紀正義、長短經通變、太平御覽，文詳於此。

2 圖王不成，亦可以霸〔一〕。

〔一〕「霸」，道藏本、四庫本作「伯」，可通。此二句之上，嚴氏輯本引御覽作「儒者或曰：圖王不成，其弊亦可以霸，此言未是也」。

3 治國者，輔佐之本〔一〕，其任用咸得大才。大才乃主之股肱、羽翮也〔二〕。

〔一〕「佐」，原作「作」，據道藏本改。

〔二〕嚴氏輯本求輔篇引此，文同。

4 明鏡，龜策也〔一〕；章程，斛斗也；銓衡，丈尺也〔二〕。

〔一〕龜策：龜甲和蓍草，古人用来占卜吉凶。禮記曲禮上：「龜爲卜、筴爲筮者，先聖王之所以使民信時日、敬鬼神、畏法令也。」

〔二〕聚學軒本周廣業注曰：「文似連上，而義不甚明，姑仍之。」

5 前世俊士，立功垂名，圖畫於殿閣宮省，此乃國之大寶，亦無價矣。雖積和璧，累夏璜，囊隋侯，篋夜光〔一〕，未足喻也。伊、吕、良、平〔二〕，何世無之，但人君不知，羣臣勿用也〔三〕。

〔一〕和璧：即和氏璧。春秋時楚人卞和在山上所得璞玉，後傳爲無價之寶。夏璜：半璧形的美玉。相傳爲夏后氏時的珍寶，故名。事見左傳。隋侯：春秋時隋國諸侯於濮水邊救治受傷大蛇，後此蛇銜珠以報恩。後此珠稱爲隋侯珠。事見高誘淮南子注、搜神記、水經注。孟子疏則曰：「隋侯姓祝名元暢，往齊，見一蛇血出，以杖挑于水中而去。後到蛇所，此蛇銜珠來前，侯意不懌，其夜夢脚蹋一蛇，驚起，乃得雙珠。」夜光：寶珠名。聚學軒本周廣業注曰：「魏志云：出大秦國。」

〔二〕「吕」，道藏本誤作「宫」。伊吕良平：指商湯時伊尹，周武王時吕尚，漢高祖時張良、陳平。四人皆爲開國賢臣，故並稱。

〔三〕「但」下，道藏本衍一「知」字。嚴氏輯本求輔篇引此，文同。

6　賢有五品：謹敕於家事，順悌於倫黨，鄉里之士也；作健曉惠，文史無害，縣廷之士也〔一〕；信誠一作誠。篤行，廉平公正〔二〕，理下務上者，州郡之士也；通經術，名行高，能達于從政，寬和有固守者，公輔之士也〔三〕；才高卓絶，竦峙一作疎殊。于衆〔四〕，多籌大略，能圖世建功者，天下之士也。

〔一〕文史無害：聚學軒本周廣業注曰：「史記：『蕭何以文無害爲沛主吏掾。』漢書音義曰：『文無害，言文無所枉害也。』如今言公平吏。」天海案：文史無害：文書記事無人能勝過。史記蕭相國世家：「以文無害爲沛主吏掾。」漢書趙禹傳：「亞夫爲丞相，禹爲丞相史，府中皆稱其廉平，然亞夫弗任，曰：極知禹無害，然文深，不可以居大府。」注：「無害，言無人能勝也。」據此，周説非確。縣廷：縣衙，縣府。

〔二〕「信誠」，意林明刊本作「信誠」；「正」字原無，嚴氏輯文亦注稱「『公』下當有脱文」，此據文意補。篤行：品行淳厚。

〔三〕固守：堅定的操守。公輔：三公與輔相，皆爲國君重要輔臣，亦爲執掌軍政大權的最高官員。

〔四〕竦峙，聳立。意林明刊本與嚴氏輯文皆作「竦殊」。

7 賈誼不左遷失志，則文彩不發；淮南不貴盛富饒，則不能廣聘駿士，使著文作書〔一〕；太史公不典掌書記，則不能條悉古今；揚雄不貧，則不能作玄、言。

〔一〕「作書」，廖本作「著述」。

8 殷之三仁〔一〕，皆暗于前而章于後〔二〕，何益于事？何補于君〔三〕？

〔一〕三仁：指商紂王時的三個賢臣微子、箕子、比干，因勸諫紂王或被逐或被殺。

〔二〕暗：此指被埋没。章：同「彰」，此指名聲顯著。

〔三〕「補」，廖本作「輔」。

9 世有圍碁，或言兵法之類〔一〕。上者張置疎遠，多得道路而勝〔二〕；中者務相遮絶，爭便求利〔三〕；下者守邊隅，趨作罫目，生於小地〔四〕。猶薛公之言黥布反也〔五〕：上計取吴、楚，廣道地〔六〕；中計塞成皋，遮要爭利〔七〕；下計據長沙以臨越，守邊隅〔八〕，趨作罫目者也。更始將相不防衛，罫中死棊皆生也〔九〕。

〔一〕「圍碁」下，嚴氏輯文有「之戲」二字；「言」下，嚴氏輯文有「是」字。

〔二〕此二句嚴氏輯文作「上者遠棋疏張，置以會圍。因而伐之，成多得道之勝」。張置：佈局列子。

〔三〕上句嚴氏輯文作「中者則務相絶遮要」。下句「争」上，嚴氏輯文有「以」字。遮絶：佔据險要。

〔四〕上句「罫目」，意林各本皆誤作「罣目」，此據史記黥布列傳集解改；下文「罫」字同此。下句嚴氏輯文作「以自生於小地」。罫（音拐）目：圍棋盤上的方格，今稱之爲棋眼。

〔五〕此句嚴氏輯文作「然亦必不如察薛公之言黥布反也」。薛公：據史記黥布列傳，此人爲滕公門客，曾做過楚國令尹，生平事未詳。黥布：即英布，六縣人，秦時因犯法被黥面，故稱黥布。先隨項羽，封九江王，後歸劉邦，封淮南王，因謀反被殺。此以下之文爲漢高祖召見薛公，問及英布謀反事對答之語。

〔六〕「道地」，意林諸本與嚴氏輯文皆誤作「地道」，意不可通。考裴駰史記集解引桓譚新論正作「道地」，此據改。道地：本指圍棋中行子的路數，此喻打仗時廣開道路，擴大地盤。漢馬融圍棋賦中有此用法。此句嚴氏輯文作「上計云：取吴、楚，併齊、魯及燕、趙者，此廣地道之謂也」。

〔七〕上二句嚴氏輯文作「其中計云：取吴、楚，併韓、魏，塞成皋，據敖倉，此趨遮要争利者也」。成皋：春秋時名虎牢，爲軍事要塞，在今河南滎陽縣汜水鎮西。遮要：佔據要塞。

〔八〕上句嚴氏輯文作「下計云：取吴下蔡，據長沙以臨越」；下句「守」上，嚴氏輯文有「此」字。長沙：西漢郡國名。道藏本誤作「長江」。越：古代稱江蘇、浙江、福建、廣東一帶地區爲越。

〔九〕上句「更始」下，嚴氏輯文有「帝」字，且此句「不」下尚有「能」字；下句「罫」上，嚴氏輯文有「而令」二字。更始：王莽新朝末年劉玄稱帝的年號，爲公元二三年至二五年。道藏本此句原作「罣中死，碁中生也」。嚴氏輯本言體篇有此文，稱引自史記黥布列傳集解、文選注、長短經、意林。

10 文王葬枯骨〔一〕，無益衆庶，衆庶悦之，恩義動人也。王翁覩人五藏〔二〕，無損生人，生人惡之，殘酷也〔三〕。

〔一〕周文王葬枯骨事，又見於吕氏春秋孟冬紀異用篇。

〔二〕聚學軒本周廣業注曰：「王翁謂王莽以曾仕莽，不可斥名，又不可稱公故也。」底本此條下有聚珍本館臣案語，文同周廣業注。天海案：此句治要引作「王翁之殘死人」。嚴氏輯文亦加此六字。五藏：即五臟。

〔三〕治要與嚴氏輯文皆作「以殘酷示之也」。

11 東方朔短辭薄語〔一〕，以謂信驗，人皆謂朔大智，後賢莫之及。譚曰：「人有以狐爲狸〔二〕，以瑟爲箜篌，此非徒不知瑟與狐，又不知狸與箜篌〔三〕。乃非但言朔，亦不知後賢也〔四〕。」

〔一〕東方朔：平原郡厭次人，字曼倩。漢武帝時待詔金馬門，官至太中大夫。以奇計俳辭得寵倖，爲武帝弄臣。因他以詼諧滑稽著名，後人傳其異聞甚多。短辭薄語：簡陋淺薄的語言。

〔二〕「人」上，嚴氏輯文有「鄙」字。狸：似狐而小，身短肥，俗稱「狸貓」，又稱「黄鼠狼」。

〔三〕瑟：絃樂器。今瑟二十五絃，絃各有柱，可上下移動，以定聲音的清濁高低。箜篌：樂器名，似瑟而小，七弦，用撥彈，如琵琶。末句道藏本脱「與」字。

〔四〕聚學軒本周廣業注曰：「御覽引子思：『子思曰：謂狐爲狸者，非直不知狐也，勿得狐復失狸也。』

淮南及新論俱本此。」

12 夫以人言善我，亦必以人言惡我。王翁使都尉孟孫往泰山告祠〔一〕，道過徐州。徐州牧宋仲翁道余才智，陳平、留侯之比也〔二〕。孟孫還，喜謂余曰：「仲翁盛稱子德，子乃此耶？」余應曰：「與僕遊四五歲，不吾見稱。今聞仲翁一言而奇之。若有人毀余，子亦信之。吾畏子也。」

〔一〕都尉：漢時州郡設太守、郡丞、都尉三職。都尉掌地方治安。朝廷中職事官、侍從官皆有都尉之職。孟孫：此或爲複姓，其人名字、生平皆未詳。

〔二〕牧：州太守、刺史稱爲「牧」。宋仲翁：其人未詳。陳平：西漢陽武人，先從項羽，後歸劉邦，因功封曲逆侯。漢惠帝時與太尉周勃合誅諸吕，立文帝。留侯：即張良，字子房，家五世相韓。後刺秦始皇未中，與陳平共助劉邦滅項羽，因功封留侯。

13 余前作王翁掌教大夫，有男子殺母〔一〕，有詔燔燒其子屍。余謂此事不宜宣佈。余封事云〔二〕：「宣帝時公卿大夫朝會，丞相語次云〔三〕：『梟生子〔四〕，子長，食其母，乃能飛〔五〕。』時有賢者應曰：『但聞烏子反哺其母〔六〕。』丞相大慚，自悔言之非也〔七〕。人皆少丞相多彼賢人，賢人之言益於德化也〔八〕。鳥獸尚與之諱，況于人乎。不宜發揚也〔九〕。」

〔一〕上句「夫」下，嚴氏輯文有「時」字。掌教大夫：漢書本傳作「掌樂大夫」，曹植辨道論作「典樂大夫」。此職在漢時屬禮部，執掌禮樂教化，故又稱掌教大夫。下句嚴氏輯文作「有男子畢康殺其母」。

〔二〕「余」，嚴氏輯文作「上」。封事：密封的奏章。

〔三〕上句嚴氏輯文作「昔宣帝時，公卿大夫朝會廷中」。宣帝：即漢宣帝劉詢，公元前七三年至前四九年在位。朝會：諸侯與臣子朝見君王。下句「云」字，嚴氏作「言」。語次：談話之間。

〔四〕「梟」上，嚴氏輯文有「聞」字。梟：俗稱貓頭鷹，本爲益鳥，舊傳梟長大食母，故常喻惡人。

〔五〕上句「食」上，嚴氏輯文有「且」字；此句下，聚學軒本有「寧有然邪」四字，嚴氏輯文有「寧然邪」三字。

〔六〕此句嚴氏輯文作「但聞梟子反哺其母耳」。

〔七〕道藏本此句作「自悔也」；「言」上，嚴氏輯文有「其」字。

〔八〕此句御覽作「是故君子掩惡揚善」；聚學軒本與嚴氏輯文「益」上均有「有」字。

〔九〕此句上，嚴氏輯文有「是故君子掩惡揚善」一句。發揚：發佈表彰。

14 龍無尺水，無以昇天〔一〕；聖人無尺土，無以王天下。

〔一〕聚學軒本周廣業注曰：「論衡龍虛篇謂『龍從水中昇天也』。袁曄獻帝春秋載孫榮教曰：『龍欲騰翥，先階尺水。』」

15 讖出河圖洛書，但有兆朕而不可知〔一〕，後人妄復加增依託，稱是孔丘，誤之甚也〔二〕。

〔一〕讖：即讖語，古代預言吉凶得失的話語、歌謡以及圖記。河圖洛書：關於周易卦形來源以及尚書洪範「九疇」創作過程的傳説。易繫辭上：「河出圖，洛出書，聖人則之。」古代迷信説法，認爲每當聖世，就會有黄河出圖、洛水出書的祥瑞。兆朕：亦作「朕兆」，指事物的形跡、預兆。

〔二〕聚學軒本周廣業注曰：「文心雕龍云：『符讖八十一篇，皆託於孔子。』又云：『桓譚疾其虚僞。』」天海案：嚴氏輯本啓寤篇引此，文同。

16　張子侯曰：「揚子雲，西道孔子也〔一〕，乃貧如此。」吾應曰：「子雲亦東道孔子也〔二〕，昔仲尼豈獨是魯孔子，亦齊、楚聖人也。」

〔一〕張子侯：生平事未詳。揚子雲：即揚雄，見本卷法言題解。西道：西路，西部。揚雄蜀人，地處西部。

〔二〕東道：東路，東部。魯國在中原東部，故有此説。

17　畫水鏤冰，與時消釋〔一〕。

〔一〕「水」，説郛本作「脂」。此或本桓寬鹽鐵論殊路：「故内無其質而外學其文，雖有賢師良友，若畫脂鏤冰，費日損功。」畫水鏤冰：在水上作畫，在冰上雕刻，比喻徒勞無功。消釋：晝消失，冰融化。

18　孔子，以四科教士〔一〕，隨其所喜。譬如市肆多列雜物，欲置之者並至。

〔一〕四科：德行、言語、政事、文學，爲孔子授徒所設四科。參見論語先進。後漢書鄭玄傳：「仲尼之門，考以四科。」

19 顔淵所以命短，慕孔子，殤其年也〔一〕。關東里語云〔二〕：「人聞長安樂，則出門西向而笑；知肉味美，對屠門而嚼〔三〕。」此猶時人，雖不別聖，亦復欣慕。如庸馬與良駿相追，銜尾至暮〔四〕，良馬鳴食如故，庸馬垂頭不食，何異顔、孔優劣〔五〕？

〔一〕顔淵：因他年三十而死，故言命短。殤：未成年而死，此指早亡。

〔二〕「關」，原作「聞」，御覽、聚學軒本、嚴氏輯文皆作「關」，據改。關東：函谷關以東。里語：即俚語、俗語。御覽作「鄙諺曰」，嚴氏輯文作「鄙語曰」。

〔三〕「知」字原無，聚學軒本、嚴氏輯文皆有，據補。嚼，道藏本作「哨」。此句聚學軒本、嚴氏輯文皆作「則對屠門而大嚼」。

〔四〕銜尾：咬着尾巴，此指尾隨相跟。

〔五〕道藏本「聞東里語云」至「亦復欣慕」單作一條，餘文合爲一條。嚴氏輯本袪蔽篇引書鈔、類聚、文選注、初學記、六帖、御覽諸書，文與此略異。

20 余少時見揚子雲麗文〔一〕，欲繼之，嘗作小賦，用思太劇，立致疾病〔二〕。子雲亦言：「成帝詔作甘泉賦，卒暴，遂倦卧〔三〕，夢五藏出地，以手收内之〔四〕。及覺，氣病一年〔五〕。」由此言之，盡思慮傷精神也〔六〕。

〔一〕「麗文」下，嚴氏輯文引類聚有「高論」二字。

〔二〕此以上四句，嚴氏輯文作「不自量年少新進，而猥欲逮及。嘗激一事而作小賦，用精思太劇，而立感動發病，彌日瘳」。太劇：過分劇烈。

〔三〕此上之文，嚴氏輯文作「趙昭儀方大幸，每上甘泉，詔令作賦。爲之卒暴，思精苦，賦成，遂困倦小卧」。成帝：漢成帝劉驁，公元前三二年至前七年在位。甘泉賦：甘泉，漢時宫殿名。揚雄此賦極力誇飾甘泉宫富麗華美，略帶諷諫之意。卒暴：指限期緊迫。卒，通「猝」。漢書成帝紀：「多賦斂繇役，興卒暴之作。」注：「卒，讀曰『猝』，謂之急也。」

〔四〕五藏：即五臟。内：通「納」。

〔五〕此句嚴氏輯文作「病喘悸，大少氣，病一歲」。氣病：損傷精氣的病。

〔六〕嚴氏輯本祛蔽篇引此，文略異。又見北堂書鈔、藝文類聚、文選注、白孔六帖、御覽所引。

21　莊周病劇，弟子對泣之。應曰：「我今死則誰先，更百年生則誰後，必不得免，何貪於須臾〔一〕。」

〔一〕今本莊子未見此文，嚴氏輯本祛蔽篇引此，文同。

22　子貢問蘧伯玉曰〔一〕：「子何以治國？」答曰：「弗治治之〔二〕。」

〔一〕子貢：見本書卷二列子第十條注。蘧伯玉：見本書卷二莊子第十八條注。

〔三〕聚學軒本周廣業注曰：「淮南子、論衡並作『以不治治之』。」

23 古孝經一卷，二十章，一千八百七十二字〔一〕，今異者四百餘字〔二〕。

〔一〕孝經：宣揚孝道與孝治思想的儒家經典。學者多認爲是戰國後期之書，或爲曾子門人所作。有今文、古文兩種本子。今文本稱鄭玄注，分爲十八章。古文本稱孔安國注，分爲二十二章。此指古文孝經。漢志亦作二十二章，疑此脱「二」字。漢志注作「千八百七十一字」。

〔二〕此下嚴氏輯文尚有「嘉論之林藪，文義之淵海也」二句。嚴氏輯本正經篇引御覽亦有此條，文略異。

24 左氏經與傳，猶衣之表裏〔一〕，相待而成〔二〕。

〔一〕「左氏」下，道藏本、廖本、四庫本皆有「云」字。下句道藏本無「之」字。左氏：即左丘明。春秋時魯國人，相傳爲魯國太史，爲春秋作傳，稱春秋左氏傳，簡稱左傳。

〔二〕相待：互相配合，相輔相成。此句下嚴氏輯文引御覽有「經而無傳，使聖人閉門思之，十年不能知也」三句。

25 劉子政、子駿、子駿兄弟子伯玉，俱是通人，尤重左氏〔一〕，教授子孫，下至婦女，無不讀誦。此亦蔽也〔二〕。

〔一〕「兄弟」之「弟」字疑衍，嚴氏輯本無。劉子政：即劉向。參見本卷説苑題解。子駿：劉向子，名歆，字子駿。伯玉：事未詳。「俱是通人」上，嚴氏輯文有「三人」二字。通人：學識淵博的人。「重」上，嚴氏輯文有「珍」字。

〔三〕嚴氏輯本識通篇引此，文略異。書鈔、御覽亦引此文。

26 堯能則天者〔一〕，貴其能臣舜、禹二聖〔二〕。

〔一〕則天：以天爲法。論語泰伯：「巍巍乎，唯天爲大，唯堯則之。」

〔二〕聚學軒本周廣業注曰：「御覽引作揚子法言。」嚴氏輯本正經篇引此，文同。

27 舉綱以綱，千目皆張；振裘持領，萬毛自整〔一〕。治大國者，亦當如此。

〔一〕聚學軒本周廣業注曰：「後漢書楊倫曰：『振裘持領，領正則毛理。』魏志崔林曰：『萬目不張，舉其綱；衆毛不整，整其領。』」荀子勸學：「若挈裘領，詘五指而頓之，順者不可勝數也。」

28 以賢伐賢謂之煩，以不肖伐不肖謂之亂〔一〕。

〔一〕黄以周案：御覽四百二「伐」作「代」，下同。「煩」作「順」。天海案：上句嚴氏輯文作「以賢代賢謂之順」；下句「伐」，嚴氏輯文作「代」，道藏本無「伐不肖」三字。嚴氏輯本雜事篇採御覽有此文，略異。

29 王平仲云〔一〕：「周譜言定王五年，河徙故道〔二〕。今所行處，非禹所穿〔三〕。」

〔一〕王平仲：王横，字平仲，琅琊人，西漢時爲大司空掾。精研周易、尚書，通曉水利。事見漢書儒林傳。

〔二〕周譜：周朝世統譜諜。漢書溝洫志注：「世統譜諜也。」定王：周定王姬介，公元前四六八年至前四四一年在位。河徙故道：古代黄河泥沙淤積，河牀升高，河水經常改變舊道而行。

〔三〕傳説古代黄河堵塞，大禹鑿穿龍門，劈開伊闕，使黄河東流。嚴氏輯本雜事篇引此，文同。事又見漢書溝洫志，所記甚詳。

30 揚子雲工於賦，王君大習兵器〔一〕。余欲從二子學。子雲曰：「能讀千賦則善賦。」君大曰：「能觀千劍則曉劍。」喭曰：「伏習象神〔二〕，巧者不過習者之門。」

〔一〕「工」，嚴氏輯文作「攻」。王君大：漢時識劍名家，生平不詳。聚學軒本周廣業注曰：「書鈔引云：君大曉習萬劍之名，凡器遥望而知，不假手持熟察。」習：熟悉。

〔二〕「喭」，聚學軒本與嚴氏輯文皆作「諺」，二字通。伏習：即「服習」，反復練習，熟悉。此條下聚珍本館臣案曰：「道藏本亦作『伏習象神』。伏即服字，蓋言所服既習，則象自神也。今相承多用作『習伏衆神』。」天海案：嚴氏輯本道賦篇引此條，文小異。又見書鈔、類聚。

31 五福：壽、富、貴、安樂、子孫衆多。

32 百足之蟲〔一〕，共舉一身，安得不濟？

〔一〕百足之蟲：學名馬陸。節肢動物，體圓而長，多環節構成，除一至四節外，每節有脚兩對，故稱百足。

33　曲陽侯迎方士西門君惠，從其學卻老之術〔一〕。君惠曰：「龜稱三千歲，鶴言千歲〔二〕，以人之材，何乃不及蟲鳥邪？」余應曰：「誰當久與龜鶴同居，而知其年歲耳〔三〕！」

〔一〕曲陽侯：王根之封號。王根，字稚卿，漢元皇后庶弟，漢成帝之舅，封曲陽侯，爲驃騎將軍。西門君惠：漢道士，王莽時人，好天文讖記，與衛將軍王涉言劉氏當復興。「從」上，嚴氏輯文引御覽有「王根」二字。卻老之術：防止衰老的方法，即長生不老之術。

〔二〕「鶴言」，嚴氏輯文作「鶴稱」。

〔三〕嚴氏輯本辨惑篇引此，文略異。御覽亦引此文，略同。

34　聖人何不學仙，而令死耶？聖人皆形解仙去〔一〕。言死者，示民有終也〔二〕。

〔一〕形解：又稱「屍解」，靈魂與形體解脱。古代方士認爲修仙者死去，靈魂脱離形體，升天成仙。

〔二〕嚴氏輯本辨惑篇引此，文同。又見文選注、御覽。

35　昔神農繼伏羲王天下，梧桐作琴〔一〕，三尺六寸有六分，象朞之數〔二〕；厚寸有八，象三六數〔三〕；廣六寸，象六律〔四〕。上圓而斂，法天；下方而平，法地；上廣下狹，法尊卑之禮〔五〕。琴者禁也〔六〕。古者聖賢玩琴以養心〔七〕，窮則獨善其身而不失其操，故謂之操。達則兼善天下，無不通暢，故謂之暢。堯暢，經逸不存；舜操，其聲清以微〔八〕；微子操，其聲清以淳〔九〕；箕子操，其聲淳以激〔一〇〕。

〔一〕上句道藏本、廖本、四庫本無「繼」字；下句御覽有「上觀法於天，下取法於地，近取諸身，遠取諸物，於是削桐爲琴，繩絲爲絃，以通神明之德，合天人之和」數句。

〔二〕「三尺」上，嚴氏輯文有「琴長」二字。「朞」，同「期」，此指一周年。尚書堯典曰：「期，三百有六旬六日，以閏月定四時，成歲。」

〔三〕寸有八：一寸八分，即十八分。「八」下，嚴氏注曰：「當有分字。」三六數：即十八。古代占筮，三變成一爻，一卦六爻，三六即十八，爲一卦，因此十八之數常指事物變化的極點。

〔四〕「六寸」，原作「六分」，此據嚴氏輯文改。六律：樂律有十二，陰陽各六，陽爲律，陰爲吕，故又稱六律。黄帝時伶倫截竹爲管，以管之長短區别聲音之高低清濁，後演變爲十二律吕，樂器以此定音調之高低强弱。

〔五〕此句下嚴氏輯文另有數句，文繁不引。

〔六〕禁，此爲「琴」的諧音，暗含禁戒之意。此句嚴氏輯文作「琴之言禁也」，其下尚有「君子守以自禁也」數句，文繁不引。

〔七〕此句下嚴氏輯文有「夫遭遇異時」五字。

〔八〕清以微：高潔而幽深。

〔九〕嚴氏輯文詳於此，其下尚有「文王操」、「伯夷操」等文，繁而不引。微子：名啓，商紂王之庶兄，因見商將亡，諫紂王不聽，遂出走。武王滅商，乞降，封於宋。清以淳：高潔而純樸。

〔一〇〕箕子：商紂王叔父，官太師，因諫紂王而被囚。周武王滅商後放出。淳以激：質樸而高亢。嚴氏輯本琴道篇引諸書，文詳於此。天海案：聚學軒本周廣業案曰：「論衡曰：『仲舒之書，道德政治可嘉美也。質定世事，論説世疑，桓君山莫上也。仲舒之文可及，君山之論難追。』又玩揚子雲之篇『樂於居千石之官，挾桓君山之書，富於猗頓之財』。其讚美至矣。今董、揚之書並存，而新論獨亡，惜哉。」

四二　論衡二十七卷　王充。

王充（公元二七年至九七年），字仲任，東漢時會稽上虞人。少孤寒，曾師事班彪。州刺史辟爲從事，轉治中，後歸鄉里，從事教學與著述。歷三十年，完成論衡八十五篇，凡二十餘萬言。其中招致篇存目無文，實爲八十四篇。另著有養性書十六篇，佚而不存。後漢書有傳。

論衡除隋志載二十九卷外，其他史志書目多作三十卷。意林録作二十七卷。四庫總目稱王充「内傷時命之坎坷，外疾世俗之虚僞，故發憤著書，其言多激」。意林録文條目達七十六條之多，可見馬總對此書的重視。現以明通津草堂本參校之。

1　操行有常賢，仕宦無常遇。賢不賢，才也；遇不遇，時也。才高行潔，不可保以必貴〔一〕；能薄操濁，不可保以必賤；或同操而異主〔二〕，伊尹、箕子是也，二人俱命世之臣〔三〕。伊尹遇成湯作相，箕子遇商紂作奴〔四〕，故知遇與不遇也〔五〕。

〔一〕「貴」上，通津草堂本有「尊」字。

〔二〕上句「賤」字，通津草堂本作「卑」；下句作「或操同而主異」。

〔三〕上句通津草堂本作「伊尹、箕子才俱也」。伊尹：商湯時賢臣。參見本書卷一孟子第十七條注。箕子：商紂時賢臣。參見本卷新論第三十五條注。命世：著名於世。

〔四〕此二句通津草堂本作「伊尹爲相，箕子爲奴。伊尹遇成湯，箕子遇商紂也」。

〔五〕此句通津草堂本無。

2 清受塵，白受垢〔一〕，青蠅所污，常在練素〔二〕。屈平潔白，邑犬羣吠，吠所怪也〔三〕。

〔一〕下「受」字，通津草堂本作「取」。

〔二〕青蠅：蒼蠅之一種，也稱金蠅。原誤作「青繩」，據四庫本、聚學軒本、道藏本改。練素：潔白的絲絹。

〔三〕道藏本無「屈平潔白」四字，「邑犬」下另作一條。屈平：名平，字原。戰國時楚人，楚懷王時任左徒、三閭大夫，主張聯齊抗秦。後遭靳尚等人誣諂，被放逐，作離騷。頃襄王時又遭讒毁，再謫江南。常著白衣冠吟於江畔。後見楚國將亡，自投汨羅江而死。史記有傳。潔白：表面上指一身潔白衣冠，實喻品行高潔。後二句本楚辭九章懷沙：「邑犬之羣吠兮，吠所怪也。」邑犬：喻指讒毁賢能、不辨是非的盲從者。

3 絃者思折伯牙之指，御者願斷王良之手，惡彼勝己也〔一〕。

〔一〕「己」，聚學軒本無。「斷」，通津草堂本作「摧」；「手」下有「何則？欲專良善之名」二句；「彼」下有「之」字。伯牙：春秋時人，傳説以精通琴藝著名。王良：春秋時晉人，以善馭馬著名。

4 玉變作石，石化作礫，毁謗使然也〔一〕。採玉者破石取玉〔二〕，選士者棄惡取善。

〔一〕聚學軒本周廣業注曰：「原無此三句，御覽卻引之。」天海案：此未審，考之通津草堂本，此三句原作「則玉變爲石，珠化爲礫，不足詭也。何則？昧心冥冥之知使之然也」。

〔二〕「採」上，通津草堂本有「夫」字；「取」作「拔」。

5 命不可勉也，智者歸之於天〔一〕。取富貴若鑿溝伐薪，鑿不休則溝深，斧不止則薪多〔二〕。亦有溝未成而遇湛，薪未多而逢火〔三〕。

〔一〕上句道藏本無「可」字，通津草堂本作「命則不可勉」，下有「時則不可力」五字。下句下，通津草堂本有「故坦蕩恬忽，雖其貧賤」二句。

〔二〕以上三句，首句「取」，通津草堂本作「使」，首句下有「加勉力之趨，致强健之勢」二句；「多」字下，尚有「無命之人，皆得所願，安得貧賤凶危之患哉」三句。

〔三〕上句通津草堂本作「然則或時溝未通而遇湛」；下句「逢火」作「遇虎」。湛：水潭。

6 樂貧勝禍，勉己勤事以致富〔一〕，砥才明操以取貴。農夫力耕得穀多，商賈遠行得利深〔二〕。命富之人，筋力自强；命貴之人，才智自高。若千里馬，氣力自勁，頭目蹄足自相副〔三〕。

〔一〕上句通津草堂本作「力勝貧，慎勝禍」；下句「己」，通津草堂本作「力」。

〔二〕聚學軒本周廣業注曰：「答佞篇云『力耕可以得穀，勉貿可以得貨』，即此意。」天海案：此二句通津草堂本無。

〔三〕通津草堂本無「氣力自勁」四字；「副」下有「也」字。

7 魯城門朽頓欲頹，孔子疾行而過之〔一〕。左右曰：「如此久矣〔二〕。」孔子曰：「吾惡其久也，脱遇壞則不幸〔三〕。」

〔一〕上句「朽頓欲頹」，通津草堂本作「久朽欲頓」；下句作「孔子過之，趨而疾行」。朽頓：朽壞。

〔二〕此句通津草堂本無「如此」二字。

〔三〕脱：假若，萬一。此二句通津草堂本作「孔子戒慎已甚，如過遭壞，可謂不幸也」。

8 蟲墮一器，酒棄不飲；鼠殘一筐〔一〕，飯捐不食。

〔一〕「殘」，通津草堂本作「涉」，意林説郛本作「踐」，於義爲長。

9 墨家云：「人死無命〔一〕。」儒家云：「人死有命〔二〕。」歷陽之郡，一宿化成湖〔三〕；白起坑趙卒四十萬衆，此並有命耶〔四〕？言有命者曰〔五〕：「命當溺死，故相聚于歷陽；命當壓死，故相聚于長平〔六〕。猶沛公初起，相工入豐、沛之市〔七〕，云：多封侯人也〔八〕。」人命繫于國，物命繫于人〔九〕。

〔一〕此二句通津草堂本作「墨家之論，以爲人死無命」。無命：不由命中注定。

〔二〕此二句通津草堂本作「儒家之議，以爲人死有命」。有命：由命中注定。

〔三〕此二句通津草堂本作「言無命者，聞歷陽之都，一宿沉而爲湖」。事或本於淮南子俶真訓。參見本書卷二淮南子第六條注。

〔四〕上句通津草堂本作「秦將白起，坑趙降卒于長平之下，四十萬衆，同時皆死」。下句通津草堂本無。白起：戰國時秦將，郿人，善用兵，秦昭王時因戰功封武安君。長平之戰，坑殺趙降卒四十萬。後因與應侯范雎不睦，稱病不起，免爲士卒，遷密後自殺而死。事見史記本傳。

〔五〕「有」字原脱，此據通津草堂本補。

〔六〕「聚」，通津草堂本作「積」；「長平」，意林道藏本、四庫本誤作「平原」。長平：地名，戰國時趙邑，在今山西高平西北。

〔七〕「沛公」，通津草堂本作「高祖」。沛公：即漢高祖劉邦。「工」，道藏本、四庫本誤作「攻」，其下又衍一「人」字。「市」，通津草堂本作「邦」。相工：古代以相面占卜爲業的人。豐、沛：地名。沛爲縣，豐爲邑。一説豐爲鄉。皆指劉邦故鄉。

〔八〕「人」上，通津草堂本有「之」字。

〔九〕此二句通津草堂本無，另作「故國命勝人命，壽命勝禄命」。

10 齊人舒緩，秦人慢易，楚人促急，燕人戇敢〔一〕。四國之民，更相出入〔二〕。

〔一〕此上四句「人」字，通津草堂本皆無。舒緩：從容緩和。慢易：傲慢輕率。「慢」，原作「漫」，此據道藏本改。促急：急躁。戇敢：剛直果敢，通津草堂本作「戇投」，其下尚有「以莊、嶽言之」五字。

〔二〕句下通津草堂本尚有「久居單處，性必變易」二句。此條見通津草堂本率性篇，本條節録太簡，文意似不全。

11 黃次公娶鄰巫女〔一〕，卜工曰：「女相當貴〔二〕。」公後位至丞相〔三〕，乃是次公亦貴，遂與女相合也〔四〕。

〔一〕「黃次公」，原作「張次公」，據聚學軒本改。考史記載張次公爲河東人，從軍有功，封岸頭侯，再爲將軍，未曾爲相，亦無娶巫女事。故「張」爲「黃」之訛，通津草堂本正作「黃」。「女」上，通津草堂本有「之」字。黃次公：黃霸，字次公，漢宣帝時丞相。曾爲陽夏遊徼，與善相者同車俱行，見一婦人，年十七八，相者言當大富貴。霸推問，乃其旁里人巫家女，即娶爲妻。事詳見漢書本傳與論衡骨相篇。

〔二〕上二句通津草堂本作「卜謂女相當貴」；下句無「當」字。

〔三〕此句通津草堂本作「故次公位至丞相」。

〔四〕上二句通津草堂本無，另作「其實不然，次公當貴，行與女會，女亦自尊，故入次公門。偶適然自相遭遇，時也」。

12 世謂宅有吉凶，徙有歲月〔一〕。余謂天道難知〔二〕，假令有觸犯者，命凶之人也〔三〕。

〔一〕句下通津草堂本有「實則不然」四句。

〔二〕「余謂」二字，通津草堂本無。

〔三〕意林道藏本「凶」上衍「吉」字。此二句通津草堂本作「假令有命凶之人，當衰之家，治宅遭得不吉之地，移徙適觸歲月之忌，一家犯忌，口以十數，坐而死者，必禄衰命薄之人也」。

13 按相〔一〕：黥布當先刑而後王〔二〕，衛青當封〔三〕，亞夫當餓死〔四〕，鄧通當貧餓〔五〕。此骨節皮膚各異也〔六〕。

〔一〕此二字，通津草堂本作「案骨節之法，察皮膚之理，以審人之性命，無不應者」。

〔二〕此句通津草堂本作「相工相黥布當先刑而乃王，後竟被刑乃封王」。黥布：即英布。秦末六縣人，因觸秦法而受黥面之刑，故稱黥布。秦末曾率驪山刑徒起事，先歸項羽，封九江王，後歸劉邦，封淮南王。彭越、韓信被誅後謀反，兵敗被殺。史記有傳。

〔三〕此句通津草堂本作「衛青父鄭季與揚信公主家童衛媪通，生青，在建章宮時，鉗徒相之，曰：『貴至封侯』」。衛青：河東平陽人，字仲卿。本姓鄭，其姊衛子夫後爲漢武帝皇后，故冒姓衛。因有功，封長平侯。

〔四〕此句通津草堂本作「周亞夫未封侯之時，許負相之，曰：君後三年而入將相，持國秉，貴重矣，於人臣無兩。其後九歲而君餓死」。亞夫：沛縣人，周勃之子，封條侯，漢景帝時爲太尉。後平亂，遷丞相。後被誣謀反，下獄不食，吐血而亡。

〔五〕此句通津草堂本作「當鄧通之幸文帝也，貴在公卿之上，賞賜億萬，與上齊體。相工相之曰：『當貧賤餓死』」。鄧通：南安人。因善濯船被封爲黄頭郎，嘗爲文帝吮癰得寵，貴在公卿之上。景帝時治以盜鑄錢之罪，寄死人家，不名一錢。

〔六〕此句通津草堂本無。

14 文王在母腹中便有四乳〔一〕，非長大修道德乃生也〔二〕。

〔一〕此句通津草堂本作「文王在母身之中已受命也，夫四乳，聖人證也。在母身中，禀天聖命」。「四乳」之説又見尸子、淮南子修務、論衡骨相等，乃傳説之詞。

〔二〕此句通津草堂本作「豈長大之後，修行道德，四乳乃生」。此説見初禀篇，文全異，乃馬總以意節録之。

15 后稷作兒〔一〕，以種樹爲戲；孔子能行，以俎豆而弄〔二〕。石生而堅，蘭生而香，生禀善氣，長大乃成就也〔三〕。

〔一〕此句通津草堂本作「稷爲兒」。后稷：周人祖先。相傳其母曾棄之不養，故名棄。後爲舜時農官，封于邰，號后稷，别姓姬氏。見史記周本紀。

〔二〕「而」，聚學軒本、通津草堂本作「爲」。俎豆：古代放肉的器皿稱「俎」，盛乾肉的稱「豆」，皆爲宴客、朝聘、祭祀時使用的禮器。弄：擺弄，玩弄。

〔三〕此句通津草堂本作「長大成就」，其下尚有「故種樹之戲爲唐司馬，俎豆之弄爲周聖師」之語。

16 蚊蝱不如牛馬之力，牛馬困於蚊蝱，有勢也〔一〕。十圍之牛爲牧豎所驅〔二〕，數仞之象爲越僮所鉤，無便也〔三〕。

〔一〕此三句，上句通津草堂本作「蚊蝱之力不如牛馬」；中句意林道藏本脱「牛」字；末句通津草堂本作「蚊蝱乃有勢也」。

〔二〕「十圍」，通津草堂本作「十年」。牧豎：牧童，放牛小兒。

〔三〕「數仞」，通津草堂本作「長仞」。越僮：泛指我國南方的僮僕。鉤：獲取，牽引。「無便也」，通津草堂本作「無便故也」。

17 孔子吹律，自知殷後〔一〕；項羽重瞳，自知虞舜苗裔〔二〕。聖人自有種族，堯與高祖安得是龍子也〔三〕？

〔一〕「孔子」上，通津草堂本有「聖人自有種族，如文、武各有類」三句。律：用竹管或金屬管做成的定音器，以管之長短確定音階之高低。殷後：殷人的後代。因始封於宋的是商紂王庶兄微子，孔子祖先原爲宋國貴族，故孔子亦爲殷商之後。事亦見史記孔子世家。

〔二〕「自知」二字，道藏本無。「苗裔」下，通津草堂本有「也」字。項羽：秦末下相人，名籍，字羽。力能扛鼎，才氣過人。秦末起兵，滅秦後自立爲西楚霸王，繼而與劉邦爭奪天下，四年後兵敗垓下，自刎於烏江。史記、漢書皆有傳。苗裔：後代子孫。古代傳説虞舜也是重瞳，故言項羽是虞舜後裔。

〔三〕「祖」，道藏本誤作「租」。高祖：此指漢高祖劉邦。此句通津草堂本無。

18 宋景公有三善言，獲二十一年〔一〕。燕丹執于秦，天雨粟，馬生角〔二〕。杞梁妻哭，城崩〔三〕。湯旱，翦髮作牲致雨〔四〕。南陽卓公作緱氏令，蝗蟲不入境〔五〕。孫叔敖埋兩頭蛇，有陰德〔六〕。已上並云虚也〔七〕。

〔一〕據通津草堂本變虚篇載，宋景公時，宋國上空出現災異星象，公懼，召子韋詢問。子韋讓宋景公移禍於宰相、百姓、收成，方可免災，但宋景公認爲有害國家、人民，寧肯自己接受天罰。故子韋稱宋景公説了三句有益的好話，天必賞宋景公多活二十一年。宋景公：名頭曼，春秋時宋國國君，在位六十四年。「二十一年」，道藏本作「三十一年」。聚學軒本周廣業注曰：「出吕氏春秋。」

〔二〕此與下二句見通津草堂本感虚篇，文異，或馬總以意節録之。事又見史記、戰國策。燕丹：即燕太子丹。參見本書卷二燕丹子題解。

〔三〕此二句通津草堂本感虚篇引傳書作「杞梁之妻向城而哭，城爲之崩」。杞梁：名殖，春秋時齊國大夫。齊莊公時攻伐莒國戰死。其妻枕其屍哭於城下，哭七日而城崩，遂投淄水而死。

〔四〕此二句通津草堂本感虚篇引傳書作「湯遭七年旱……於是剪其髮，麗其手，自以爲牲，用祈福於上帝。上帝甚説，時雨乃至」。

〔五〕此二句通津草堂本作「世稱南陽卓公爲緱氏令，蝗不入界」。南陽：郡名，戰國秦昭王所置，地在今河南南陽市。卓公：其人名字未詳。緱氏：古縣名，治所在今河南偃師東南。

〔六〕孫叔敖之事見通津草堂本福虚篇，文甚詳。孫叔敖：參見本書卷二列子第二十三條注。傳説在他年幼時曾見兩頭蛇，恐他人再見而死，便殺而埋之。其母曰：「吾聞有陰德者，天必報之。」故稱他有陰德。

〔七〕聚學軒本周廣業注曰：「此約舉數篇而總結之。」天海案：此條所録六件事，散見於通津草堂本變虚、感虚、福虚三篇中，與原文大異，或馬總以意節之，聯綴成文。

19 龍若遁逃在樹中，爲天所取〔一〕，則非神也。若必有神，則不應有龍肝豹胎。故知水火相薄作雷〔二〕，龍聞雷聲，即起而乘雲也〔三〕。

〔一〕「取」，道藏本作「敗」。此二句通津草堂本作「俗謂天取龍，謂龍藏於樹木之中」。

〔二〕「故」下，道藏本有「立」字。此句通津草堂本作「水火激薄則鳴而爲雷」。

〔三〕道藏本無「而乘雲也」四字。此二句通津草堂本作「龍聞雷聲即起，起而雲至，雲至而龍乘之」。

20 武王伐紂，兵不血刃，虚言也。兵到牧野〔一〕，晨舉脂燭，血流漂杵，何謂不血刃耶〔二〕？漢誅王莽，軍至漸臺〔三〕，血流没趾。用天下兵，未有不血刃者也〔四〕。

〔一〕四字道藏本無。牧野：在今河南淇縣西南。一説爲商都朝歌郊外。武王大敗紂王於此。

〔二〕上句「漂」，通津草堂本作「浮」。下句通津草堂本無。

〔三〕王莽：西漢成帝王太后姪兒，漢末專權。公元八年即天子位，國號新。統治殘暴，羣盜蜂起，兵敗後被劉秀所殺，在位十五年。漸臺：臺名。漢武帝曾造建章宮，太液池中有漸臺，高二十餘丈。臺址在水中，故名。漢末劉玄兵從宣平門入，王莽逃至漸臺上，被衆兵所殺。

〔四〕此二句通津草堂本無，另作「而獨謂周取天下，兵不血刃，非其實也」。

21 紂糟丘酒池，牛飲者三千人〔一〕，長夜之飲，亡其甲子〔二〕。車行酒，騎行炙，百二十日爲一夜〔三〕。按紂或是覆酒滂沲于地，因名作池〔四〕；釀酒積糟，因名作丘〔五〕；以酒作池，以車載酒，以肉懸林，因謂騎行炙〔六〕。男女裸而相逐，林中奔走〔七〕。傳者惡之，故言三千人，實非也〔八〕。

〔一〕上句通津草堂本作「紂沉緬於酒，以糟爲丘，以酒爲池」。此二句見史記殷本紀正義引太公六韜，又見韓詩外傳卷二、卷四。

〔二〕「長夜」上，通津草堂本有「爲」字。亡，通「忘」。

〔三〕「爲一夜」，道藏本作「作一月」。

〔四〕上句通津草堂本作「或時紂沉湎覆酒，滂沲於地」。滂沲：即「滂沱」，此指酒倒在地上四處流淌。下句通津草堂本作「即言以酒爲池」。

〔五〕此二句通津草堂本作「釀酒糟積聚，則言糟爲丘」。

〔六〕此上四句，通津草堂本作「懸肉以林，則言肉爲林；或時載酒用鹿車，則言車行酒、騎行炙」。

〔七〕此上二句，通津草堂本作「林中幽冥，人時走戲其中，則言裸相逐」，且在「肉爲林」句下。

〔八〕傳者：寫書的人。道藏本、聚學軒本作「侍者」。通津草堂本正作「傳書家欲惡紂」。末句通津草堂本作「增其實也」。

22　町町若荆軻之閭〔一〕。言秦王誅軻九族，夷其一里〔二〕，一里皆滅，故曰町町。按秦雖無道，不應盡誅軻里也〔三〕。始皇遊梁山宫，見李斯車騎盛出，怪之〔四〕。左右私告李斯，斯損車騎〔五〕。始皇不知左右誰告，止殺在傍者〔六〕。荆軻之里，必不盡誅之〔七〕。

〔一〕此句上，通津草堂本有「傳語曰」三字。町町：平地，平坦貌，引申爲蕩然無存的樣子。荆軻：參見本書卷二燕丹子校釋。

〔二〕上句通津草堂本作「言荆軻爲燕太子丹刺秦王，後誅軻九族」。九族：語出尚書堯典：「以親九族。」漢代儒家有二説，一説九族爲異姓親族，即父族四、母族三、妻族二；一説認爲是同姓親族，從己身算起，上至高祖，下至玄孫，是爲九族。下句通津草堂本作「其後恚恨不已，復夷軻之一里」。夷：削平，消滅。

〔三〕上句「按」字，通津草堂本作「夫」；下句作「無爲盡誅荆軻之里」。

〔四〕此上三句，通津草堂本作「始皇幸梁山之宫，從山上望見丞相李斯車騎甚盛，恚，出言非之」。梁山宫：在梁山修建的始皇行宫。古代名梁山者多處，此指陝西境内的梁山。

〔五〕此二句通津草堂本作「其後左右以告李斯，李斯立損車騎」。

〔六〕此二句通津草堂本作「始皇知左右泄其言，莫知爲誰，盡捕諸在旁者，皆殺之」。

〔七〕此二句通津草堂本作「荆軻之閭，何罪於秦而盡誅之」。

23 魯班刻木鳶，飛三日不下〔一〕。爲母作木車，木人御之。機關之發，去而不還〔二〕。此恐不實〔三〕。

〔一〕「木鳶」，道藏本作「大鵝」。上句通津草堂本作「儒書稱魯班、墨子之巧，刻木爲鳶」。魯班：春秋時魯國能工巧匠。參見本書卷三鹽鐵論第十七條注。木鳶：木制大鳥。鳶，俗稱鷂鷹、老鷹。下句通津草堂本作「飛之三日而不集」。

〔二〕上五句通津草堂本作「言巧工爲母作木車馬，木人御者，機關備具，載母其上，一驅不還，遂失其母」。

〔三〕此句通津草堂本作「二者必失實者矣」。

24 孔子遊説七十餘國〔一〕。按孔子自衛反魯，在陳絶糧〔二〕，削跡於衛，伐樹於宋〔三〕，不過十國〔四〕。

〔一〕此句通津草堂本作「書説：孔子不能容於世，周流遊説七十餘國，未嘗得安」。

〔二〕「按」字下，通津草堂本尚有「論語之篇，諸子之書」八字。陳：春秋時諸侯小國，後爲楚國所滅。地在今河南淮陽及安徽亳縣一帶。

〔三〕上句之下，通津草堂本有「忘味於齊」四字，底本有聚珍本館臣案曰：「原書有『忘味於齊』。」下句之下，通津草堂本有「並費與頓牟」一句。削跡：滅跡，不見蹤跡，引申爲隱居避世。宋：春秋時諸侯小國，後爲齊國所滅。地在今河南東部與山東、安徽三省交界之處。史記孔子世家載孔子去衛過曹，去曹適宋，與弟子習禮大樹下。宋司馬桓魋伐其樹，欲殺孔子。

〔四〕此句通津草堂本作「至不能十國。傳言七十國，非其實也」。

25 子羔泣血三年，未嘗見齒〔一〕。語，豈得不見齒耶〔二〕？

〔一〕此上三句通津草堂本作「傳説言：高子羔之喪親，泣血三年，未嘗見齒」。子羔：春秋時衛國人，一作齊人。姓高，名柴，字子羔，亦作子臯，性仁孝。泣血：極其悲痛而無聲地哭泣。禮記檀弓上：「高子臯之執親之喪也，泣血三年。」注：「言泣無聲，如血出。」

〔二〕以上二句通津草堂本作「孝子喪親，不笑可也，安得不言？言，安得不見齒」。

26 禽息碎首薦百里奚於秦繆公〔一〕。恐是叩頭流血，謂之碎首〔二〕。

〔一〕禽息：春秋時秦國大夫，因薦百里奚不成，叩頭而死。秦穆公痛悔，乃用百里奚。百里奚：見本書卷二吕氏春秋第三十條注。秦繆公：即秦穆公，姓嬴，名任好，在位三十九年，爲春秋五霸之一。

〔二〕此二句通津草堂本作「言碎首而死，是增之也」。又見韓詩外傳，文有異。

27 祖伊諫紂云：「天下之人，無不欲王亡者〔一〕。」此增益也，恐紂不懼耳〔二〕。若天下皆願紂亡，即當時瓦解，不應與周戰，血流漂杵也〔三〕。

〔一〕此上之文，通津草堂本作「尚書曰：祖伊諫紂曰：今我民罔不欲喪」。考今本尚書商書西伯戡黎中祖伊告紂王語作「今我民罔弗欲喪」，意即商朝的百姓没有誰不希望商紂滅亡。祖伊：祖巳的後代，商紂王時賢臣。周文王打敗黎國後，紂王諫臣祖伊以天命民情可畏來勸諫紂王。事見尚書商書。

〔二〕上二句通津草堂本作「而祖伊增語，欲以懼紂也」。

〔三〕上四句通津草堂本作「皆欲紂之亡也，土崩瓦解，安肯戰乎」。

28 子謂子貢曰：「汝與回也，孰愈〔一〕？」子貢曰：「回也聞一以知十〔二〕。」按孔子知顏淵愈子貢，則不須問，問則子貢何敢言勝〔三〕。孔子意者，恐子貢淩顏淵，故此問以抑之〔四〕。

〔一〕此二句見於論語公冶長。子貢：即端木賜。回：指顏淵。參見本書卷二列子第十條注。

〔二〕此上之文，通津草堂本作「曰：賜也何敢望回？回也聞一以知十，賜也聞一以知二」。

〔三〕此三句，上二句通津草堂本作「使孔子知顏淵愈子貢，則不須問子貢」，下句通津草堂本無。

〔四〕此三句通津草堂本作「當此之時，子貢之名淩顏淵之上，孔子恐子貢志驕意溢，故抑之也」。

29 鯉也死，有棺而無槨〔一〕。其時作大夫乘三馬，何不截而貨之作槨也〔二〕？作士之時乘二馬，截一以賻舊館〔三〕。舊館不賻未亂制，葬子無槨實非法〔四〕。何重舊人之恩，乃輕父子之禮〔五〕？不貨車以葬子，豈不以貪官仕乎〔六〕？

〔一〕此二句通津草堂本作「孔子曰：鯉也死，有棺無槨。吾不徒行以爲之槨」。鯉：孔子之子，名鯉，字伯魚。年五十，先孔子而死。

〔二〕此二句通津草堂本作「大夫乘三馬，大夫不可去車徒行，何不截賣兩馬以爲槨，乘其一乎」。三馬：周制，大夫乘三匹馬拉的車。

〔三〕上句通津草堂本作「爲士時乘二馬」。賻：拿財物幫助别人辦喪事，意即送喪禮。舊館：過去學館中的弟子。

〔四〕此二句通津草堂本作「不脱馬以賻舊館，未必亂制。葬子有棺無槨，廢禮傷法」。

〔五〕此二句通津草堂本作「孔子重賻舊人之恩，輕廢葬子之禮」。

〔六〕此二句通津草堂本作「然則孔子不鬻車以爲鯉槨，何以解於貪官好仕恐無車」。

30 伯夷、叔齊爲庶兄奪國，餓死首陽山〔一〕，非讓國與庶兄也，豈得稱賢人乎〔二〕？

〔一〕考史記伯夷列傳，伯夷、叔齊逃國後，「國人立其中子爲君」，不聞有庶兄奪國之事。

〔二〕聚珍版館臣案曰：「此似出刺孟篇，而文異，義亦未安，疑有誤。」天海案：通津草堂本作「伯夷不食周粟，餓死首陽山之下，豈一食周粟而以污其潔行哉」。或馬總意林所録另有所本。

31 共工與顓頊争天下不勝，怒而觸不周山〔一〕，天柱折，地維絶〔二〕，女媧煉五色石以補蒼天，斷鼇足以立四極〔三〕。按共工有力折山，戰何不勝〔四〕？女媧能以石補天，天審是玉石耶〔五〕？天本以山作柱，鼇足何能拄之〔六〕？鼇必長大，則女媧不能殺之〔七〕，必被其所殺，何能補天〔八〕？

〔一〕「争天下不勝」，通津草堂本作「争爲天子不勝」；「周」下有「之」字。共工：古代傳説中的天神，與顓頊争爲帝。國語周語、史記三皇本紀、淮南子天文等載有不同的傳説。顓頊：古代五帝之一。相傳爲黄帝之孫，在位七十八年而崩，號高陽氏。事見史記五帝本紀。不周山：古代傳説中的山名，在崑崙山西北。

〔二〕「天」上，通津草堂本有「使」字。地維：傳説是維繫大地的四根大繩。

〔三〕「煉」上，通津草堂本有「銷」字。四極：此指天上東南西北四個方位。

〔四〕此二句通津草堂本作「有力如此，天下無敵，安得不勝之恨，怒觸不周之山乎」。

〔五〕此二句通津草堂作「女媧以石補之，是體也。如審然，天乃玉石之類也」。

〔六〕此二句通津草堂本作「夫天本以山爲柱，共工折之，代以獸足，骨有腐朽，何能立之久」。

〔七〕此二句通津草堂本作「且鼇足可以柱天，體必長大，不容於天地，女媧雖聖，何能殺之」。

〔八〕此二句通津草堂本無。「必被其所殺」下，聚珍本館臣案曰：「原無此句。有云『天去地甚高，女媧人也，雖長，無及天者』。」

32 天門在西北，地户在東南〔一〕。地最下者，揚、兗二州。洪水之時，二土最被水害〔二〕。

〔一〕此二句道藏本作「天降在北，地户在東方」，四庫本從之；廖本作「天門在北，户在東南」。

〔二〕「二土」，御覽作「此二州」。聚珍本館臣案曰：「此節原書缺，見太平御覽。」

33 天有日月辰星謂之文，地有山川陵谷謂之理〔一〕。地理上向，天文下向〔二〕，天地合氣而萬物生焉。天地，夫婦也〔三〕。

〔一〕聚學軒本周廣業注曰：「二句原書闕，天中記引論衡有之。吴淑事類賦注引曰：山川陵谷爲地之理。」句下底本有聚珍本館臣案曰：「二句原書缺，初學記引論衡有之。」可見馬總所據别有所本。文：即天文，指日月星辰等天體在宇宙間分佈運行等現象。理：即地理，指山川土地的環境形勢。

〔二〕此二句通津草堂本無。

〔三〕此句道藏本脱「天」字；此上三句通津草堂本作「然天地，夫婦也，合爲一體。天在地中，地與天合，天地並氣，故能生物」。又意林諸本原與下條併作一條，據文意分作二條。

34 天南方高，北方下〔一〕。日出高故見，日入下故不見〔二〕。天之形若倚蓋，蓋倚地則不能運，懸之樹然後能運〔三〕。日不入地，譬人把火夜行平地〔四〕，去人十里則不見，非滅也〔五〕。日亦如此〔六〕。

〔一〕此二句通津草堂本作「天高南方，下北方」。

〔二〕「入」上，通津草堂本無「日」字。聚學軒本周廣業注曰：「言日未嘗入地，特遠不復見，故謂之入。」

〔三〕此三句通津草堂本作「天之居若倚蓋矣，夫取蓋倚於地不能運，立而樹之然後能轉」。倚蓋：傾斜的車蓋。古人有天傾西北的説法，後便以倚蓋比喻天的形狀。

〔四〕上句通津草堂本無，下句通津草堂本作「試使一人把大炬火夜行於道，平易無險」。

〔五〕聚學軒本周廣業注曰：「晉書天文志引作十里。」天海案：此二句通津草堂本作「去人不一里，火光滅矣。非滅也，遠也」。

〔六〕此句通津草堂本無，另作「今日西轉不復見者，非入也」。

35　雲霧雨雪，皆由地發，不自天降〔一〕。夏則作霧〔二〕，冬則作霜；温則作雨，寒則作雪。

〔一〕此三句通津草堂本作「雨露凍凝者，皆由地發，不從天降也」，且在「寒則爲雪」句下。

〔二〕此句通津草堂本作「雲霧，雨之徵也，夏則爲露」，下文三句中「作」字，亦皆作「爲」。

36　才能之士〔一〕，隨世驅馳；節操之人，守隘迸竄〔二〕。驅馳日以巧，迸竄日以拙，非才智不及，狎習異也〔三〕。齊郡世刺繡，恒女無不能者〔四〕；襄邑能織錦，恒女無不巧者，目見而手狎也〔五〕。

〔一〕「才」，通津草堂本作「材」，義同。

〔二〕「迸竄」，通津草堂本作「屏竄」。迸：通「屏」。守隘：本指把守要道，此喻堅守節操。迸竄：隱伏躲藏，此喻受打擊無處安身。

〔三〕此二句通津草堂本作「非材頓知不及也，不狎習也」。狎習：熟練，習慣。

〔四〕「齊郡」，通津草堂本作「齊都」，此指齊國都城。恒女：平常的婦女。

〔五〕上三句，首句「能」，通津草堂本作「俗」；次句作「鈍婦無不巧」；末句作「目見之，日爲之，手狎也」。襄邑：縣名，故城在今河南睢縣西。漢時，襄邑以織錦著稱於世。

37　朝廷之人，幼稱幹吏者〔一〕，以朝廷作田畝，以刀筆作耒耜，以文書作農桑〔二〕。猶家人子弟，生長狎習〔三〕，具知曲折，愈於賓客〔四〕。賓客暫至，雖孔、墨之才，不能分別〔五〕。

〔一〕此二句通津草堂本作「朝廷之人也，幼爲幹吏」。幹吏：能幹的官吏。

〔二〕此三句中「作」字，通津草堂本皆作「爲」；「農桑」作「農業」。

〔三〕此句通津草堂本作「猶家人子弟生長宅中」。家人：家中的僕役、傭人。

〔四〕此二句通津草堂本作「其知曲折，愈於賓客也」。具知曲折：全知詳細情況。

〔五〕句下通津草堂本有「儒生猶賓客，文吏猶子弟也」二句。

38 手中無錢而欲市貨，貨主死不與之〔一〕。胸中無學而欲求仕，猶無錢市貨，不可得也〔二〕。

〔一〕此二句通津草堂本作「手中無錢之市，使貨主問曰錢何在，對曰無錢，貨主必不與也」。

〔二〕此三句通津草堂本無，另作「夫胸中不學，猶手中無錢也，欲人君任使之，百姓信向之，奈何也」。

39 知古不知今，謂之陸沈〔一〕；知今不知古，謂之盲瞽〔二〕。

〔一〕陸沈：愚昧，迂執。

〔二〕盲瞽：眼瞎耳聾，比喻無知之人。

40 見驥足不異衆馬之蹄，躡平陸而馳千里，方可知也〔一〕。

〔一〕此三句通津草堂本作「故望見驥足不異衆馬之蹄，躡平陸而馳騁，千里之跡，斯須可見」。

41 有人于此，其智如源〔一〕，其德如山，力不能自舉，須人舉之，人莫之舉〔二〕，竄於閭巷，無由達矣〔三〕。

〔一〕「此」，通津草堂本作「斯」；「源」作「京」。

〔二〕此三句通津草堂本作「力重不能自稱，須人乃舉，而莫之助」。

〔三〕「巷」下，通津草堂本有「之深」二字；末句通津草堂本作「何時得達」。竄：隱藏。

42 器空無食〔一〕，飢者不顧；胸虚無懷，朝廷不御〔二〕。

〔一〕「空」，聚學軒本作「虚」；「食」，通津草堂本作「實」。

〔二〕無懷：没有才學抱負。御：使用；此字下通津草堂本有「也」字。

43 蘭臺之史〔一〕，班固、賈逵、楊終、傅毅之徒〔二〕，名芳文美，無大用也〔三〕。

〔一〕「史」，原作「吏」，而意林明刊本皆作「史」，據改。蘭臺：本爲漢代宫廷藏書處，設御史中丞掌管，後設蘭臺令史，掌書奏。

〔二〕「楊終」，道藏本誤作「揚雄」。班固：字孟堅，東漢扶風安陵人。父班彪撰漢書未成，謀繼父業，被人告爲私改國史而入獄，弟班超上書後獲釋。明帝時詔爲蘭臺令史。後因竇憲事牽連，死獄中。後漢書有傳。賈逵：東漢扶風平陵人，字景伯，賈誼九世孫。逵弱冠能誦左傳與五經。章帝時爲衛士令，和帝時至侍中，以老病請歸。著經傳義詁及論難百餘萬言。後漢書有傳。楊終：成都人，字子山。年輕時爲郡小吏，太守賞識送京師習春秋。明帝時拜校書郎，永和中徵拜郎中。有春秋外傳十二篇，改定章句十五萬言。傅毅：東漢扶風茂陵人，字武仲。章帝時爲蘭臺令史，與班、賈同校内府藏書。後漢書有傳。

〔三〕「芳」，通津草堂本作「香」。下句通津草堂本作「大用於世」。

44 夫能説一經者，儒生；博覽古今者，通人〔一〕；採掇書傳能奏記者，文人〔二〕；

能精思著文、結連篇章者，鴻儒〔三〕。若劉子政父子、揚子雲、桓君山之徒，猶文、武、周公並出一時〔四〕。班叔皮續太史公書百篇已上〔五〕，紀事詳悉，讀者以謂甲，以太史公作乙〔六〕。子孟堅文比叔皮，非徒五百里也〔七〕。

〔一〕「儒生」、「通人」上通津草堂本皆有「爲」字。

〔二〕此上二句通津草堂本作「採掇傳書以上書、奏記者，爲文人」。

〔三〕「結連」，通津草堂本作「連結」。

〔四〕上句「若」字，通津草堂本作「近世」；「父」下「子」字，道藏本脱；「父子」二字聚學軒本無。通津草堂本無「之徒」二字；「猶」上，通津草堂本有「其」字；「一時」下，通津草堂本有「也」字。劉子政父子：即劉向父子。向字子政，其子劉歆字子駿。參見本書卷一尹文子題解及卷三説苑題解。揚子雲：即揚雄，字子雲。參見本書卷三法言題解。桓君山：即桓寬。參見本書卷三新論解題。又「若劉子政父子」至此，通津草堂本原在「夫能説一經者」句上。

〔五〕班叔皮：即班彪，字叔皮，東漢扶風安陵人。光武帝時舉茂才，拜徐令，因病免官。博採遺事異聞，作西漢史後傳六十五篇，以補史記太初以後之闕，未就。其子班固、女班昭先後續成，即今之漢書。事見後漢書本傳。

〔六〕「記事詳悉」句下，通津草堂本有「義淺理備」四字。此二句意林道藏本作「讀者以謂甲子，以太史公作己子」，四庫本作「讀者以謂甲子，以太史公作乙子」，通津草堂本作「觀讀之者以爲甲，而太史公乙」。

〔七〕此二句通津草堂本作「子男孟堅爲尚書郎，文比叔皮」，句下通津草堂本尚有「乃夫周召、魯衛之謂也」一句。

45 龜三百歲大如錢，著七十歲生一莖〔一〕。此神物故生遲，生亦長久〔二〕。賢儒在世〔三〕，猶靈蓍、神龜也。楓桐之樹，生而速長，故其皮肥不能堅〔四〕；檀、欒後榮，强勁可作車軸〔五〕。

〔一〕「龜」下，通津草堂本有「生」字，句下有「游於蓮葉之上，三千歲青邊緣，巨尺二寸」三句。「著」下，通津草堂本亦有「生」字，句下有「七百歲生十莖」六字。著：多年生草本植物，一本多莖。我國古代常用蓍草與龜甲占卜。

〔二〕此二句通津草堂本作「神靈之物也，故生遲留，歷歲長久，故能明審」。

〔三〕此句通津草堂本作「實賢儒之在世也」。

〔四〕「肥」，黄以周校本作「脆」，並案曰：「脆」，陶校本作「脃」，俗。藏本作「肥」，誤。天海案：此二句通津草堂本作「皮肌不能堅剛」。楓桐：楓樹、桐樹，皆爲落葉喬木。此二樹生長快，木質差，不堪大用。

〔五〕此二句通津草堂本作「樹檀以五月生葉，後彼春榮之木，其材强勁，車以爲軸」。檀欒：檀樹、欒樹。欒，又稱欒華，俗稱燈籠樹。此二樹木質堅硬，貴重。後榮：晚開花。

46 湍瀨迴沙轉石，而大石不動者，是石重而沙輕〔一〕。大儒、俗吏同在世，有如此也〔二〕。

〔一〕此三句通津草堂本作「是故湍瀨之流，沙石轉而大石不移，何者？大石重而沙石輕也」。湍瀨：石上急流。

〔二〕此二句通津草堂本作「賢儒、俗吏，並在世俗，有似於此」。

47 上天之心在聖人之胸，其譴告在聖人之口〔一〕。世無聖人，安能知天〔二〕？

〔一〕「其」上，通津草堂本有「及」字。

〔二〕此句通津草堂本作「安所得聖人之言」。

48 人在天地之間，如蚤蝨在衣裳之内，若蟻螻在巢穴之中〔一〕。

〔一〕「如」，通津草堂本作「猶」，下句作「螻蟻之在穴隙之中」。

49 以正月朝占四方之風〔一〕：風從南來旱，從北來湛〔二〕，從東來疫，從西來兵〔三〕。

〔一〕此句原作「正朝占四方風」，通津草堂本作「天官之書，以正月朝占四方之風」，此據改。朝：此指月初。

〔二〕上句原脱「風」字，據通津草堂本補；二「來」下，通津草堂本有「者」字。湛：久雨成澇災。

〔三〕此二句通津草堂本作「東方來者爲疫，西方來者爲兵」。兵：此指兵禍、戰争。

50 秦將滅，都門崩〔一〕；霍光將敗，第牆亦壞〔二〕；杞梁之妻崩城，何也〔三〕。

〔一〕此二句通津草堂本作「秦之將滅，都門内崩」。

〔二〕此句通津草堂本作「霍光家且敗，第牆自壞」。第：府邸，宅院。霍光：字子孟，西漢河東平陽人。霍去病異母弟，漢昭帝時受遺詔輔政，封博陸侯。秉國政二十年，權傾朝野。漢宣帝親政後，收霍氏兵權，以謀反罪滅族。漢書有傳。

〔三〕此二句通津草堂本作「然則杞梁之妻哭而城崩，復虛言也」。杞梁之妻：見本篇第十八條注。

51　亡獵犬於山林，大呼犬名，則號呼而應〔一〕。人犬異類而相應者，識其主也〔二〕。

〔一〕此句御覽引作「其犬則鳴號而應其主人」。

〔二〕聚學軒本周廣業注曰：「此下四節原書闕，蓋皆招致篇之文也，御覽並引之。」天海案：此與下四條，今本論衡皆無，或所闕招致篇之文。

52　東風至，酒湛溢〔一〕。按酒味從酸，東方木〔二〕，其味酸，故酒湛溢。

〔一〕湛：溢，漫溢，指酒漲多。語或本淮南子覽冥訓「故東風至而酒湛溢」，劉文典集解引王念孫曰：「酒性温，故東風至而酒爲之加長。」聚學軒本周廣業注曰：「二句亦見變龍篇，本董子春秋繁露同類相動篇之文。」天海案：考今存本論衡，有亂龍篇而無變龍篇，然亂龍篇仍無此二句。

〔二〕我國古代五行學説以金、木、水、火、土五種物質及其五色五味來附會宇宙間萬事萬物。如以方位論，東方屬木，色青，味酸；西方屬金，色白，味辛；南方屬火，色紅，味苦；北方屬水，色黑，味鹹；中央屬土，色黃，味甘。五行相生相克，促使事物變化發展。

53 將有赦，獄籥動，感應也〔一〕。

〔一〕聚學軒本周廣業注曰：「初學記引作『赦令將至，繫室籥動，獄中人當出。故其感應，令籥動也。』」天海案：此條不見於通津草堂本。

54 蠶合絲而商絃易〔一〕，新穀登而舊穀缺〔二〕，按子生而父母氣衰〔三〕。

〔一〕此語本淮南覽冥訓：「故東風至而酒湛溢，蠶咡絲而商絃絶，或感之也。」春秋繁露郊語篇：「蠶珥絲於室，而絃絶於堂。」合絲：結絲，即結繭。商絃：商音琴絃，此泛指琴絃。古代有宫、商、角、徵、羽五音，商音絃要用七十二根絲。

〔二〕此或本春秋繁露郊語篇：「穀實於野，而粟缺於倉。」登：進，此指新穀進倉。

〔三〕聚學軒本周廣業注曰：「御覽此下云：新絲既登，故舊者自壞耳。」

55 釣者刻木作魚〔一〕，丹漆其身，迎水浮之〔二〕，起水動作，魚謂之真，並來會聚〔三〕。土龍之事，何得不能致雨〔四〕？劉子駿、董仲舒説龍不盡，論衡終之，故曰亂龍〔五〕。亂龍者，亂有終也〔六〕。

〔一〕此句通津草堂本作「釣者以木爲魚」。

〔二〕此句通津草堂本作「近之水流而擊之」。

〔三〕「謂之」，通津草堂本作「以爲」；「會聚」，通津草堂本作「聚會」。

〔四〕此二句通津草堂本無，另作「見土龍之象，何能疑之」。土龍：古代天旱時用泥土塑成龍形以求雨。此指祭祀求雨之事。此以上之文，道藏本録於「故曰亂龍」句下。

〔五〕此句通津草堂本作「則劉子駿不能對，劣也。劣則董仲舒之龍説不終也」。董仲舒：西漢廣川人，講學著書，推崇儒術，抑黜百家，著有春秋繁露等書。史記、漢書皆有傳。亂龍，此指論衡亂龍篇。

〔六〕此二句通津草堂本作「故曰：亂龍者，終也」。亂：完結。古代樂曲最後一章叫做「亂」，文章辭賦篇末總結全篇要旨的一段也叫做「亂」，故「亂」即結尾的意思。亂龍：此指結束對龍的論説。終：結束，總結。

56　少政卯在魯與孔子並，孔子之門三盈三虚〔一〕，唯顔淵不去，知孔子聖也〔二〕。

〔一〕少政卯：春秋時魯國大夫。並：同時並稱。荀子宥坐篇曰：「孔子爲魯攝相，朝七日而誅少正卯。」三盈三虚：幾次人滿，幾次人空。傳説少正卯在魯講學時，多次把孔子的門徒吸收到自己門下。

〔二〕此句通津草堂本作「顔淵獨知孔子聖也」。

57　屈軼生於庭，見佞人則指〔一〕。必若如此，舜何用令臯陶陳知人之術〔二〕？

〔一〕此二句通津草堂本作「屈軼生於庭之末，佞人來，輒指知之」。屈軼：草名。傳説太平之世，生於庭前，能指向佞人，又稱指佞草。佞人：善於花言巧語、阿諛奉承的人。

〔二〕上句通津草堂本無，下句作「則舜何難於知佞人，而使臯陶陳知人之術」。臯陶：堯、舜時賢臣，曾作理獄刑官。

58 堯、湯水旱，豈二聖政所致也〔一〕？ 天理曆數自然耳。 猶慈父治家，亦不能使子孫皆孝也〔二〕。

〔一〕此二句通津草堂本作「堯遭洪水，湯遭大旱，豈二聖政之所致哉」。

〔二〕此上三句，首句通津草堂本作「天地曆數當然也」；後二句作「慈父耐平教明令，耐使子孫皆爲孝善」，文意正相反，未詳孰是。 天理曆數：天道運行的規律。

59 瑯琊兒子明〔一〕，兄曾爲飢人欲食，弟自縛叩頭代兄〔二〕。 飢人善其義，皆舍之〔三〕。 後兄卒，養其孤，遇歲凶〔四〕，餓殺己子〔五〕，活兄之子。 臨淮許君升一作「叔」。亦餓殺己子，全兄之孤〔六〕。

〔一〕「兒」，道藏本誤作「兄」；此句下通津草堂本有「歲敗之時」四字。 瑯琊：郡名，也作琅玡、琅邪，地在今山東諸城一帶。 兒子明：姓兒，名萌，字子明，齊地人。 西漢末年，曾與其兄同被赤眉軍飢民所擒，飢民將食其兄，子明乞代以己身，後皆獲釋。 事見後漢書。

〔二〕上句通津草堂本作「兄爲飢人所食」，語義與下文不符。 飢人：即飢民，馬總避唐諱，改「民」作「人」。下句通津草堂本作「自縛叩頭，代兄爲食」。

〔三〕此二句通津草堂本作「餓人美其義，兩舍不食」。

〔四〕此三句通津草堂本作「兄死，收養其孤，愛不異於己之子。歲敗穀盡，不能兩活」。

〔五〕「己」，通津草堂本作「其」。

〔六〕「許君升」下，聚學軒本周廣業注曰：「名荆。」天海案：許荆，東漢人，字少張。少爲郡吏，兄子殺人，被人圍攻，許荆跪求以己身代死，遂解圍。事與此異，字又不同，或非許荆。此二句通津草堂本作「臨淮許君叔亦養兄孤子。歲倉卒之時，餓其親子，活兄之子，與子明同義」。臨淮：郡名，漢置，治徐州。

60 人貴鵠賤雞者，謂鵠遠而雞近也〔一〕。畫工好畫上古之人，不畫秦、漢之士者，重古也〔二〕。揚雄作太玄、法言〔三〕，張伯松不肯一觀〔四〕，與其人並肩〔五〕，故賤其言也。若揚子雲生周，金匱矣〔六〕。

〔一〕此二句通津草堂本作「貴鵠賤雞，鵠遠而雞近也」。

〔二〕此三句通津草堂本作「畫工好畫上代之人，秦、漢之士，功行譎奇不肯圖。今世之士者，尊古卑今也」，且此數句原在「貴鵠賤雞」句上。

〔三〕此句通津草堂本作「揚子雲作太玄，造法言」。太玄、法言：揚雄所著書名。

〔四〕張伯松：名竦，字伯松，亦字德松，王莽時任丹陽太守。王莽死，爲亂兵所殺。

〔五〕此句通津草堂本作「與之並肩」。並肩：同時代名位相等的人。

〔六〕此二句廖本作「若揚子雲在伯松前，以爲金匱矣」，通津草堂本作「使子雲在伯松前，伯松以爲金匱矣」。金匱：古代用銅做成藏書櫃，用來珍藏寶貴典籍。後亦指珍貴之書爲金匱，如太公金匱、金匱要略之類。聚學軒本周廣業注曰：「漢書桓譚謂嚴元曰：『凡人賤近而貴遠，親見子雲禄位容貌不足動人，故輕其書。若遭遇時君，更閱賢智，爲所稱善，則必度越諸子矣。』意與此同。又劉晝新論曰：『張伯松遠羡仲舒之博，近遺子雲之美，豈非貴耳而賤目耶？』」

61 武王伐紂〔一〕，太公陰謀，食小兒以丹，令身赤〔二〕，長教言：「殷亡，殷亡〔三〕。」殷人見兒身赤，謂是天神〔四〕，又言「殷亡」，謂其必亡。周人諱其事〔五〕。

〔一〕此句上，通津草堂本有「傳書或稱」四字。

〔二〕「赤」上，通津草堂本有「純」字。丹：朱砂。

〔三〕此上三句，通津草堂本作「長大教言殷亡」。

〔四〕「謂是」，通津草堂本作「以爲」。

〔五〕「又言」，通津草堂本作「及言」；下句作「皆謂商滅」。末句通津草堂本作「周之所諱也」。

62 古之帝王建鴻德者，須鴻筆之臣，褒頌紀德也〔一〕。龍無雲雨不能參天，鴻筆之人，國之雲雨〔二〕。

〔一〕此句通津草堂本作「褒頌紀載，鴻德乃彰，萬世乃聞」。

〔二〕「雨」下，通津草堂本有「也」字。

63 文章載人之行，傳人之美〔一〕，豈徒調弄筆墨、空馭英麗哉〔二〕？

〔一〕此二句通津草堂本作「載人之行，傳人之名」，且在後二句之下。

〔二〕此二句通津草堂本作「文豈徒調墨弄筆，爲美麗之觀哉」。

64 人所以生者〔一〕，精氣也；能作精氣者，血脈也〔二〕。人死血脈竭，精氣亡，骨肉化灰土，何能作鬼耶〔三〕？

〔一〕此句道藏本作「人生者」；「人」下，通津草堂本有「之」字。

〔二〕此二句通津草堂本作「死而精氣滅，能爲精氣者，血脈也」。

〔三〕此上三句，通津草堂本作「人死血脈竭，竭而精氣滅，滅而形體朽，朽而成灰土，何用爲鬼」。

65 若言死者無知，聖人恐開不孝之門〔一〕，故不言死者無知。其實無知也〔二〕。

〔一〕「若」，原作「君」，據道藏本、聚學軒本改。此二句通津草堂本作「夫言死無知，則臣子倍其君父，聖人懼開不孝之源」。

〔二〕此二句通津草堂本作「故不明死無知之實」。

66 諱舉五月子，言不利父母〔一〕。按：田文不害田嬰〔二〕。

〔一〕此二句通津草堂本作「諱舉正月、五月子，以爲正月、五月子殺父與母」。舉：養也。

〔二〕田文：號孟嘗君，田嬰之子。參見本書卷三新序第三條注。田嬰：戰國時齊人，相齊十一年，封於薛。據史記孟嘗君列傳：「文以五月五日生，嬰告其母曰：『勿舉也。』其母竊舉生之。」此句通津草堂本無，或馬總鈔録時所加案語。

67 礪刀井上，恐墜井中〔一〕。又刀邊井，刑字；礪刀井上，恐被刑〔二〕。人意也〔三〕。

〔一〕「刀」，道藏本作「刃」；「礪」，通津草堂本作「厲」，下同此；「厲」上，通津草堂本有「諱」字。下句通津草堂本作「恐刀墮井中也」。

〔二〕此四句通津草堂本作「或説以爲刑之字，井與刀也；大礪刀井上，井刀相見，恐被刑也」。

〔三〕此三字，通津草堂本無。

68 無偃寢，爲象屍也〔一〕；無以著相受，爲不固也〔二〕。

〔一〕「象」字，道藏本無。「無」，通津草堂本作「毋」，下句同此。「象」上，通津草堂刊本有「其」字。偃寢：仰卧。

〔二〕「爲」字，道藏本無。「不」上，通津草堂本有「其」字。此條與上條原併作一條，此據道藏本分列。

69 子日沐〔一〕，令人愛；卯日沐，令人白頭。愛憎白黑不由沐耳〔二〕。使嫫母子日沐，人能愛乎〔三〕？使十五童子卯日沐，能令白髮乎〔四〕？

〔一〕此句上通津草堂本有「沐書曰」三字。

〔二〕此句通津草堂本無，另作「夫人之所愛憎，在容貌之好醜；頭髮白黑，在年歲之稚老」。

〔三〕此二句通津草堂本作「使醜如嫫母，以子日沐，能得愛乎」。聚學軒本周廣業注曰：「醜女，黄帝納爲次妃。」天海案：嫫母，古代傳説中的醜婦。荀子賦篇：「嫫母、力父，是之喜也。」楊倞注：「嫫母，醜女，黄帝時人。」

〔四〕此二句通津草堂本作「使十五女子以卯日沐，能白髮乎」。

70 子路問孔子曰〔一〕：「豬肩、牛膊可以得兆，何必蓍龜〔二〕？」孔子曰：「蓍者，耆也；龜者，舊也〔三〕。狐疑之事，當問耆舊〔四〕。」蓍龜者，未可神也，取其名耳〔五〕。武王伐紂，卜筮大凶，太公推蓍蹈龜曰〔六〕：「枯骨死草，何能知吉凶乎〔七〕？」

〔一〕「問」，道藏本、四庫本作「見」。

〔二〕「牛」，通津草堂本作「羊」，聚學軒本從之。「何必蓍龜」，通津草堂本作「何必以蓍龜」。豬肩牛膊：此指豬、牛的肩胛骨。兆：預兆，徵兆。古代占卜，在龜甲或獸骨上鑽刻，再用火燒灼，看裂紋定吉凶。預示吉凶的裂紋就叫做「兆」。

〔三〕此上八字，通津草堂本作「夫蓍之爲言耆也，龜之爲言舊也」。

〔四〕此二句通津草堂本作「明狐疑之事，當問耆舊也」。

〔五〕此三句通津草堂本作「由此言之，蓍不神，龜不靈，蓋取其名，未必有實也」。

〔六〕此三句，上二句通津草堂本作「周武王伐紂，卜筮之逆，占曰大凶」；後句「曰」上，通津草堂本有

「而」字。蹈：踩。

〔七〕此句通津草堂本作「何知而凶」。

71 商家門不宜向南〔一〕，徵家門不宜向北。堂盡南向，何不擇也〔二〕？

〔一〕句上通津草堂本有「圖宅術曰」四字。考論衡詰術載圖宅術：「宅有五音，姓有五聲。宅不宜其姓，姓與宅相賊，則疾病死亡，犯罪遇禍。」故知古人推衍五行學説，將姓氏讀音按宫商角徵羽五聲區别，以配合五行。如張姓人家，讀音屬商，歸金，火克金，南方屬火，故家門不宜向南。又如姓氏讀音歸徵類的，屬火，水克火，北方屬水，故家門不宜向北。

〔二〕此二句通津草堂本無，另作「五姓之門，各有五姓之堂，所向無宜何」。

72 聖人前知千歲〔一〕，後知萬世。孔子將死，遺書曰〔二〕：「有一男子，自云秦皇，上我之牀〔三〕，顛倒我衣裳，至沙丘而亡〔四〕。」後秦皇果至沙丘而亡〔五〕。孔子又云：「董仲舒，亂我書。」後仲舒論春秋，著傳記〔六〕。又云：「亡秦者胡〔七〕。」後胡亥亡秦〔八〕。此孔子後知萬世也〔九〕。吹律自知殷後，此孔子前知千歲也〔一〇〕。

〔一〕此句通津草堂本作「儒者論聖人，以爲前知千歲」。

〔二〕「遺書曰」，通津草堂本作「遺讖書曰」。讖書：古代記載各種徵兆與預言的書籍。

〔三〕此三句通津草堂本作「不知何一男子，自謂秦始皇，上我之堂，踞我之牀」。

〔四〕沙丘：舊址在今河北廣宗縣境内。秦始皇出巡病死於此地。

〔五〕此句通津草堂本作「其後秦王兼吞天下，號始皇。巡狩至魯，觀孔子宅，乃至沙丘，道病而崩」。

〔六〕此二句通津草堂本作「其後江都相董仲舒，論思春秋，造著傳記」。

〔七〕此二句通津草堂本作「又書曰：亡秦者胡也」。

〔八〕此句通津草堂本作「其後二世胡亥，竟亡天下」。

〔九〕此句通津草堂本作「用三者論之，聖人後知萬世之效也」。

〔一〇〕上句通津草堂本作「孔子生不知其父，若母匿之，吹律自知殷宋大夫子氏之世也」。下句，通津草堂本作「不案圖書，不聞人言，吹律精思，自知其世。聖人前知千歲之驗也。曰：此皆虚也」。此條見實知篇，文多異。馬總録文掐頭去尾，已失原文之意。

73 唐者，蕩蕩也〔一〕，民無得而名焉〔二〕；虞者，樂也；夏者，大也〔三〕；殷者，中也；周者，至也〔四〕。

〔一〕此二句通津草堂本作「故唐之爲言，蕩蕩也」。唐：指唐堯。蕩蕩：廣大，坦蕩。語本論語泰伯：「巍巍乎，唯天爲大，唯堯則之。蕩蕩乎，民無能名焉。」

〔二〕此句通津草堂本在下文「周者，至也」句下，且作「堯則蕩蕩，民無能名」。

〔三〕「虞」有愉悦之意，故言。虞：指虞舜。「夏」與「大」一聲之轉。夏：指夏禹。

〔四〕「殷」、「周」下「者」字，道藏本脱。盤庚遷都至殷，商朝中興，故言「中」；一説殷商政道居中。儒生認爲周武王功德無所不至，故言「至」。此條見正説篇，文略異。意林所録掐頭去尾，已失原文本意。王充原意是批駁儒生上述説法，認爲「唐、虞、夏、殷、周者，土地之名」；「皆本所興昌之地，重本不忘始，故以爲號，若人之有姓矣」。

74 志有所存，顧不見泰山〔一〕。知屋漏者，在宇下；知政失者，在草野〔二〕；知經誤者〔三〕，在諸子。

〔一〕顧：所以。禮祭統：「上有大澤，則惠必及下，顧上先下後耳。」

〔二〕草野：喻指民間、百姓。

〔三〕「經誤」，道藏本誤作「纏誤」。

75 論衡者，銓輕重，立真僞〔一〕，非苟論文飾奇麗，所以譏世俗也〔二〕。

〔一〕此三句通津草堂本作「故論衡者，所以銓輕重之言，立真僞之平」。銓輕重：權衡輕重。此指論衡的內容是權衡古今人與事的輕重、厚薄。

〔二〕譏，道藏本、四庫本作「弘」。此二句通津草堂本作「非苟調文飾辭，爲奇偉之觀也」。

76 王充，會稽上虞人，字仲任〔一〕。王充書，形露易觀，文語不與俗通〔二〕。「石多玉寡，寡者爲珍；龍少魚衆，少者爲神」〔三〕，人有難充書繁重如此者〔四〕。充答云：「文衆勝寡，財富愈貧〔五〕；世無一引〔六〕，吾有百篇；人無一字，吾有萬言，孰者可貴〔七〕？」充章和二年徙家避難〔八〕，筆札之思〔九〕，歷年寢廢；年漸七十，時可懸輿〔一〇〕；髮白齒落，儔倫彌索〔一一〕；貧無供養，志不虞快，乃作養性書十六篇〔一二〕。

〔一〕道藏本脱「任」字。此上之文，通津草堂本作「王充者，會稽上虞人也，字仲任」。會稽：東漢時郡名，治所在吴縣。地轄今江蘇東南及浙江西部一帶。上虞：縣名，在今浙江省内。

〔二〕此三句通津草堂本作「充書形露易觀，故其文語與俗不通」。

〔三〕此四句通津草堂本作「玉少石多，多者不爲珍；龍少魚衆，少者固爲神」，係王充假設他人非難論衡之辭。繁重：繁雜冗長。

〔四〕此句通津草堂本無。

〔五〕此二句通津草堂本作「蓋文多勝寡，財寡愈貧」。

〔六〕「一引」，通津草堂本作「一卷」。引：本爲樂章序曲，此爲文章之序。

〔七〕「可貴」，通津草堂本作「爲賢」。

〔八〕此文通津草堂本作「充以元和三年徙家」，下文又載「章和二年罷州家居」，可知「徙家」在前，「罷州家居」在後。馬總意林合併摘録，易生歧義。章和二年：即公元八八年。章和：東漢章帝劉炟年號。

〔九〕「筆札之思」原缺，據通津草堂本補。

〔一〇〕懸輿：同「懸車」。古人年七十辭官家居，廢車不用，故言「懸輿」，又稱七十歲爲「懸輿之年」。

〔二〕此句下通津草堂本有「鮮所恃賴」四字。儔倫彌索：同輩的人越來越少了。

〔三〕「虞快」，通津草堂本作「娱快」，同「愉快」；此句下通津草堂本有「歷數冉冉，庚辛域際，雖懼終徂，愚猶沛沛」四句。養性書：王充晚年所著，早佚。「十六篇」，原作「六十篇」，此據通津草堂本改。此句末，底本有符號「□」，意林諸本皆無，據删。此條所録，散見於通津草堂本自紀篇前後四處，文簡而異，且有脱誤處。聚學軒本周廣業案曰：「是書之成，人固有嫌其太煩者，抱朴子辨之詳矣。漢末王景興、虞仲翔輩俱盛讚之。蔡中郎直秘爲『談助』，或取數卷去，亟戒『勿廣』，其珍重如此。宋儒乃以爲『無奇』，且訾其『義乏精覈，詞少肅括』。此又稚川所謂『守燈燭之輝，遊潢污之淺』者也。夫論之爲體，所以辨正然否，故仲任自言論衡以一言蔽之曰：『疾虚妄。』雖間有過當，然如九虚、三增之類，皆經傳宿疑，當世槃結，其文不可得略。況門户櫨椽，各置筆硯，成之甚非易乎。時會稽又有吴君高作越紐録，周長生作洞歷，仲任極爲推服；趙長君作詩細，蔡中郎以爲長於論衡。今越絶書，説者謂即越紐，而二書皆佚不傳，可惜也。」

四三　正論五卷

崔元始。

崔寔（一〇三年至一七〇年），字子真，一名台，字元始，冀州安平（今河北安平一帶）人。崔寔出身於名門高第，少沉静好典籍，漢桓帝時舉至孝獨行，任爲郎，後拜議郎，著作東觀。出爲五原太守，教民織績，厲士馬，嚴烽堠，邊敵不敢入境。後詔拜尚書，因時世混亂，稱疾不治事，免。歸家中卒。後漢書有傳。

隋志法家載正論六卷，注曰：「漢大尚書崔寔撰。」范曄史論曰：「寔之政論，言當時理亂，雖晁錯之徒，不能過也。」舊唐志法家有崔氏政論五卷，新唐志作六卷，兩唐志均題崔寔撰。宋史志書目不見載，或此書宋時已亡。清人嚴可均、馬國翰皆輯有佚文，均可參閱。意林所録正論十五條，今以治要與嚴氏輯本參校之。

1　見信之臣，括囊守禄〔一〕；疏遠之臣，言以賤廢。是以王綱縱弛于上，智士伊鬱于下〔二〕。

〔一〕「臣」，聚學軒本周廣業注曰：「後漢書作『佐』。」治要亦作「佐」。括囊：本爲紮緊袋口，此比喻閉口不言。聚學軒本周廣業注曰：「袁宏後漢紀作『懷寵苟免』。」

〔二〕聚學軒本周廣業注曰：「袁宏後漢紀作『紀綱弛而不報，智士捐而不用』。」天海案：「伊鬱」，治要作「鬱伊」。伊鬱：憤懣，憂怨。道藏本、四庫本、嚴氏輯本將此條與下條併作一條；後漢書本傳有此文，略異。

2　夫君政陵遲，如乘敝車〔一〕。若能求巧工使葺理之〔二〕，折則接之，緩則楔之〔三〕，可復新矣〔四〕。

〔一〕「敝」，聚學軒本作「蔽」。此二句治要作「且守文之君，繼陵遲之緒，譬諸乘弊車矣」，嚴氏輯本從此。陵遲：衰落。

〔二〕此句治要作「當求巧工，使葺理之」。「葺理」，原誤作「耳理」，此據改。

〔三〕「接之」，原作「按之」，此據意林明刊諸本改。「楔之」，原作「揳之」，與此文意不屬；治要作「契之」，嚴氏輯本作「楔之」，楔與契通，緩者自當加楔使緊之，此據嚴氏輯本改。

〔四〕此句治要作「補琢換易，可復爲新」，嚴氏輯本從之。

3 世主莫不願得尼、軻以輔佐，及得之〔一〕，未必珍也。必待題其面曰魯仲尼、鄒子輿〔二〕，不可得也〔三〕。

〔一〕「軻」下，治要有「之倫」二字，「以」下有「爲」字。「及得之」，治要作「卒然獲之」，嚴氏輯本從之。世主：當代國君。尼軻：孔、孟並稱。孔子名丘，字仲尼。孟子名軻，字子輿。

〔二〕「必待題」，治要、嚴氏本作「自非題牓」。「子輿」，道藏本、四庫本作「孟軻」。此句下，治要、嚴氏輯本尚有「殆必不見敬信」六字。

〔三〕「必待題其面曰」至此，意林原録在下條「絶比周之黨」下，文意不屬，此據治要移正。

4 夫貞一之士，不曲道以媚時，不詭行以邀名〔一〕。恥鄉原之譽，絶比周之黨〔二〕。命世之士，常抑於當時，無不見思於後日〔三〕。以往揆來，亦何容易？

〔一〕「貞一」，治要作「淳淑」，嚴氏輯本從之。「邀名」，治要作「徼名」。

〔二〕鄉原：外博謹願之名，實與流俗合污的僞善者。

〔三〕此句治要作「而見思於後人」，嚴氏輯本從之。

5 圖王不成，弊猶足霸〔一〕；圖霸不成，弊將如何〔二〕？

〔一〕弊：衰敗、疲困，引申爲力衰。

〔二〕此句下原標闕文符五空格，所見意林它本皆無，據刪。天海案：此以上五條，嚴氏輯本稱引自後漢書本傳、治要與意林。

6 農桑勤而利薄，工商逸而利厚〔一〕，故農夫輟耒而彫鏤，女工投杼而刺繡〔二〕。

〔一〕「利」，治要、嚴氏輯本作「入」。逸：安閑，舒適。

〔二〕「繡」，治要作「文」。彫鏤：雕花鏤文，此借指做工匠。投杼：扔掉織布梭。

7 上行下效，斯謂之教〔一〕。陳兵策於安平之世，譬令未病者服藥〔二〕。

〔一〕「斯」，原作「期」，道藏本作「然」，聚學軒本已從廖本改作「斯」，此據改。上行下效：在上的人怎麽做，在下的人就跟着學，多用於貶義。班固白虎通三教：「教者，效也。上行之，下效之。」

〔二〕「譬令」，原作「猶合」，所見意林它本皆作「譬令」，此據改。

8 昔人有慕讓財之名，推田業與弟。俄而貧乏，反以威力就弟强貸。此不當也。

9 舉彌天之網，以羅海内之士〔一〕，同類翕集而蛾附，計士嚬蹙而脅從〔二〕。黨成於下，君孤於上。

〔一〕「士」，嚴氏輯本注曰：「文選注作『雄』。」

〔二〕「蛾附」，嚴氏輯本作「蟻附」。翕集：聚合趨附。計士：智謀之士。嚬蹙：又作「顰蹙」，皺眉蹙額，表示憂戚。

10 馬不素養，難以追遠；士不素簡，難以趨急〔一〕。

〔一〕素養：經常餵養。素簡：經常檢選。趨急：應付危急。聚學軒本周廣業注曰：「此當爲梁冀等擅權而發。」天海案：嚴氏輯本略同此文。

11 葉公之好攘羊，雖可發姦〔一〕，君子不貴也。

〔一〕論語子路：「葉公語孔子曰：黨有直躬者，其父攘羊，而子證之。」後以「攘羊」喻揚親之過。葉公：姓沈，名諸梁，楚國大夫，封地在葉城（今河南葉縣南），故稱葉公。攘羊：偷羊。發姦：揭發壞人壞事。

12 國不信道，工不信度，亡可待也〔一〕。

〔一〕信道：任用正道。信度：任用尺度與規矩。御覽引此，文同；嚴氏輯本亦本此文。

13 無賞罰之君，而欲世治，猶不著梳櫛而求髮治〔一〕，不可得也〔二〕。

〔一〕世治：社會太平。著：用，廖本作「事」，御覽引作「畜」。梳櫛：梳和篦。髮治：頭髮理順。

〔二〕北堂書鈔、御覽引此，文小異；嚴氏輯本與此略異。

14 術家曰：「冬榮者，春必殺。」里語曰：「州郡記〔一〕，如霹靂；得詔書，但掛壁〔二〕。」

〔一〕州郡記：此指州郡官府的文件。

〔二〕詔書：皇帝的文書。掛壁：供奉在牆壁上；此處諷刺不實行。初學記、御覽俱引「里語曰」數句，不與「術家曰」三句相連，嚴氏輯本亦分列二條。

15 洗濯民心，湔浣浮俗〔一〕。

〔一〕洗濯：洗除污垢，此喻清洗思想雜念。湔浣：洗滌清除。

四四 潛夫論十卷

王符，字節信。

王符（約公元八〇年至一六三年），字節信，安定臨涇人。少好學，終身隱居不仕，有志操，與馬融、張衡、崔瑗等友善。和、安二帝之後，世務遊宦，而王符發憤著書三十多篇，譏評時政。後漢書有傳。

自隋志儒家著録潛夫論十卷以後，歷代史志書目皆載之。此書現存共三十五篇，另有叙録一篇。後漢書以王符、王充、仲長統三人合傳，韓愈因作後漢三賢傳。今觀是書，其學源於孔、荀，次取刑名，間雜方技，指斥時弊，謂之博雜，名副其實。

意林録文二十一條，除第一條不見於今本潛夫論外，餘皆可從今本中查檢。清汪繼培箋注本稱爲精善，收入諸子集成中，現以治要所引及汪注本參校之。

1　仁義不能月昇，財帛而欲日增，余所惡也〔一〕。

〔一〕聚學軒本周廣業注曰：「此節原書無，疑正論之錯簡也。」天海案：此條不見於汪注本。

2　一犬吠形，百犬吠聲〔一〕。世之疾此，固已久矣〔二〕。

〔一〕「一犬」上，汪注本有「諺曰」二字。汪注曰：「晉書傅玄傳後咸傳云：『一犬吠形，羣犬吠聲。』皆本此諺。」天海案：此二句比喻人云亦云。

〔二〕道藏本脱「久」字。此句汪注本作「固久矣哉」。汪注曰：「論語云：『久矣哉，由之行詐也。』」

3　君之所以明者，兼聽〔一〕；所以闇者，偏信〔二〕。

〔一〕「所以」二字，道藏本無；「聽」下，汪注本有「也」字。汪注曰：「管子明法解云：『明主者，兼聽獨斷。』漢書梅福傳云：『博覽兼聽，謀及疏賤，令深者不隱，遠者不塞，所謂辟四門、明四目也。』」

〔二〕此二句道藏本作「所暗者信」；汪注本作「其所以闇者，偏信也」。汪注曰：「荀子不苟篇云：公生明，偏生闇。」天海案：治要録此文，與此略異。道藏本此與下條首四句録在第八「攻玉以石」條下。

4 南面之大務，莫急於知賢〔一〕；知賢之近塗，莫急於考功〔二〕。諺曰：「曲木惡直繩，重罰惡明證〔三〕。」

〔一〕「南面」上，汪注本有「凡」字。汪注曰：「漢書谷永傳云：『王事之綱紀，南面之急務。』」天海案：管子治國曰：「人主之大務，有人之途，治國之道也。」南面：此指君王治理朝政。大務：重大政務。

〔二〕「急」，道藏本作「若」。汪注曰：「谷永傳云：治天下者尊賢考功則治，簡賢違功則亂。」

〔三〕「明證」，道藏本、四庫本作「明政」。汪注曰：「鹽鐵論鍼石篇云：『語曰：五盜執一良人，枉木惡直繩。』申韓篇云：『曲木惡直繩，奸邪惡正法。』韓非子有度篇云：『繩直而枉木斲。』」聚學軒本周廣業注曰：「明證，猶言佐證。舊訛『政』。引此，言功過必以考察而得也。」天海案：道藏本「諺曰」以下單作一條。

5 欲知人將病，不嗜食；欲知國將亡，不嗜賢也〔一〕。人非無嘉饌，病不能食，至於死；國非無賢人，君不能用，故速亡。理世不得真賢，猶治病不得真藥〔二〕。治病當得真人參，反得蘿菔，服之增劇〔三〕，非藥無效也〔四〕。

〔一〕此上四句汪注本作「何以知人之且病也？以其不嗜食也；何以知國之將亂也？以其不嗜賢也」。汪注曰：「文子微明篇云：人之將疾也，必先不甘魚肉之味；國之將亡也，必先惡忠臣之語。」

〔二〕此上之文汪注本作「是故病家之廚，非無嘉饌也，乃其人弗之能食，故遂於死也；亂國之官，非無賢人也，其君弗之能任，故遂於亡也。夫治世不得真賢，譬猶治疾不得真藥也」。

〔三〕此三句汪注本作「治疾當得真人參，反得支蘿菔；合而服之，病以侵劇」。汪注曰：「支蘿菔，即蘿菔根也。」

〔四〕此句汪注本作「不自知爲人所欺也，乃反謂方不誠，而藥皆無益於療疾」。此條又見治要所録。

6 嬰兒有常病，貴臣有常禍〔一〕，父母有常失，人君有常過。嬰兒病飽，貴臣傷寵〔二〕；父母失於媚子，人君過於驕臣〔三〕。

〔一〕此二句汪注本作「嬰兒常病，傷飽也；貴臣常禍，傷寵也」。

〔二〕病飽：因飽食而得病。傷寵：因受寵而致禍。

〔三〕上句汪注本作「父母常失，在不能已於媚子」，汪注曰：「詩思齊毛傳：媚，愛也。」已於媚子：止於對子女的溺愛。下句今本作「人君常過，在不能已於驕臣」，汪注曰：「後漢書陳元傳云：人君患在自驕，不患驕臣。」驕臣：使臣子驕横。

7 十步之間，必有茂草〔一〕；十室之邑，必有俊士。

〔一〕「閒」，聚學軒本作「内」，說苑談叢作「澤」；「茂草」，說苑談叢作「香草」。

8　攻玉以石，治金以鹽〔一〕；濯錦以魚，濯布以灰〔二〕，夫物固有以醜治好也〔三〕。

〔一〕語出詩小雅鶴鳴：「它山之石，可以攻玉。」「治」，後漢書作「洗」。

〔二〕濯錦以魚：義未詳；或以魚鱗洗錦，使之光鮮。濯布以灰：草木灰中含堿，故可洗布。

〔三〕「固有」下，汪注本尚有「以賤治貴」四字。

9　先世欲赦，先遣馬分行市里〔一〕，聽乎路隅，咸云當赦，是謂天赦，遂乃施行〔二〕。

〔一〕「先遣」上，汪注本有「常」字。先世：前朝。馬：此指騎馬出訪的差吏。市里：城市、鄉里。

〔二〕「是謂天赦」，汪注本作「以知天之赦也」；末句汪注本作「乃因施德」。路隅：路邊。

10　孝明帝嘗問曰：「今日何故無上書者〔一〕？」左右曰：「爲反支日也〔二〕。」帝曰：「民庶遠來詣闕〔三〕，不可奪其日，使受章者無避反支〔四〕。」此明王爲民愛日也〔五〕。

〔一〕此二句汪注本作「孝明皇帝嘗問：今日何得無上書者」。孝明帝：東漢明帝劉莊，公元五八年至七五年在位。

〔二〕此二句汪注本作「左右對曰：反支故」。反支：爲古代術數星命之説，以陰陽五行配合年月日時，以決定某日之吉凶。如以月朔爲正，以戌亥朔一日爲反支，申酉朔二日爲反支，餘類推。凡反支日爲凶日，官府均不受理公務。後漢書王符傳：「明帝時，公車以反支日不受章奏。」

〔三〕此句汪注本作「民既廢農，遠來詣闕」。民庶：即庶民、百姓。詣闕：赴皇宮、朝堂，此指進京上書。

〔四〕此二句汪注本作「而復使避反支，是則又奪其日而冤之也。乃敕公車受章，無避反支」。汪注曰：「續漢書百官志：公車，司馬令，屬衛尉，掌吏民上章。」

〔五〕「爲」，道藏本、四庫本作「謂」。此句汪注本作「上明聖主，爲民愛日如此」。愛日：愛惜時間。

11 聖王之政，普覆兼愛，不私近密，不忽疏遠〔一〕，吉凶福禍，與民同之〔二〕。排簾障風，探沙擁河，無益於事，徒自弊耳〔三〕。猶不命大將掃除醜虜，而州縣興兵不息也〔四〕。

〔一〕汪注曰：「鹽鐵論地廣篇云：王者包含並覆，普愛無私，不爲近重施，不爲遠遺恩。」

〔二〕「同之」，汪注本作「共之」。汪注曰：「易繫辭上傳云：吉凶與民同患。」

〔三〕此二句汪注本作「無所能禦，徒自盡爾」。以上四句，汪注本在「州縣興兵不息也」句下。排簾障風：分開簾子擋風。探沙擁河：掏取沙子堵河。自弊：自取其害。

〔四〕此二句汪注本作「不一命大將以掃醜虜，而州稍稍興役，連連不已」。醜虜：猶言羣虜，指衆多的邊敵。

12 扁鵲治病，審閉結而通鬱滯〔一〕，虛者補之，實者瀉之〔二〕，猶邊境犬羊不可久荒，以開敵心〔三〕。

〔一〕上句汪注本作「且扁鵲之治病也」。扁鵲：戰國時名醫，姓秦，名越人。史記有傳。閉結：中醫病症，指人氣血不暢，大小便受阻。鬱滯：指人精氣血脈鬱結停滯。

〔二〕此二句指中醫療病方法，久病體虛的要進補藥，以補氣血；新病體壯的要進瀉藥，以通鬱滯。

〔三〕此二句汪注本作「夫土地者，民之本也，誠不可久荒，以開敵心」，且在「扁鵲治病」句上。汪注曰：「漢避景帝諱，以啓爲開。」久荒：長久荒蕪不治。

13 一宅同姓相代〔一〕，或吉或凶；一官同姓相代〔二〕，或遷或免；一宮成康居之而興，幽厲居之而衰〔三〕。吉凶興衰，在人不由宅矣〔四〕。

〔一〕「一宅」，汪注本作「今一宅也」。相代：先後替代居住。

〔二〕「官」下，汪注本有「也」字。

〔三〕「一宮」二字原無，此據汪注本補。此二句汪注本作「一宮也，成、康居之日以興，幽、厲居之日以衰」。

〔四〕此二句汪注本作「由此觀之，吉凶興衰，不在宅明矣」。

14 師曠曰：「赤色不壽，火家性易滅也〔一〕。」

〔一〕此句道藏本、四庫本作「姓大者易滅」。汪注曰：「逸周書：太子晉解云：『汝色赤白，火色不壽。』」

15 昆弟世疏，朋友世親，此人情也〔一〕。

〔一〕此句汪注本作「此交際之理，人之情也」。道藏本此條與下四條録於本篇之末。

16 富貴，人争附之；貧賤，人争去之〔一〕。與富貴交者，上有稱舉之用〔二〕，下有貨財之益；與貧賤交者，大有賑貸之費，小有假借之損。夫官人有桀跖之惡，結駟過士〔三〕，士猶以爲榮，況實有益乎〔四〕！處子有顏閔之賢，被褐造門〔五〕，人猶以爲辱，況實有損乎〔六〕！故富貴易爲客〔七〕，貧賤難得適。好服謂之奢僭，惡衣謂之困阸；徐行謂之飢餒，疾行謂之逃責；不候謂之倨傲〔八〕，數來謂之求食；空造以爲無意，奉贄以爲欲貸〔九〕；恭謙以爲不肖，抗揚以爲不德〔一〇〕。此處子貧賤之苦酷也〔一一〕。

〔一〕此上之文汪注本作「富貴則人争附之，此勢之常趣也；貧賤則人争去之，此理之固然也」，汪注曰：「齊策：譚拾子曰：『理之固然者，富貴則就之，貧賤則去之。』風俗通窮通篇作『富貴則人争歸之，貧賤則人争去之，此物之必至而理之固然也』。」

〔二〕「與」字，道藏本脱；「舉」，原作「譽」，此據道藏本改。稱舉：讚譽與推舉。

〔三〕上句道藏本無「桀」字。此二句汪注本作「今使官人雖兼桀跖之惡，苟結駟而過士」。汪注曰：「史記仲尼弟子傳云：子貢相衛而結駟連騎，排藜藿，入窮閻，過謝原憲。」官人：居官者之統稱。桀跖：夏桀、盗跖。結駟：漢代太守以上官員乘坐四匹馬拉的車，故「結駟」常作高官與富貴的代稱。

〔四〕此二句汪注本作「士猶以爲榮而歸焉，況其實有益者乎」。

〔五〕此二句汪注本作「使處子雖苞顔閔之賢，苟被褐而造門」，汪注曰：「老子云：聖人被褐懷玉。説文云：褐，粗衣。」顔閔：顔淵、閔子騫。處子：即處士，隱居之士。被褐：穿粗布衣。造門：上門拜訪。

〔六〕此二句汪注本作「人猶以爲辱而恐其復來，況其實有損者乎」。

〔七〕「客」，道藏本作「容」。此句汪注本作「故富貴易得宜」。汪注曰：「得宜，意林作『爲客』；御覽『客』作『交』。按：宜、適義同。吕氏春秋適威篇高誘注：『適，宜也。』後漢書馮衍傳云：『富貴易爲善，貧賤難爲工。』」底本句下有聚珍本館臣案曰：「汪注本作『易得宜』。」

〔八〕責：通「債」。「倨傲」，汪注本作「倨慢」。不候：不進謁，不拜候。

〔九〕空造：空手拜訪。奉贄：送上禮物。

〔一〇〕不肖：不如父母，此指無才。抗揚：剛直不阿。不德：德行不好。

〔一一〕此句汪注本作「此處子之羈薄、貧賤之苦酷也」。苦酷：痛苦之極。

17 凡今之人，言方行圓，口正心邪〔一〕。

〔一〕此句下汪注本有「行與言謬，心與口違」二句。言方行圓：語言方正，行爲圓滑。

18 君上治世〔一〕，先其本，後其末，慎其心，治其行〔二〕。

〔一〕底本句下有聚珍本館臣案曰：「今本作『上君撫世。』」天海案：此句治要作「上君撫世」，汪注本作「是以上君撫世」。

〔二〕此四句治要與汪注本作「先其本而后其末，順其心而理其行」。

19 古訓著三皇五帝〔一〕，多以爲伏羲、神農二皇〔二〕，其一或云燧人，或云祝融，或云女媧〔三〕。我又聞古有天皇、地皇、人皇，未可知也〔四〕。

〔一〕「古訓著」，汪注本作「世傳」。古訓：先王的經典。

〔二〕淮南子原道「泰古二皇」，高誘注曰：「伏羲、神農也。」獨斷云：「上古天子，庖犧、神農氏稱皇。」

〔三〕道藏本、四庫本無「或云祝融」四字。燧人：傳説中古代部落酋長，發明鑽木取火，使民熟食，被推爲王。尚書大傳、禮緯將其與伏羲、神農並稱三皇。祝融：高辛氏火正，相傳死後爲火神。白虎通號稱他爲三皇之一。女媧：傳説爲伏羲之妹，春秋運鬥樞、風俗通皆稱她爲三皇之一。

〔四〕此三皇之稱見於史記秦始皇本紀，初學記、御覽亦引此説。下句今本作「其是與非，未可知也」，且在「我又聞」上。

20 姓或有因官、因號、因居、因地者〔一〕。司馬、司徒、中行、下軍，因官也〔二〕；東門、西都、南宫、北郭，因居也〔三〕；三烏、五鹿、青牛、白馬，因地也〔四〕。

〔一〕此句與今本全異，文繁不引。

〔二〕「因」，今本作「所謂」，後二「因」字同。司馬：春秋時晉國有三軍，每軍分列司馬之職。周宣王時程伯休父作司馬，其後爲司馬氏。見通志氏族略以官爲氏。司徒：周時六卿之一，掌教化。相傳舜爲堯司徒，後代以此爲氏。見帝王世紀。中行：春秋時晉軍有上中下三行，荀林父將中行，子孫以爲氏。見通志氏族略。下軍：春秋時晉國有上中下三軍，欒黶爲下軍大夫，子孫以爲氏。見通志氏族略。

〔三〕「西都」，汪注本作「西門」。東門：魯莊公子遂，字襄仲，居東門，後因以爲氏。見通志氏族略。西都：周人之後，因居爲氏。南宫：孟僖子之後，一説周文王四友南宫子之後。見通志氏族略。北郭：齊大夫北郭子車之後。見姓源。

〔四〕「地」，汪注本作「志」。三烏：風俗通「有三烏大夫，因氏焉」。漢有三烏郡。五鹿：春秋時衛國城邑，晉文公封其舅咎犯於五鹿，其後以爲氏。青牛：古代有青牛淵，或以此地爲氏。白馬：春秋時衛國曹邑。一説宋微子乘白馬朝周，後有白馬氏。見風俗通。天海案：意林舊本録此條與下條在第十四「師曠曰」條下。

21　季勝之後有造父，以善御事周穆王〔一〕。穆王遊西海忘歸，徐偃作亂〔二〕，造父御王，日行千里以征之〔三〕。王封造父於趙，因以得氏〔四〕。

〔一〕上句道藏本、四庫本無「之後有」三字。季勝：據史記趙世家，惡來弟曰季勝，季勝生孟增。孟增事周成王。孟增生衡父，衡父生造父。故季勝爲造父曾祖。造父：周穆王時善駕車的人。傳説曾取駿馬獻穆王，穆王賜趙城，由此爲趙氏。周穆王：周昭王之子，名滿。曾西征犬戎，東擊徐偃。事見國語周語、史記周本紀、穆天子傳。

〔二〕西海：傳説爲西方神海。今人據穆天子傳考證，或指今青海湖。「徐偃」上，汪注本有「於是」二字。徐偃：古代東方徐國國君，自稱徐偃王，江淮諸侯從者三十六國。周穆王聞之，東征徐偃，偃敗被殺。參見荀子非相，史記秦本紀。

〔三〕「御王」，道藏本、四庫本作「王御者」。此二句汪注本作「造父御，一日千里」。

〔四〕「得」，汪注本作「爲」。趙：即趙城，故城在今山西洪洞縣趙城鎮西南。史記趙世家：「周穆王賜造父以趙城。」